司法試験&予備試験 論文5年過去問

再現答案から
出題趣旨を読み解く。

民事訴訟法

JN111843

は し が き

　本書は，平成27年から令和元年まで実施された司法試験の論文式試験のうち，民事訴訟法科目の問題・出題趣旨・採点実感及びその再現答案と，同じく平成27年から令和元年まで実施された司法試験予備試験の論文式試験のうち，民事訴訟法科目の問題・出題趣旨及びその再現答案を掲載・合冊した再現答案集です。

　論文式試験において「高い評価」を得るためには，「出題趣旨」が求める内容の答案を作成する必要があります。しかし，単に「出題趣旨」を読み込むだけでは，「出題趣旨」が求める内容の答案像を具体的にイメージするのは困難です。出題趣旨の記述量が少ない予備試験では特にそのように言えます。
　そこで，本書では，極めて高い順位の答案から，不合格順位の答案まで，バランス良く掲載するとともに，各再現答案にサイドコメントを多数掲載しました。サイドコメントは，主観的なコメントを極力排除し，「出題趣旨」から見て，客観的にどのような指摘が当該答案にできるかという基本方針を徹底したものとなっています。順位の異なる各再現答案を比較・検討し，各再現答案に付されたサイドコメントを読むことによって，**「出題趣旨」が求める内容の答案とはどのようなものなのか**を具体的に知ることができます。そして，再現答案から「出題趣旨」を読み解き，当該答案がどうして高く，又は低く評価されたのかを把握することによって，いわゆる「相場観」や「高い評価」を獲得するためのコツ・ヒントを得ることができるものと自負しております。

　本書をご活用して頂くことにより，皆様が司法試験・司法試験予備試験に合格なさることを心から祈念致します。

2020年4月吉日

株式会社　東京リーガルマインド
ＬＥＣ総合研究所　司法試験部

目次

【司法試験予備試験】

平成 27 年

＊　平成 27 年司法試験予備試験では，再現答案 3 通のみの掲載となります。

平成 28 年

平成 29 年

平成 30 年

令和元年

司法試験

平成27年

[民事系科目]

〔第3問〕（配点：１００〔〔設問1〕から〔設問3〕までの配点の割合は，４：３：３〕）

次の文章を読んで，後記の〔設問1〕から〔設問3〕までに答えなさい。

【事　例】

　X（注文主）は，Y（請負人）との間で，自宅（一戸建て住宅）をバリアフリーとするため，リフォーム工事を内容とする請負契約を，代金総額６００万円，頭金を契約時に３００万円支払い，残代金は工事完了引渡後1か月以内に支払う約定で締結した。

　Xは，工事を完了したYから工事箇所の引渡しを受けたが，Yの工事に瑕疵が存すると主張して，残代金３００万円の支払を拒否した。

　その後，ＸＹ間で交渉したが，解決には至らなかった。

　そのため，Xは，Yに対し，瑕疵修補に代わる損害賠償として３００万円を請求する訴え（本訴）を提起した。

　これを受けて，Yは，Xに対し，未払の請負残代金である３００万円の支払を請求する反訴を提起した。

　以下は，弁論準備手続期日の終了後に，Yの訴訟代理人弁護士L1と司法修習生P1との間でされた会話である。

　　L1：今回の裁判については，争点整理もかなり進行していますが，P1さん，現時点で裁判所はどんな心証を持っていると感じていますか。

　　P1：裁判所にどうも瑕疵の存在を認めるような気配があることが気掛かりです。でも，残代金が未払であることはXも認めていますから，反訴も認容されるので，まあ仕方ないのではないでしょうか。

　　L1：XとYとがそれぞれ債務名義を取得するのは，面倒なことになりませんか。もっと簡便で有効な対応策はありませんか。

　　P1：すみませんでした。そう言われれば，本訴請求債権が存在すると判断される場合に備えて，反訴で請求している債権を自働債権とし，本訴請求債権を受働債権とする訴訟上の相殺の抗弁を提出しておくことが考えられます。ただ，既にその債権について反訴が係属している以上，相殺の抗弁を提出すると，それに民事訴訟法第１４２条の法理が妥当するのではないかという疑いがあります。

　　L1：そうですね。関係する判例（最高裁判所平成３年１２月１７日第三小法廷判決・民集４５巻９号１４３５頁。以下「平成３年判決」という。）の事案と判旨を教えてください。

　　P1：平成３年判決の事案は，被告が別訴の第一審で一部認容され，現在控訴審で審理されて

いる売買代金支払請求権を自働債権として本訴請求債権と対当額において相殺する旨の抗弁を本訴の控訴審で提出した，というものです。判旨は，次のとおりです。

（判旨）

「係属中の別訴において訴訟物となっている債権を自働債権として他の訴訟において相殺の抗弁を主張することは許されないと解するのが相当である。すなわち，民訴法２３１条（現１４２条）が重複起訴を禁止する理由は，審理の重複による無駄を避けるためと複数の判決において互いに矛盾した既判力ある判断がされるのを防止するためであるが，相殺の抗弁が提出された自働債権の存在又は不存在の判断が相殺をもって対抗した額について既判力を有するとされていること（同法１９９条２項：現１１４条２項），相殺の抗弁の場合にも自働債権の存否について矛盾する判決が生じ法的安定性を害しないようにする必要があるけれども理論上も実際上もこれを防止することが困難であること，等の点を考えると，同法２３１条の趣旨は，同一債権について重複して訴えが係属した場合のみならず，既に係属中の別訴において訴訟物となっている債権を他の訴訟において自働債権として相殺の抗弁を提出する場合にも同様に妥当する（以下省略）。」

L１：本件では，初めから本訴と反訴は併合審理されているのだから，平成３年判決の趣旨は当てはまらないのではないでしょうか。

P１：平成３年判決の事案では，本訴，別訴とも控訴審で併合審理されており，その段階で相殺の抗弁が提出されたのですが，平成３年判決は，相殺の抗弁に民事訴訟法第１４２条の法理が妥当することは，「右抗弁が控訴審の段階で初めて主張され，両事件が併合審理された場合についても同様である。」と判示しています。

L１：そうでしたか。平成３年判決は，弁論が併合されている場合にも当てはまるのですね。そうすると，反訴請求を維持しつつ同一債権を相殺の抗弁に供したいという我々の希望を実現するためには，この判例との抵触を避ける必要がありますが，何かヒントとなる判例はありませんか。

P１：最高裁判所平成１８年４月１４日第二小法廷判決・民集６０巻４号１４９７頁（以下「平成１８年判決」という。）は，本訴被告（反訴原告）が反訴請求債権を自働債権として本訴請求債権と相殺する旨の抗弁を提出したという事案で，そのような場合は訴え変更の手続を要することなく，反訴請求債権につき本訴において相殺の自働債権として既判力ある判断が示された場合にはその部分については反訴請求としない趣旨の予備的反訴として扱われる以上，相殺の抗弁と反訴請求とが重なる部分については既判力の矛盾抵触が生じない旨判示しています。

L１：予備的反訴として扱われると，なぜ既判力の矛盾抵触が生じないことになるのでしょ

か。また，平成３年判決は，相殺による簡易，迅速かつ確実な債権回収への期待と，相殺に供した債権について債務名義を得るという２つの利益を自働債権の債権者である被告が享受することは許されないとする趣旨だと思いますが，平成１８年判決は，その点について，どのように考えているのでしょうか。

Ｐ１：実は，勉強不足で，それらの点がよく理解できないのです。

Ｌ１：判例を丸暗記するだけでは，良い法曹にはなれませんよ。では，良い機会ですから，平成３年判決の趣旨に照らし，本件において反訴請求債権を自働債権として本訴請求債権と相殺する旨の抗弁を適法と解しても，平成３年判決と抵触しない理由をまとめてください。検討に当たっては，一旦提起された反訴が予備的反訴として扱われると，第一に，なぜ既判力の矛盾抵触が生じないことになるのか，第二に，反訴原告は，相殺による簡易，迅速かつ確実な債権回収への期待と，相殺に供した自働債権について債務名義を得るという２つの利益を享受することにはならないのはなぜか，を論じてください。さらに，これは平成１８年判決についての疑問ですが，第三に，訴え変更の手続を要せずに予備的反訴として扱われることが処分権主義に反しない理由はどのように説明したらよいか，また，訴え変更の手続を要せずに予備的反訴とされると反訴請求について本案判決を得られなくなる可能性がありますが，それでも反訴被告（本訴原告）の利益を害することにならないのはなぜか，を論じてください。もちろん，第三の点は，我々の立場を積極的に理由付けることには役立ちませんが，平成１８年判決を理解する上で確認しておく必要があります。

〔設問１〕

あなたが司法修習生Ｐ１であるとして，Ｌ１が指摘した問題点を踏まえつつ，Ｌ１から与えられた課題に答えなさい。

なお，設問の解答に当たっては，遅延損害金及び相殺の要件については，考慮しなくてよい（設問２及び設問３についても同じ。）。

以下は，第一審判決の言渡し後に，担当裁判官Ｊと司法修習生Ｐ２との間でされた会話である。

Ｊ：この前，訴訟記録を見てもらい，意見交換をしたＸＹ間の損害賠償請求訴訟ですが，その時に述べたように，ＸのＹに対する損害賠償請求権は認められるが，ＹのＸに対する請負代金請求権も認められるということで，本訴におけるＹの相殺の抗弁を認めた上で，受働債権と自働債権の額が同額だったので本訴請求を棄却するという判決をしました。控訴もなく確定しましたが，せっかくですから，ここで，控訴審について，少し勉強することにしましょう。Ｘが控訴した場合，その控訴について何か問題はありますか。

Ｐ２：Ｘの控訴自体は，自らの請求が棄却されているのですから，不服の利益もあると思うので，

特に問題はないと思います。

J：確かに，Xの控訴自体は問題なさそうですね。それでは，仮に，控訴審が審理の結果，そもそもXが主張するような瑕疵はなく，Xの本訴請求債権である損害賠償請求権がないとの心証を得た場合，控訴審はどのような判決をすべきでしょうか。

P2：理由の重要な部分について，原審と控訴審とで判断が異なっているわけですから，控訴審としては，控訴を棄却するのではなく，第一審判決を取り消して，改めて請求を棄却すべきではないかと考えます。

J：では，控訴審はどのような判決をすべきかについて，あなたの言う第一審判決取消し・請求棄却という結論の控訴審判決が確定した場合と，相殺の抗弁を認めて請求を棄却した第一審判決が控訴棄却によりそのまま確定した場合とを比較して検討してください。

〔設問2〕

　あなたが司法修習生P2であるとして，Jから与えられた課題に答えなさい。

　なお，Yによる控訴及び附帯控訴の可能性については考えなくてよい。また，Yが控訴又は附帯控訴をしない場合には，Xの本訴請求債権は控訴審の審判対象とならないとの見解もあるが，ここでは，Xの本訴請求債権の存否が控訴審の審判対象となるとの前提に立って検討しなさい。

　以下は，第一審判決の確定後に，Xの訴訟代理人弁護士L2と司法修習生P3との間でされた会話である。

　L2：本件では，いろいろと努力をした結果，Xの損害賠償請求権は認められたのですが，一方で，Yの相殺の抗弁も認められて，Xの本訴請求は棄却されました。Yも控訴することなく，第一審判決が確定したので，ほっとしていたところでしたが，先ほどXから連絡があり，Yが不当利得の返還を求める文書を送付してきたというのです。

　P3：Yの言い分は，どのようなものでしょうか。

　L2：Yは，弁護士に相談していないようで，あまり法律的でない内容の文書だったのですが，これを私なりにまとめ直してみました。

（Yの言い分）

① 　XのYに対する損害賠償請求権は，工事に瑕疵がないので，そもそも存在していなかった。

② 　それなのに，裁判所は，XのYに対する損害賠償請求権を認めた。

③ 　請負代金請求権に対立する債権は存在していなかったのだから，相殺の要件を欠いている。

④ 　そこで，YとしてはXに対し請負代金の請求をしたいが，それは既判力によって制限されている。

⑤　したがって，Ｘは，請負代金請求を受けないことによって利益を受けており，一方，Ｙは，請負代金を請求できないことにより損失を被っているので，不当利得返還請求をする。

Ｐ３：仮に，Ｙが訴えを提起した場合，我々はどのように対応したらいいのでしょうか。

Ｌ２：本訴の判決は確定しているので，Ｙの主張は，本訴の確定判決の既判力によって認められないという反論を考えてみましょう。まず，仮に，ＹがＸに対し請負代金請求訴訟を提起したとしたらどうでしょうか。

Ｐ３：この場合，Ｙは，本訴で相殺の抗弁として主張した請負代金請求権と同じ権利を主張していることになります。そうすると，民事訴訟法第１１４条第２項により，請負代金請求権が存在するとの主張が既判力によって遮断されることは，Ｙの言い分のとおりだと思います。

Ｌ２：そうなりそうですね。では，本件はどうですか。

Ｐ３：Ｙは，不当利得返還請求権という請負代金請求権とは別の訴訟物を立てているので，既判力は作用しないと思います。しかし，本件でＹが主張している内容は，本訴で争いになった損害賠償請求権は存在しないということを理由としており，明らかにおかしいので，信義則を使うことができるのではないでしょうか。

Ｌ２：いきなり一般条項に頼るのではなく，民事訴訟法第１１４条第２項の既判力で解決することができないかを，よく考えてみるべきではないですか。

Ｐ３：すみません。法科大学院の授業で，民事訴訟法第１１４条第２項の解釈として，相殺の時点において，受働債権と自働債権の双方が存在し，それらが相殺により消滅した，という内容の既判力が生じると解する説を聞いたことがあります。この説によれば，同項の既判力により，Ｙの主張が遮断されることを容易に説明することができます。

Ｌ２：確かに，その説によれば，ＹがＸに不当利得返還請求をしても，相殺の時点で損害賠償請求権が存在していたことに既判力が生じている以上，利得に法律上の原因がないと主張することができない，と言いやすいですね。しかし，債権が消滅した理由についての判断にも既判力が生じるというのは，既判力の一般的な考え方にそぐわないと言われており，この説は現在の学説上は支持を失っているので，これに依拠して立論するわけにはいきません。民事訴訟法第１１４条第２項をその説のように理解しなくても，同項によりＹの請求が認められないことを説明できないか検討すべきです。その前提として，今一度，Ｙの言い分を不当利得返還請求権の要件に当てはめて整理した上で，それに対する既判力の作用を検討してください。

Ｐ３：分かりました。難しいですがやってみます。

〔設問3〕

　あなたが司法修習生P3であるとして，L2から与えられた課題について検討した上，Yの請求が既判力によって認められないことを説明しなさい。

【民事系科目】

〔第3問〕

　本問は，リフォーム工事を内容とする請負契約に係る瑕疵修補に代わる損害賠償請求事件（本訴）を基本的な題材として，反訴で訴求されている債権を自働債権とする相殺の抗弁を本訴において提出することの適法性（〔設問1〕），相殺の抗弁を認めた第一審判決に対する控訴と不利益変更禁止の原則との関係（〔設問2〕），民事訴訟法第114条第2項が規定する既判力の内容とその具体的な作用の仕方（〔設問3〕）について検討することを求めている。

　これらの課題に含まれる論点には基礎的なものが含まれており，それだけに，受験者には，その基礎的な論点に係る正確な知識をもとにして，問題文に示された事実関係及び関連判例を踏まえ，結論を導き出す論述を行うことが期待されている。

　〔設問1〕は，XがYに対して提起した上記損害賠償請求事件（本訴）でYがXに対して反訴を提起した場合において，反訴で訴求されている債権を自働債権とする相殺の抗弁を本訴において提出することの適法性を検討することを求めている。その検討に当たっては，重複起訴を禁止する民事訴訟法第142条の趣旨は，別訴で訴求されている債権を自働債権とする相殺の抗弁を本訴において提出する場合にも妥当する，とした判例（最高裁判所平成3年12月17日第三小法廷判決・民集45巻9号1435頁。以下「平成3年判決」という。）と，反訴で訴求されている債権を自働債権とする相殺の抗弁を本訴において提出する場合には重複起訴の問題は生じない，とした判例（最高裁判所平成18年4月14日第二小法廷判決・民集60巻4号1497頁。以下「平成18年判決」という。）との相互関係を正しく理解していることが必要である。

　より具体的にいうと，第一に，反訴で訴求されている債権を自働債権とする相殺の抗弁を本訴において提出すると，訴えの変更の手続を経由せずに，既に提起されていた反訴が予備的反訴として扱われる，というのが平成18年判決の考え方であるが，平成3年判決は，重複起訴の禁止を定める民事訴訟法第142条の趣旨を類推する主な根拠を，たとえ本訴と別訴とが併合審理されていてもなお既判力の矛盾抵触のおそれがあることに求めているところ，平成18年判決のように考えるとなぜそのおそれが生じないこととなるのかについて説明することが求められている。第二に，平成3年判決は，相殺の担保的機能という利益と反対債権について債務名義を取得するという利益とを二重に享受することは許さないとする趣旨と解されるが，平成18年判決の考え方ではなぜ二重の利益を享受する結果にならないのかについて，説明することが求められている。

　〔設問2〕は，XがYに対して提起した上記損害賠償請求事件（本訴）において提出された相殺の抗弁を認めて本訴請求を棄却した第一審判決に対し，Xのみが控訴した場合において，控訴審における審理の結果，本訴の訴求債権の不存在が明らかとなったとき，控訴審が第一審判決を取り消し，上記訴求債権の不存在を理由として改めて請求棄却の判決をすることが許されるかどうかを問うものである。より具体的にいうと，控訴審が第一審判決を取り消し請求棄却の判決をすることが，控訴したXにとって原判決の不利益変更となるか，なると考える場合のその理由について，説明を求めるものである。上記第一審判決が確定すると，本訴の訴求債権の不存在の判断（民事訴訟法第

１１４条第１項）及び反対債権の不存在の判断（同条第２項）の双方に既判力が生じるが，第一審判決を取り消し，訴求債権の不存在を理由として請求を棄却した判決が確定すると，反対債権の不存在という，Ｘに有利に作用する既判力が生じないこととなる。こうした理由から控訴棄却にとどめるべきであるとするのが，判例（最高裁判所昭和６１年９月４日第一小法廷判決・判例時報１２１５号４７頁）の考え方であるが，本問では，この二つの判決が確定したと仮定した場合に生ずる既判力の内容の相違に注目して，不利益変更禁止の原則に抵触するかどうかを説明することが求められている。

〔設問３〕は，ＸがＹに対して提起した上記損害賠償請求事件に係る第一審判決（その内容は，Ｙの相殺の抗弁が認められ，Ｘの本訴請求が棄却されたというもの）が確定した後に，新たに，Ｙが不当利得の返還を求める文書を送付してきたという事案を題材に，当該第一審判決の既判力の作用について具体的に説明することを求めるものである。また，本問は，問題文におけるＬ２の発言（問題文５頁１９行目から２７行目のもの［注：本書８頁２１行目から２８行目のもの］）において具体的に示唆するとおり，民事訴訟法第１１４条第２項が規定する既判力の内容は，基準時における反対債権の不存在の判断であるとの考え方に依拠したとしても，相殺の抗弁が認められて勝訴したＹが，訴求債権は本来存在しなかったから相殺はその効力を生じていないとの理由に基づき，反対債権の金額に相当する不当利得の返還を請求した場合，その既判力によって棄却することが可能であることを説明することを求めている。より具体的にいうと，不当利得返還請求権の要件，すなわち利得，損失，両者の因果関係及び利得に法律上の原因がないことのうち，どの要件に関する主張がその既判力と抵触するのかを，Ｙがその言い分において主張する事実関係に則して，受験者自らの言葉で具体的に説明することが求められている。こうした観点からは，既判力は訴訟物同一，先決関係又は矛盾関係において作用するところ，不当利得返還請求権の主張は反対債権の不存在の判断と矛盾関係にあるから，確定した第一審判決の既判力に抵触する，と述べるにとどまる答案は，本問の題意を的確に捉えたものとは評価し難い。

☆平成29年民法（債権関係）改正による影響の有無について

改正前民法634条２項は，「注文者は，瑕疵の修補に代えて，又はその修補とともに，損害賠償の請求をすることができる」として，注文者の瑕疵修補に代わる損害賠償請求権を規定していた。したがって，改正前民法下におけるＸのＹに対する損害賠償請求訴訟の訴訟物は，瑕疵修補に代わる損害賠償請求権（改正前634Ⅱ）となる。

これに対し，改正民法下では，請負契約の目的物に種類・品質に関する契約内容の不適合が存在するときは，注文者は損害賠償請求をすることができる（改正559・564，415Ⅰ）。そのため，改正前民法634条２項は不要となり，改正により削除されるに至った。したがって，改正民法下におけるＸのＹに対する損害賠償請求訴訟の訴訟物は，契約不適合に基づく損害賠償請求権（改正559・564，415Ⅰ）となる。

もっとも，上記改正による変更は，本問の題意に影響を与えない。

1 出題の趣旨等

出題の趣旨は，既に公表されている「平成２７年司法試験論文式試験問題出題趣旨【民事系科目】〔第３問〕」のとおりであるから，参照されたい。

民事訴訟法科目では，例年と同様，受験者が，①民事訴訟法の基本的な原理・原則や概念を正しく理解し，基礎的な知識を習得しているか，②それらを前提として，問題文をよく読み，設問で問われていることを的確に把握し，それに正面から答えているか，③抽象論に終始せず，設問の事例に即して具体的に，かつ，掘り下げた考察をしているか，といった点を評価することを狙いとしており，このことは本年も同様である。

2 採点方針

答案の採点に当たっては，基本的に，上記①から③までの観点を重視するものとしたことも，従来と同様である。本年においても，各問題文中の登場人物の発言等において，論述上検討すべき事項や解答すべき事項が一定程度，提示されている。そうであるにもかかわらず，題意を十分に理解せず，上記問題文中の検討すべき事項を単に書き写すにとどまっている答案，理由を述べることなく結論のみ記載している答案などが多数見受けられたところ，そのような答案については基本的に加点を行わないものとした。上記②に関連することではあるが，解答に当たっては，まずは問題文において示されている解答すべき事項等を適切に吟味し，含まれる論点を順序立てた上で，その検討結果を自らの言葉で表現しようとする姿勢が極めて大切である。採点に当たっては，受験者がそのような意識を持っているといえるかどうかについても留意している。

3 採点実感等

(1) 全体を通じて

本年の問題においても，具体的な事例を提示した上で，上記のとおり，登場人物の発言等において，関係する最高裁判所の判決を紹介し，論述上検討すべき事項等を提示して，受験者の民事訴訟法についての基本的な知識を問うとともに，論理的な思考力や表現力等を試している。全体として，全く何も記載することができていない答案は少なかったが，上記問題文に示された最高裁判所の判決の内容や検討すべき事項等について，その吟味が不十分である答案，自ら考えた結論に向けての論述のためにその活用ができていない答案が数多く見られた。本問のような問題においては，典型的な論証パターンを書き連ねたり，丸暗記した判例の内容を答案に記載するだけでは，題意に応える十分な解答にはならないものであり，問題文をよく読み，必要な論述を構成した上で，自らの言葉で答案を書くべきである。

(2) 設問１について

本問では，検討すべき最高裁判所の二つの判決が示された上で，ＸがＹに対して提起した損害賠償請求事件（本訴）でＹがＸに対して反訴を提起した場合において，反訴で訴求されている債権を自働債権とする相殺の抗弁を本訴において提出することの適法性という課題について検討す

ることを求め，Ｙの訴訟代理人弁護士Ｌ１の発言を通じて，その検討の際に言及すべき幾つかの視点が示されている。

　　まず，上記反訴が予備的反訴とされる場合，既判力の矛盾抵触が生じないとする理由についての論述が求められているところ，相当数の答案において，本訴で相殺の抗弁が審理されると反訴の訴訟係属が消滅し反訴につき本案判決がされないので，既判力の矛盾抵触は生じないと論じられていた。しかし，この答案内容は，予備的反訴とは反訴の訴訟係属に解除条件が付されたものであることからして，当然の結論を述べているもの，いうなれば，問をもって問に答えようとしているものに等しく，評価をすることができない。特に，問題文におけるＬ１の発言（問題文３頁１０行目［注：本書５頁２０行目］）において「平成３年判決は，弁論が併合されている場合にも当てはまるのですね。」との示唆があり，これを踏まえれば，本訴と反訴とが併合審理され，同一の裁判官が同一の証拠に基づいて審理をしている場合であっても，反対債権の存否についての判断が矛盾するおそれがなお懸念されるのは，どのような事態を想定してのことなのか，という問いかけが含まれていることが理解できるはずである。

　　とはいえ，上記Ｌ１の発言等を踏まえて，弁論の分離の可能性に気付いてこれに言及する答案は，一定程度あった。ただ，このような答案のうちでも，予備的反訴とされると弁論の分離ができないとされる理由について適切に言及できているものは，必ずしも多くはなかった。また，弁論の分離の可能性に言及する答案であっても，予備的反訴の取扱いにおける「解除条件」の説明が不十分な答案が少なくなかった。予備的反訴は，一括りに複雑訴訟形態とされ，教科書の後半部分において解説されていることが多いと思われるが，法科大学院修了者としては，その訴訟手続上の取扱いとその根拠を理解しておくことが求められる。

　　次に，上記反訴が予備的反訴とされる場合，反訴原告（Ｙ）は相殺による簡易，迅速かつ確実な債権回収（相殺の担保的利益）への期待と，相殺に供した自働債権について債務名義を得るという二つの利益を享受することにならない理由についての論述が求められている。ここで期待された論述の流れは，概要，①相殺の抗弁は予備的に主張されるものであって，Ｙが主張する他の防御方法が全て認められないときに初めて審理されるものであるところ，相殺の抗弁以外の理由により請求が棄却される場合には，Ｙは，相殺の担保的利益を享受することはなく，他方で，反訴に付された解除条件も成就しないから，反訴が審理され，反対債権の存在が認められればその債務名義を得ることができる，②一方，相殺の抗弁が審理されると，解除条件が成就し，反訴請求について判決されることはないから，相殺の抗弁が認められれば，Ｙは相殺の担保的利益を享受することができる，③したがって，Ｙが相殺の担保的利益と債務名義の得るという２つの利益を享受することにはならない，といったものであった。

　　しかし，答案においては，上記①の点についての言及を欠くものが大半であった。本問の事案では，相殺の抗弁が予備的な抗弁とされるものであり，かつ反訴が予備的反訴であるという状況にあるが，その内容を的確に分析して論じることが求められる。

　　本訴において相殺の抗弁が審理されることが解除条件であるのに，本訴において相殺の抗弁が認められることが解除条件であると誤解している答案が，無視できない比率で存在した。このことは，民事訴訟法第１１４条第２項の既判力は，相殺の抗弁が認められるか否かを問わず，相殺の抗弁についての判断がされた場合には，反対債権（自働債権）の不存在の判断に生じることが理解できていないことを示すものである。

さらに，本問では，訴えの変更の手続を要せずに予備的反訴として扱われることが処分権主義に反しない理由及び反訴被告（本訴原告）の利益を害することにならない理由についての論述が求められている。答案の多くは，民事訴訟法第１１４条第２項に基づく既判力の存在を指摘して，反訴の訴訟係属が消滅しても反訴被告（本訴原告）は反対債権の不存在に係る既判力ある判断を得ることができるから，反訴被告（本訴原告）の利益は害されない，と結論付けることができていた。これに対し，反対債権の債権者としてその履行を求めて反訴を提起した後，それを本訴における相殺の抗弁としても主張した者としては，訴訟手続においてどのように審理されることを期待するのかという点を検討しつつ，予備的反訴に変更されることが処分権主義に反しない理由について論じることが期待されたところであるが，単にＹの合理的意思に合致するとのみ抽象的に論じる答案が多かった。やはり，なぜＹの合理的意思に合致するといえるのか，どのような当事者の意思を尊重すべきなのかといったことを検討してこそ，上記課題につき具体的な検討がされたものというべきであって，このような答案が高い評価を受けることは困難であろう。しかし，だからといって，解除条件が付されない反訴であれば当該反訴は却下されるが，解除条件付きの反訴であれば当該反訴は却下されないのだから，Ｙの合理的意思に反しない，と論じるような答案は，単に当事者の訴訟行為を適法と扱えば当該当事者の合理的意思に合致する，と論じているに等しく，予備的反訴という条件付きの訴訟行為として取り扱うことがＹの合理的意思に合致するといえるのかについて，具体的な検討がされたものと評価することはできない。

(3) 設問２について

　本問では，具体的には，控訴審が，相殺の抗弁を認めて本訴請求を棄却した第一審判決を取り消し，改めて請求棄却の判決をすることが，控訴したＸにとって原判決の不利益変更となるか，なると考える場合のその理由について，説明が求められている。

　この点，民事訴訟法第１１４条に基づく既判力の内容を同条各項ごとに正確に論じることができている答案は，控訴審が第一審判決を取り消すことが反対債権について生じ得る既判力の有無に影響を及ぼすことを指摘できており，また，不利益変更禁止の原則については，基本的な概念であって，その内容についても受験者において概ね理解されているものであったことから，控訴審がすべき判決の在り方について一定の結論にたどり着くことができ，相応の得点をとることができていたと考えられる。

　しかし，設問２の問題文において，Ｙによる控訴及び附帯控訴の可能性については考えなくてよいとされ，Ｘのみが控訴した場合について問われているにもかかわらず，例えば，反対債権の不存在の判断の既判力はＹに不利益であるから，Ｐ２の言う判決をすべきであると論じる答案も相当数存在した。このような答案は，不利益変更禁止の原則は，控訴した者にとっての不利益を問題とする原則であるという基本的な概念の理解ができていないことを示すものである。

　また，本訴における訴求債権が不存在であると判断する以上，第一審判決を取り消して控訴を棄却するとすべきであると論じるにとどまらず，更に控訴審は反訴請求の当否について判決をすべきであると論じる答案も散見された。このような答案は，反訴請求の当否につき判断を示さなかった第一審判決に不服を有するのは，相殺の抗弁以外の理由による請求棄却判決を求めるＹであり，本問はＹが控訴をしていない場合について解答を求めていることを失念していることを示すものである。

　さらに，民事訴訟法第１１４条第２項に基づく既判力の内容として，反対債権が相殺により消

滅したとの判断に既判力が生じると記載している答案が相当数存在した。このような答案のうちには，設問3において，同項に基づく既判力の内容について，反対債権が不存在であることについて既判力が生じると記載しているものが散見された。このような答案は，民事訴訟科目に係る問題のうちの各設問が独立した問題であると考えたとしても，民事訴訟法第114条第2項の意義に関する受験者の理解が一貫しているかを大いに疑わせるものであり，高い評価を受けることは困難である。

他には，問題文において，第一審判決取消し・請求棄却という結論の控訴審判決が確定した場合と相殺の抗弁を認めて請求を棄却した第一審判決が控訴棄却によりそのまま確定した場合とを比較して検討することが求められているにもかかわらず，比較検討をしない答案，控訴審はどのような判決をすべきかと問われているにもかかわらず，その論述をしない答案などがある程度存在した。改めて，前提として問題文をよく読むべきことを指摘したい。

民事訴訟法科目は，本年より短答式試験の出題がなくなった。しかし，実際の実務においては，訴訟手続全般を通じた幅広い知識が求められるものであり，実務家となる以上は，手続全体をよく理解しておくことが必要である。

⑷　設問3について

本問では，XがYに対して提起した損害賠償請求事件に係る第一審判決（その内容は，Yの相殺の抗弁が認められ，Xの本訴請求が棄却されたというもの）が確定した後に，新たに，Yが不当利得の返還を求める文書を送付してきたという事案を題材に，当該第一審判決の既判力の作用について具体的に説明することが求められている。

まず，一般論としての不当利得返還請求の要件事実，これに対するYの言い分の当てはめは，概ね正確に記載しているものが大多数であった。そして，ほとんどの答案が，既判力制度の趣旨及び正当化根拠，既判力の積極的作用・消極的作用，当該作用がある場面の説明（前訴と後訴の訴訟物が同一である場合，前訴の訴訟物が後訴の訴訟物の先決関係である場合，前訴と後訴の訴訟物が矛盾関係である場合）といったことをまず，一般論として記載していた。

しかし，そのような前提となる事項はおおむね正しく理解していると見られる一方で，結論として，「利得，損失及び因果関係についてのYの主張は認められない」とか，「Yが利得，損失及び因果関係としてその言い分にあるような主張をすることは許されない」といった抽象的な記載にとどまるものが極めて多数存在し，ほぼ全ての答案において既判力に関する一般論として展開されている積極的作用・消極的作用との関係を意識して具体的な論述を行っているものは，少なかった。この点，結論としては，反対債権が存在することを前提とした利得，損失及び因果関係についてのYの主張は，反対債権の不存在という前訴の確定判決の既判力に抵触し，後訴においては排斥されるといった，消極的作用による説明が成り立ち得るし，また，後訴裁判所は，反対債権が不存在であるという前訴の確定判決に拘束されるから，利得，損失及び因果関係に関するYの主張には理由がないとするほかないといった，積極的作用による説明も成り立ち得る。そして，例えば，前者であれば適法な請求原因の主張がないとして，後者であれば請求原因事実の主張はそれ自体失当であるとして，結局，Yの後訴における請求は棄却となると結論付けることができる。いずれの法律構成に拠るにせよ，そうした答案であれば高い評価に値するが，こうした答案は皆無に等しく，その結果，既判力の作用についての一般論の記述が，パターン化された論証の条件反射的再現として，無意味で評価に値しないものとなっていた。このことは，既判力と

いう民事訴訟手続における基本的な概念について，必ずしも理解が深まっていないことを示すものとも考えられ，残念であった。また，既判力が作用する場面についての一般論，すなわち，訴訟物同一，先決関係及び矛盾関係について論述する答案にも同じような問題があるが，これについては，4で触れることとする。

　さらに，Yの後訴における請求を遮断する立論として，そのような請求は実質的に前訴における紛争の蒸返しだから信義則上許されないとする答案も相当数存在したところであるが，問題文におけるL2の発言（問題文5頁19行目から27行目のもの［注：本書8頁21行目から28行目のもの］）のとおり，本問では，民事訴訟法第114条第2項によりYの請求が認められないことの説明の検討が求められているのであって，このような答案は，題意を的確に捉えたものとは言い難い。

　なお，問題文において，「民事訴訟法第114条第2項の解釈として，相殺の時点において，受働債権と自働債権の双方が存在し，それらが相殺により消滅した，という内容の既判力が生じると解する説」について，現在の学説上支持を失っているので，これに依拠して立論するわけにはいかない，とされているにもかかわらず，上記説によって論述を行う答案が散見された。問題文をよく読むべきである。

(5)　まとめ

　以上のような採点実感に照らすと，「優秀」，「良好」，「一応の水準」，「不良」の四つの水準の答案は，おおむね次のようなものとなると考えられる。「優秀」な答案は，問われていることを的確に把握し，各設問の事例との関係で結論に至る過程を具体的に説明できている答案である。また，このレベルには足りないが，問われている論点についての把握はできており，ただ，説明の具体性や論理の積み重ねにやや不十分な部分があるという答案は「良好」と評価することができる。これに対して，最低限押さえるべき論点，例えば，反訴請求債権の本訴における相殺主張の取扱いと予備的反訴の意義，その帰結（設問1），不利益変更禁止の原則の意義と具体的な作用の仕方（設問2），不当利得返還請求権の要件事実及び事案に即した既判力の作用の仕方（設問3）が，自分の言葉で論じられている答案は，「一応の水準」にあると評価することができるが，そのような論述ができていない，ないしそのような姿勢すら示されていない答案については「不良」と評価せざるを得ない。

4　法科大学院に求めるもの

　例年指摘していることであるが，民事訴訟法科目の論文式試験は，民事訴訟法の教科書に記載された学説や判例に関する知識の量を試すような出題は行っておらず，判例の丸暗記，パターン化された論証による答案は評価しないとの姿勢に立って，出題，採点を行っている。当該教科書に記載された事項や判例知識の単なる確認にとどまらない「考えさせる」授業，判例の背景にある基礎的な考え方を理解させ，これを用いて具体的な事情等に照らして論理的に論述する能力を養うための教育を行う必要がある。

　本年の採点を通じて改めて思うのは，民事訴訟法の授業の受講者は，他方で要件事実の授業を必修として受講していることを自覚的に意識して，教育をすることが望まれるということである。例えば，既判力が作用する場面には，訴訟物の同一関係，先決関係及び矛盾関係の三つがあるという説明は，通常，民事訴訟法の授業で行われていると思われる。現に設問3への解答においてほとん

どの答案がこれに言及していた。確かに，例えば，前訴の確定判決が甲の乙に対する土地Aについての所有権確認請求を認容したもので，後訴が，甲の乙に対する土地Aについての所有権確認請求，甲の乙に対する土地Aについての所有権に基づく明渡請求，乙の甲に対する土地Aについての所有権確認請求といったものであれば，それはそれで正しい説明である。しかし，既判力が作用する場面がそれらに尽きるものなのかどうかの検討を求めるのが，設問3なのであって，これに対する解答としてこの一般論を述べても無意味であり，評価に値しないのである。もっと単純に，前訴の確定判決が甲に対する１００万円の支払いを乙に命じたもので，これに基づき，乙が甲に支払った１００万円について，これを不当利得として，後訴において乙が甲に対してその返還を請求したという事案を例にとると，民事訴訟法の授業では，往々にして，これを矛盾関係だから既判力が及ぶのだと説明して済ましてしまいがちではないかと思われる。しかし，受講者は，要件事実の授業において，不当利得返還請求の要件事実は，利得，損失，両者の因果関係及び利得に法律上の原因がないこと，であることを思考の出発点に置くよう訓練されているのであるから，民事訴訟法の授業としても，前訴確定判決の既判力はそれらの要件事実のうちどの事実の主張を遮断するのかについて説明をしなければ，実務家の卵に対する教育として不十分であると考えられる。

　また，設問1を採点していて実感したのは，解除条件の意義を正しく理解していない受験者がいたことである。民法総則から始まる法学部の授業と異なり，多くの法科大学院では，民法についてパンデクテン・システムを解体したカリキュラムが組まれている。もちろん，各法科大学院においては，民法総則の中に置かれた諸制度のうち，例えば代理は契約の締結の箇所で，時効は債権の消滅及び物権の取得の箇所で，適切に学習の機会が設けられていると思われるが，期限，条件，期間といった基礎的概念を学生が実質的に理解する機会が十分に設けられているか，改めて顧みていただきたいところである。

5　その他

　毎年繰り返しているところではあるが，極端に小さな字（各行の幅の半分にも満たないサイズの字では小さすぎる。），潰れた字や書き殴った字の答案が相変わらず少なくない。司法試験はもとより字の巧拙を問うものではないが，心当たりのある受験者は，相応の心掛けをしてほしい。また，「けだし」，「思うに」など，一般に使われていない用語を用いる答案も散見されたところであり，改めて改善を求めたい。

第一　設問1

1　平成３年判決は，別訴において訴訟物とされている債権を自働債権として，他の訴訟において相殺の抗弁として主張することは許されないとした。

　　これは，民事訴訟法（以下略）１４２条が類推適用されるからである。同条の趣旨は，判決の矛盾抵触の防止，訴訟不経済・被告の応訴の煩の防止にある。相殺の抗弁の提出は「訴え」には当たらないが，相殺の抗弁に対する判断には既判力が生じる（１１４条２項）ため，判決の矛盾抵触のおそれが認められるから，同条が類推適用されるのである。

2　しかし，平成１８年判決は，反訴における訴求債権を自働債権として，本訴において相殺の抗弁を提出することは妨げられないとした。この場合，当該反訴は，本訴において相殺の自働債権として既判力ある判断がなされた場合には，訴えの変更手続を経ることなく，反訴請求としない旨の予備的反訴に変更されるからであるとする。

　　この判決には，①予備的反訴として扱われるとなぜ既判力の矛盾抵触が生じないのか，②反訴原告は相殺による簡易迅速かつ確実な債権回収への期待と，相殺の自働債権について債務名義を得るという二つの利益を得ることにならないのか，③処分権主義に反しないか，④反訴請求について本案判決を得られなくなる反訴被告の利益を害さないか，といった問題点が存在する。そこで，以下この順に検討する。

(1)　①について

　ア　平成３年判決は，別訴と本訴の弁論が併合されている場合であっても，別訴訴求債権を本訴において自働債権として相殺の抗弁

とすることはできないとする。弁論が併合されている場合であれば，同一裁判体による統一的な心証形成・判決が事実上期待されるから，判決の矛盾抵触のおそれはないようにも考えられる。

　　　しかし，弁論の併合および分離（１５２条１項）は裁判所の裁量にゆだねられているため，いったん弁論が併合された場合であっても，事後に分離される可能性が否定できない。したがって，弁論が併合されている場合であっても判決の矛盾抵触のおそれは否定できないことになる。

　　　平成３年判決は，かかる理由による判断といえる。

　イ　しかし，平成１８年判決は以上のような判決の矛盾抵触のおそれも認められないと考えられる。

　　　まず，本訴と反訴は弁論が併合されており，同一裁判体による判断が期待できるのは上記のとおりである。そして，弁論の分離併合が裁判所の裁量事項といってもかかる裁量は無制限ではない。裁量が制限され分離が禁止される場合もあると考える。そして，予備的反訴の場合，本訴における自働債権についての判断が反訴の解除条件となり先決関係に立つから，この場合には裁量が制限されると考える。よって，弁論の分離は禁止される。

　ウ　したがって，予備的反訴の場合には弁論の分離がなされるおそれがなく，判決の矛盾抵触のおそれもないと考えられる。

(2)　②について

　ア　平成３年判決のような状況において，本訴被告は，本訴において相殺の判断が認められることで相殺による簡易迅速かつ確実な

● 平成３年判決と平成18年判決の結論を丁寧に比較した上で，問題提起ができている。検討しなければならない点が多い場合，読み手に予測可能性を与えるという意味で効果的な構成といえるが，設問中の会話の繰り返しとなるような箇所については，省略することが可能である。

● 出題趣旨によると，Ｌ１の第一課題は，①平成３年判決において142条類推適用の主な根拠とされた「既判力の矛盾抵触のおそれ」が，②平成18年判決のように考えた場合にはなぜ生じないのか，を問うものであった。本答案は，まず①平成３年判決において既判力の矛盾抵触のおそれが生じる理由を説明した上で，②それが予備的反訴という形をとる平成18年判決には当てはまらないことを述べており，出題趣旨に合致した論述といえる。

● 反訴が予備的反訴に変更された場合に，相殺の抗弁についての既判力ある判断と矛盾抵触が生じなくなる理由としては，①相殺の抗弁について既判力ある判断がなされると，解除条件の成就により予備的反訴は審理されず，審理の重複が生じないこと，②予備的反訴の場合は弁論を分離することができず，審理の重複，判断の抵触が生じるおそれがないことの２つがある。本答案は，上記②について，予備的反訴とされた場合には弁論の分離が禁止される理由を示した上で適切に論じている。なお，問題文中のＬ１の「平成３年判決は，弁

債権回収ができるという期待を有する。他方で，別訴において別訴訟求債権について債務名義を得るという期待も有する。

これらは法律上両立し得ない関係にあり，双方の利益を得るのは許されない二重利益となる。

そして，平成３年判決の場合，矛盾した判決がなされることでこの両立し得ない二つの利益をいずれも得るという状況が発生する危険がある。

イ　平成１８年判決の場合，予備的反訴に変更されることで弁論の分離が禁止され，統一的な心証形成・判決が期待される。本訴で相殺が認められれば反訴は遡及的に係属していなかったことになるし，相殺の判断がなされなければ反訴において判断がなされるから，二重に利益を得ることにはならない。

よって，反訴原告は二つの利益を得ることにはならない。

(3)　③について

処分権主義とは，訴訟を提起するか，訴訟を係属するか，本案判決を得るか，について当事者の自由な処分を認める原則である。訴訟法上の私的自治の現れである。これにより，原告の意思が尊重され，同時に被告にとっての不意打ちを防止する機能を有する。かかる原則からすれば，訴えの変更の申出がないにもかかわらず予備的反訴に変更されるというのは許されないとも考えられる。

しかし，必ずしも法律構成について当事者の明示的な主張を要求するのは妥当ではない。現行法の下では本人訴訟も許容され，法的知識が十分でない場合もあるからである。そこで，当事者の意思が

黙示的に明らかであれば，裁判所がその意思に沿って法律構成することも処分権主義に反せず，許されると解する。

反訴訴求債権を自働債権とする相殺の抗弁を本訴において提出する場合，反訴原告の意思としては，本訴において当該債権にかかる紛争を一気に解決し，相殺の抗弁による簡易迅速な債権回収を図りたいという点にあるといえる。したがって，本訴において相殺の抗弁についての判断が得られた場合には，反訴請求を維持しない意思が明らかであるといえる。反訴被告にとっても，本訴で一気に紛争解決できる以上，不意打ちにもならない。

よって，処分権主義に反しない。

(4)　④について

反訴被告の反訴における利益とは，反訴請求棄却の判決を受けることにより，反訴訴求債権不存在の既判力を得る点にある。平成１８年判決の場合，かかる利益は害されないと考えられる。

反訴請求が予備的反訴に変更された場合，まず本訴において相殺の抗弁について判断がなされることになる。相殺の抗弁が認められた場合，自働債権不存在に既判力が生じるため，反訴請求棄却判決を得るのと同様の効果を得られる。また，相殺の抗弁について判断がされなかった場合には，そのまま反訴について審理がなされ，反訴請求棄却判決を得ることができるのである。

よって，反訴被告の利益を害することにはならない。

第二　設問2

1　控訴審が原判決を取り消して請求棄却の判決を行う場合，不利益変

論が併合されている場合にも当てはまるのですね。」との発言から，主に論じるべきなのは上記②であることが分かる。①については，予備的反訴が反訴の訴訟係属に解除条件を付したものであることから，本答案のように，あえて言及しなくても良かったと思われる。

● L１の第二課題については，①相殺の抗弁自体が予備的抗弁であり，相殺の抗弁以外の理由により本訴の請求が棄却されれば，Ｙは相殺の担保的利益を享受できない代わりに，反訴において反対債権の債務名義を取得する利益を得ることができ，②他方，相殺の抗弁が審理されれば，解除条件が成就して反訴につき判決されることはなく，相殺の抗弁が認められればＹは相殺の担保的利益を享受できるから，結局，Ｙが２つの利益を享受することにはならない，という論述の流れが期待されていた。本答案は，②については十分な論述ができているが，①については，相殺の抗弁自体が予備的抗弁であるという点に言及できていない。

● 反訴原告であるＹの意思（訴訟手続においてどのように審理されることを望んでいるのか）の内容について具体的に検討しており，適切な論述といえる。なお，反訴被告にとって，本訴で一気に紛争解決できることと，反訴被告に不意打ちにならないことは直接の関係がない。

● 反訴が予備的反訴に変更された場合，反訴請求債権（自働債権）の存否は，本訴上の相殺の抗弁について判断されるか，又は反訴において判断されることとなり，いずれの場合においても，反訴被告は反訴請求債権の存否について既判力ある判断を受けることができる。本答案はこのことを適切に論述している。

更禁止の原則に反しないかが問題となる。

(1) 控訴審においては，審理判決の対象は不服の範囲に限られる（296条1項，304条）。したがって，不服を申し立てていない当事者に利益な判決をすることは禁止され，その反面として控訴した当事者に不利益な判決は許されないこととなる。これは，当事者の一方のみが控訴し，他方が控訴も付帯控訴もしない場合に，控訴をした当事者に不利益な判決を許せば控訴自体が萎縮してしまうからである。

(2) 本件では，原審においては訴求債権，自働債権ともに認められ，相殺の抗弁が認められている。請求棄却判決がなされることによって，訴求債権不存在の既判力が生じ，同時に自働債権不存在の既判力も生じることになる。

これに対し，控訴審が原判決取り消し，請求棄却判決をした場合，訴求債権不存在の既判力に変わりはないものの，自働債権不存在の既判力が失われてしまう。これは，控訴人にとって原審より不利益な判決といえる。

したがって，このような判決は不利益変更禁止の原則に反し，許されない。

2 では，控訴審はいかなる判決をすべきか。控訴審の心証にできる限り沿いつつ，不利益変更禁止の原則に反しないような判決をする必要がある。

この場合，控訴棄却の判決をすべきである。かかる判決がなされた確定した場合，訴求債権不存在・自働債権不存在について既判力を有

● 制度の趣旨から議論を始めるという姿勢が示されている。

● 出題趣旨によると，①第一審判決取消し・請求棄却の控訴審判決が確定した場合（反対債権の不存在という控訴人Xにとって有利な既判力が生じない）と，②第一審判決がそのまま確定した場合（反対債権の不存在という控訴人Xにとって有利な既判力が生じる）の既判力の相違に着目して不利益変更禁止の原則に抵触するかどうかを説明することが求められていた。本答案では，①，②それぞれの既判力の内容を検討し，反対債権の不存在についての既判力の有無という観点から，①は不利益変更禁止の原則に反するが，②は不利益変更禁止の原則に反しないことが論じられており，全面的に出題趣旨に合致する。

する原判決が確定するため，控訴人にとって不利益な判決ではない。被控訴人は自働債権がそもそも存在しないとの判断がされているにもかかわらず自働債権不存在の判決が確定するが，自ら不服を申し立てない以上，自己責任である。

よって，控訴棄却判決をすべきである。

第三 設問3

1 既判力とは，前訴判決のもつ後訴に対する通用力である。その根拠は，当事者が攻撃防御を尽くしたことによる自己責任を問うてよい点および紛争の蒸し返しを認めれば紛争解決の実効性が失われ，判決に対する信頼も失われる点にある。

既判力は，判決主文の判断および相殺についての判断にのみ生じる。これは，理由中の判断は判決を得る手段にすぎず，当事者の自由な処分を認め柔軟な審理を可能とするためである。

よって，既判力が生じるのは，前訴訴訟物と後訴訴訟物が同一，矛盾，先決関係にある場合のみである。

既判力の基準時は，事実審口頭弁論終結時である。当事者はこの時点まで主張・証拠を提出し，裁判所はそれに基づいて判決を下すからである。

2 では，後訴においてYの請求は前訴既判力に抵触するか。

(1) 前訴では，請負契約に基づく報酬債権が自働債権として提出され，不存在との既判力が生じている。他方，後訴の訴訟物は不当利得返還請求権であり，両債権の関係が問題となる。

(2) 両債権が同一関係にないことは明らかである。また，矛盾関係に

● 設問2と同様，制度の趣旨から議論を始める姿勢が示されている。

● 設問3は，具体的な事案において既判力が作用するか否かを問うものであるから，前提として，既判力が作用する場合についての一般論（同一，矛盾，先決関係）を述べてから具体的検討に入るという流れは適切である。もっとも，本問で問題となるのは，前訴で判断された相殺の抗弁についての既判力と，後訴訴訟物の関係なので，本問に即した規範を定立することが必要と思われる。

あるともいえない。そこで，先決関係にあるかが問題となる。

　不当利得返還請求権の要件は，利得・損失・因果関係・法律上の原因がないこと，である。これに対し，Ｙの言い分をあてはめると，Ｘの損害賠償債権はそもそも不存在だった，にもかかわらず相殺を認めたことで既判力が生じ報酬請求ができなくなったことが利得・損失・因果関係・法律上の原因がない，に該当するといえる。かかる主張は，前訴基準時において報酬債権が存在していることが前提となっている。

　したがって，前訴自働債権たる報酬債権と，後訴訴訟物である不当利得返還請求権は先決関係に立ち，前訴既判力が及ぶ。

(3)　以上より，Ｙの後訴請求は前訴既判力に抵触し，許されない。

以　上

● 　出題趣旨によると，設問3では，不当利得返還請求権の要件，すなわち利得，損失，因果関係，法律上の原因がないことのうち，どの要件に関する主張が既判力と抵触するのかを，具体的に説明することが求められていた。

第1　設問1

1　既判力の矛盾抵触について

　平成３年判決が，両訴訟が併合審理していても既判力の矛盾抵触が生じ，重複訴訟の禁止（民事訴訟法（以下省略）１４２条）に触れるとしたのは，分離される可能性があるとともに，併合審理されている場合でも判決の矛盾抵触防止は事実上のものにとどまることによる。

　他方，平成１８年判決及び本件では，反訴請求債権を自働債権として相殺の抗弁を主張する場合には，その反訴は，本訴で反訴請求債権について相殺の抗弁の自働債権として既判力ある判断を受けた場合には，その部分は反訴請求しない旨の予備的反訴になるというのであり，反訴において反訴請求債権について審理する前提として本訴について審理しなければならないのであり，その点で本訴と反訴を分離することができない。また，上記のような予備的反訴になるのであれば，反訴請求債権が二重に審理される部分は存在せず，一つの債権が二重に認められるといったような判決の矛盾抵触は起こらないといえる。

　よって，本件で既判力の矛盾抵触は発生しない。

2　２つの利益について

　次に，反訴原告は相殺による簡易迅速な債権回収への期待と，債務名義を得るという２つの利益を享受することになるか，検討する。

　まず，全額が対当額で相殺された場合には，本訴において自働債権について既判力ある判断がされるので，反訴請求はされないことになるから，反訴原告は相殺による簡易迅速な債権回収をすることができ

● 反訴が予備的反訴に変更された場合に，相殺の抗弁についての既判力ある判断と矛盾抵触が生じなくなる理由としては，①相殺の抗弁について既判力ある判断がなされると，解除条件の成就により予備的反訴は審理されず，審理の重複が生じないこと，②予備的反訴の場合は弁論を分離することができず，審理の重複，判断の抵触が生じるおそれがないことの２つがある。この点，問題文中のＬ１の「平成３年判決は，弁論が併合されている場合にも当てはまるのですね。」との発言から，主に論じるべきなのは上記②であることが分かる。本答案は，上記②について，適切に論述している。①については，予備的反訴が反訴の訴訟係属に解除条件を付したものであることから，あえて言及しなくても良かったと思われる。

る一方，債務名義を得ることはできない。

　次に，本訴において相殺とは別の理由で債権が消滅したと判断され，相殺がされない場合には，相殺は通常予備的に主張されるから，相殺の効力は発生しないこととなり，簡易迅速な債権回収をすることができない。その一方で，本訴で反訴請求債権について判断がされていないから，反訴請求がされ，認容されれば債務名義を得ることができる。

　さらに，一部について相殺がされた場合には，その一部について相殺による簡易迅速な債権回収をすることができ，残部について反訴請求がされるから，債務名義を得ることができるのは残部のみである。

　とすると，いずれの場合にも，反訴請求債権について二重に利益が認められることはなく，２つの利益を享受することにはならない。

3　処分権主義との関係

　訴えの変更をせずに予備的反訴となることは，処分権主義（２４６条）に反しないか，検討する。

　処分権主義の趣旨は，私的自治の訴訟法の反映にあり，審判対象の画定は当事者の意思に委ねられる。かかる趣旨からすれば，裁判所が当事者の意思に反して審判対象を変更することは許されないが，それが当事者の合理的意思に反せず，被告の不意打ちにならない場合には許されると解すべきである。

　平成１８年判決や本件のように，反訴請求債権について相殺の抗弁を主張した場合には，判例は反訴原告の合理的意思として予備的反訴となるとしており，反訴原告の意思に反しないと思われる。そして，

● Ｌ１の第二課題について，本答案は，相殺の抗弁について判断がなされると，解除条件の成就により予備的反訴は審理されない（解除条件成就の効力）という点から，適切に論じることができている。また，相殺の抗弁が予備的抗弁であることにも着目できている。

● 処分権主義の趣旨を踏まえた検討がなされている。

● 「判例は反訴原告の合理的意思として予備的反訴となるとしており，

予備的反訴としたとしても，反訴請求債権については本訴における相殺の抗弁か，反訴かのいずれかで必ず審理されるのであるから，審判対象を反訴原告の意思に反して不当に制限するものとはいえず，この点でも反訴原告の意思に反しない。

また，反訴被告にとっても，反訴請求債権についていずれにしても既判力ある判断を得ることができるのであるから，不意打ちになるとはいえない。

よって，処分権主義に反しない。

第2　設問2

控訴審裁判所が第一審判決取消・請求棄却の判決をすることは不利益変更禁止の原則（296条1項）に反しないか，検討する。

1　第一審判決取消・請求棄却の場合

第一審判決取消・請求棄却の場合には，第一審判決の既判力が覆滅され，改めて本訴請求債権が不存在として請求棄却判決がされることになる。この場合，第一審判決でも請求棄却で，控訴審判決でも請求棄却なのであるから，控訴人に不利益に変更されることにはならないとも思える。

もっとも，控訴は第一審判決の判決効が自己に不利益に働くことを排除するものであるので，不利益変更になるかは判決効の点から判断すべきである。

本件では，第一審判決は相殺の抗弁を認めて請求棄却判決をしており，相殺の抗弁については理由中の判断にも既判力が生じ（114条2項），反訴請求債権が不存在であることについて既判力が生じてい

● 反訴原告の意思に反しないと思われる」との論述があるが，その実質的な理由が欠けているため，説得力がない。もっとも，直後に反訴原告の意思に反しない実質的な理由が論述されている。

● 反訴被告の利益を害することにならない理由について，端的に言及できている。

● 問題意識を正確に捉えることができている。

る。にもかかわらず，第一審判決を取り消すと，本訴原告にとって有利な反訴請求債権不存在の既判力が覆滅され，反訴請求債権について再度請求を受ける可能性が出てきてしまう。

よって，第一審判決取消・請求棄却判決をすると，控訴人に不利益変更となるので，この判決をすることはできない。

2　控訴棄却の場合

控訴棄却の場合は，控訴に理由がないということしか確定せず，第一審判決がそのまま確定することになる。

この場合は，第一審判決の相殺の効力はなくならないから，第一審判決よりも不利益になることはない。

よって，この場合は不利益変更禁止に抵触せず，裁判所はこの判決をすべきである。

第3　設問3

1　前訴の既判力

前訴では，相殺の抗弁が認められて請求棄却判決がされているから，代金債権及び損害賠償債権が，基準時において不存在であることについて既判力が生じている。それでは，前訴と訴訟物の異なる不当利得返還請求訴訟にこの既判力が作用するか，検討する。

2　不当利得返還請求について

不当利得返還請求の要件は，①利得，②損失，③因果関係，④法律上の原因のないことである。

Yの主張は，Xは代金請求を受けないことで利得を得ており，Yは代金請求をできないことで損失を受けているというものである。

● 「既判力の内容の相違に注目して，不利益変更禁止の原則に抵触するかどうかを説明すること」ができており，出題趣旨と合致している。

● 判例（最判昭61.9.4／百選［第5版］〔112〕）に沿った結論を適切に導いている。

● 問題の前提となる前訴判決の既判力の内容について，正確に論述できている。

しかし，Xは損害賠償債権を相殺の受働債権として犠牲にしている
ところ，Xに真に利得が認められるには，Xが二重に利益を受けてい
る必要があるから，Xの損害賠償請求が認められるにもかかわらず，
Xが代金請求も受けないことを要し，Yに損失が認められるにはXの
損害賠償請求が認められるのにYの代金請求も認められないことを要
する。

3　既判力の作用
　　とすると，後訴の不当利得返還請求訴訟は，前訴の損害賠償請求権
の存否を前提としているから，前訴が後訴の先決関係にあるといえ，
既判力が作用し，その消極的作用により，基準時における既判力ある
判断に抵触する主張を当事者がすることはできない。
　　上記のとおり，前訴既判力により損害賠償請求権の不存在が確定し
ているから，その存在を前提として不当利得返還請求をするYの主張
は既判力に抵触して許されない。

4　よって，Yの主張は認められない。

以　上

● 　本答案は，「Xに真に利得が認め
られるには，Xが二重に利益を受け
ている必要がある」としているが，
Xの利得の内容としては（請負代金
請求が存在するにも関わらず）「請
負代金請求を受けないこと」と捉え
ることで十分である。

● 　本答案は，不当利得返還請求権の
要件のうち，①利得と②損失の要件
について具体的に検討している点
で，出題趣旨に合致する。もっと
も，不当利得返還請求の「先決関係」に
立つのは，前訴のYのXに対する請
負代金不存在の判断であるから，本
答案が，XのYに対する損害賠償請
求権の存否が先決関係となるとして
いる点で，適切とはいえない。これ
は，Xの利得について「二重の利益
を受けていること」ことと捉え，Y
のXに対する請負代金請求権ではな
く，XのYに対する損害賠償請求権
について前訴と後訴の既判力の抵触
の有無を検討してしまったことによ
り生じた誤りであると考えられる。

▶ MEMO

設問1

1(1)　平成１８年判決によれば，本訴被告が反訴請求債権を自働債権と
して本訴請求債権と相殺する旨の抗弁を提出すると，訴えの変更
（１４３条）をすることなく，反訴請求債権の法的な性格が変わる
ことになる。

(2)　当初は，本訴請求債権と反訴請求債権は単純併合の関係にあり，
本訴原告と本訴被告がそれぞれ債務名義を得る可能性がある。

しかし，本訴被告が反訴請求債権を自働債権として本訴請求債権
と相殺する旨の抗弁を提出した場合には，反訴請求債権について，
本訴において相殺の自働債権として既判力ある判断が示されること
を停止条件として，本訴請求債権と反訴請求債権は，あたかも予備
的併合のような関係となるというのである。

(3)　以下，平成１８年判決について検討する。

2　第一に，予備的反訴となると，なぜ既判力の矛盾抵触が生じないの
かについて検討する。

(1)　まず，反訴請求債権について，本訴において相殺の自働債権とし
て既判力ある判断が示された場合には，本訴請求は棄却され，本訴
請求債権の不存在と反訴請求債権の不存在について既判力が生じ
（１１４条１項及び２項），他方，反訴については審理されないこ
とになるから，既判力の矛盾抵触は生じない。

(2)　次に，本訴において，反訴請求債権を自働債権とする相殺の抗弁
が容れられない場合には，本訴請求は認容され，本訴請求債権の存
在及び反訴請求債権の不存在について既判力が生じ，反訴について

は審理されるが，反訴も棄却されることになるから，既判力の矛盾
抵触は生じない。

3　第二に，本訴被告が２つの利益を享受することにならない理由につ
いて検討する。

(1)　まず，反訴請求債権について，本訴において相殺の自働債権とし
て既判力ある判断が示された場合には，本訴請求は棄却され，本訴
被告は，本訴における反訴請求債権による相殺によって，簡易，迅
速かつ確実な債権回収をすることができるが，他方，反訴について
は審理されないことになるから，それによって債務名義を得ること
はなく，２つの利益を享受することにはならない。

(2)　次に，本訴において，反訴請求債権を自働債権とする相殺の抗弁
が容れられない場合には，本訴請求は認容され，反訴請求が棄却さ
れることになるから，本訴被告は，やはり２つの利益を享受するこ
とにはならない。

4　第三に，予備的反訴として取り扱うことが処分権主義（２４６条）
に反しない理由について検討する。

民事訴訟において処分権主義が採用されているのは，民事訴訟が私
的な紛争を解決するための手続であることから，私的自治を重視し，
当事者の意思を尊重するためである。

本訴被告が，反訴を提起した後，本訴において反訴請求債権を自働
債権として相殺の抗弁を提出した場合，本訴被告としては，まずは，
本訴における相殺についての判断を求めていると解するのが合理的で
あり，本訴において相殺の自働債権として既判力ある判断が示された

● 本答案は，「既判力ある判断が示
されることを停止条件」と論述して
いるが，既判力ある判断が示される
という条件が成就することによって
法律行為の効力が発生するという関
係にはない。既判力ある判断が示さ
れるまでは，反訴請求の効力は生じ
ているのであり，相殺の抗弁につい
て既判力ある判断が示されたことを
「解除条件」として，その部分につ
いては反訴請求としない趣旨の予備
的反訴として扱う，というのが正し
い理解である。

● 相殺の抗弁について「既判力ある
判断」（相殺の抗弁が認められるか
どうかは問わない）が示されれば，
その時点で解除条件が成就し，その
部分については反訴請求としないも
のとなる。そのため，「相殺の抗弁
が容れられない場合には，……反訴
については審理される」とする本答
案の論述は，明らかな誤りである。

● 本答案は，「相殺の抗弁が容れら
れない場合には……反訴請求が棄却
されることになる」としているが，
１１４条２項からして，この論述も明
確な誤りである。正しくは，相殺の
抗弁について審理されれば，解除条
件が成就し，反訴請求について判決
されることはない，という論述とな
るはずである。

● 設問中の誘導によれば，訴え変更
の手続を要せずに反訴が予備的反訴
に変更されたとしても，反訴被告（本
訴原告）の利益を害することになら
ない点についても検討する必要があ

場合には，反訴について重ねて判断を求めているものではないと解するのが合理的である。

したがって，反訴を予備的反訴として取り扱ったとしても，本訴被告の意思に反することはないのであるから，処分権主義には反しない。

5　以上から，反訴を予備的反訴として取り扱ったとしても，既判力の矛盾抵触が生ずることはなく，本訴被告が二重の利益を得ることはなく，処分権主義に反するとも言えないのであるから，本件において反訴請求債権を自働債権として本訴請求債権と相殺する旨の抗弁を適法と解しても，平成3年判決とは抵触しないというべきである。

設問2

1　まず，第一審判決を取り消して，請求を棄却する控訴審判決が確定した場合は，請求原因としての本訴請求債権の存在が認められない以上，反訴請求債権による相殺の抗弁については判断されないことになるから，本訴請求債権が存在しないことについてのみ既判力が生じることになる。

次に，控訴を棄却し，第一審判決が確定した場合は，本訴請求債権及び反訴請求債権が存在しないことについて既判力が生ずることになる。

2　そして，Xのみが控訴し，Yが控訴も附帯控訴もしなかった場合，第一審判決を取り消して請求を棄却すると，不利益変更禁止の原則（296条，304条）に反することになるのではないかとも思われる。

しかしながら，Yとしては，第一審において，本訴請求債権の存在が認められない場合は，請求を棄却し，本訴請求債権の存在が認められる場合は，反訴請求債権による相殺をすることによって請求を棄却することを求めていたところ，形式的には第一審判決がXの請求を全部棄却した以上，控訴をすることができないのであるから，このような場合に第一審判決を取り消して請求を棄却することができないとすると，Yの利益が害されることになる。

したがって，このような場合は，例外的に不利益変更禁止の原則に反しないものと解する。

3　以上から，P2が言うように，第一審判決を取り消して，請求を棄却すべきである。

設問3

1　既判力が作用する場面には，①前訴と後訴の訴訟物が同じである場合だけでなく，②前訴の訴訟物についての判断が後訴の訴訟物についての判断の前提となっている場合，③前訴の訴訟物と後訴の訴訟物が矛盾し，両立しない関係にある場合がある。

2　Yは，不当利得（民法703条）に基づく返還を求めているところ，これが認められるためには，①利得，②損失，③①と②の因果関係，④①に法律上の原因がないことを要する。

前訴の確定判決により，XY間には，XのYに対する損害賠償請求権及びYのXに対する請負代金請求権が存在しないことについて既判力が生じている。

後訴の訴訟物は，不当利得返還請求権であり，前訴の訴訟物である

った。他の受験生のほとんどが検討する問題について，その検討を怠ると，大幅な点差が生じるリスクが高まる。

● 各論点の問題提起を平成3年判決の問題意識と絡めて論じることができていないため，以上の論述をもってしても，平成18年判決が平成3年判決に抵触しないことの説明としては不十分である。

● まず，第一審判決がそのまま確定した場合，どの範囲で判決効が生じるかを指摘した方が，控訴審の判決との比較をより分かりやすく論述することができた。

● 不利益変更禁止の原則は，控訴した者にとっての不利益を問題とする原則であるという基本的な意義を正確に理解できていないため，控訴したXの利益ではなく，控訴していないYの利益を検討して結論を出してしまっている。

● 上記の誤った論述により，判例と異なる結論を導いてしまっている。

● 既判力が及ぶ一般的な範囲を述べた上で，相殺の抗弁に関する判断は，理由中の判断ではあるが例外的に既判力が及ぶということを，条文を摘示して論述するのが望ましい。

請負代金請求権と同一ではないが，前訴の確定判決により請負代金請求権が存在しないことについて既判力が生じている以上，Ｘが請負代金請求を受けないことによって利得を得て（①），Ｙが請負代金を請求できないことにより損失を被った（②）というＹの主張は，これと抵触する。

3　以上から，Ｙの主張は，前訴の確定判決の既判力によって認められない。

以　上

▶ MEMO

第1　設問1
1　まず，そもそも相殺の抗弁に民訴法（以下略）１４２条の適用があるのか。
　(1)　相殺の抗弁は攻撃防御方法であって，「訴え」ではないため，１４２条を直接適用することはできない。
　(2)　では，同条を類推適用することはできないか。
　　　二重起訴禁止の趣旨は，①矛盾判決，②訴訟不経済，③被告の応訴の煩という弊害を防止することにある。
　　　そして，相殺の抗弁には既判力が生ずる（１１４条２項）から，既判力が抵触し，矛盾判決のおそれがある。
　　　そうすると，二重起訴禁止の趣旨が当てはまる。
　　　そこで，同条の類推適用ができると解する。
　(3)　相殺の抗弁に１４２条の類推適用が認められるとすると，反訴請求債権を，本訴において自働債権として相殺することは許されないとも思える。実際，平成３年判決は，相殺の抗弁を，二重起訴禁止に反するとしている。
　　　しかし，平成１８年判決は，本訴において相殺の自働債権として既判力ある判断が示された場合には，その部分については反訴請求としない予備的反訴とすることで，相殺の主張を認めた。
　　　以下，平成１８年判決が，平成３年判決に抵触しない理由を検討する。
2　なぜ既判力の矛盾抵触が生じないことになるのか。
　　これは，予備的反訴にするということは，本訴で相殺について既判

力ある判断がされることを，反訴請求の解除条件とすることになるからである。すなわち，本訴において相殺について判断がされた場合，反訴は取り下げられ，反訴において既判力ある判断はされないことになるのであり，反訴について判断されるのは，本訴において相殺が判断されない場合のみであるから，既判力ある判断は，反訴と本訴どちらか一方のみについてしかされない。
　　したがって，既判力の矛盾抵触は生じないことになる。
3　反訴原告が，相殺による簡易迅速かつ確実な債権回収への期待と，相殺に供した自働債権について債務名義を得るという２つの利益を享受することにならないのはなぜか。
　　これも，予備的反訴にするということは，本訴で相殺について既判力ある判断がされることを，反訴請求の解除条件とすることになるからである。
　　すなわち，反訴と本訴，どちらか一方しか判断されないから，反訴原告が，反訴において勝訴することと，本訴における相殺が認められることという２つの利益を同時に享受することは不可能である。
4(1)ア　訴えの変更の手続を要せずに予備的反訴と扱われることが処分権主義に反しないのはなぜか。
　　イ　処分権主義（２４６条参照）とは，訴訟の開始，訴訟物の特定，訴訟の終了について，当事者に処分権があるという建前である。
　　　その趣旨は，当事者の意思尊重にあり，不意打ち防止機能を営む。

● ここまでの論述は，特に検討を求められていない問題についての論述であり，余事記載である。

● 問題文中のＬ１の「平成３年判決は，弁論が併合されている場合にも当てはまるのですね。」との発言からすれば，主に論じるべきなのは，平成１８年判決のように予備的反訴として扱われれば，裁判所は弁論を分離することができず，既判力の矛盾抵触が生じるおそれはないということと，その理由である。本答案は，再現答案①②と異なり，この点について全く言及できていない。

● Ｌ１の第二課題については，①相殺の抗弁自体が予備的抗弁であり，相殺の抗弁以外の理由により本訴の請求が棄却されれば，Ｙは相殺の担保的利益を享受できない代わりに，反訴において反対債権の債務名義を取得する利益を得ることができ，②他方，相殺の抗弁が審理されれば，解除条件が成就して反訴につき判決されることはなく，相殺の抗弁が認められればＹは相殺の担保的利益を享受できるから，結局，Ｙが２つの利益を享受することにはならない，という論述の流れが期待されていた。本答案は，②については一応の

　　　　そこで，予備的反訴が当事者の意思に反せず，不意打ちにもならなければ，処分権主義には反しないことになる。
　ウ　予備的反訴とならないとすると，本訴における反訴請求債権を自働債権とする相殺は，１４２条類推適用により，許されないことになる。そうすると，本訴で反訴原告が相殺を行った場合，相殺の主張が許されるようにするため予備的反訴とすることは，反訴原告の意思に通常合致するものといえ，当事者意思尊重に反しない。
　　　　また，反訴請求債権については，反訴提起されている以上，その存在を反訴被告は知っていたはずであるから，本訴においてそれを自働債権とする相殺を認めても，反訴被告にとり，不意打ちとはならない。
　　　　したがって，訴えの変更の手続を要せずに予備的反訴と扱われることは，処分権主義に反しない。
　(2)　反訴請求について本案判決を得られなくなる可能性があるのに，反訴被告の利益を害することにならないのはなぜか。
　　　　反訴請求につき，本案判決が得られない場合とは，本訴において相殺の抗弁が判断された場合である。
　　　　そして，相殺の抗弁についての判断には既判力が生じる（１１４条２項）以上，反訴原告は，自働債権とした債権を別訴において請求することはできなくなる。
　　　　そうすると，反訴被告は，反訴において棄却判決を得たのと同様に，本訴被告に反訴請求債権について争われないという利益を得ら

れたことになる。
　　　　したがって，本案判決が得られなくとも，反訴被告の利益を害することにはならない。
第２　設問２
１　第一審判決の取消及び変更は，不服申立ての限度でのみ行えるのであって，控訴人にとって，第一審よりも不利益に判決内容を変更することはできない（３０４条，不利益変更禁止の原則）。
　　これは，控訴審における処分権主義の現れである。
２　Ｘが控訴した場合に，相殺の抗弁を認めて，請求棄却の第一審がそのまま確定した場合には，控訴審で，控訴人たるＸに第一審より不利益に判決内容が変更されたとはいえない。したがって，かかる場合には，裁判所は控訴棄却をすればよい。
　　これに対し，第一審判決を取消し，請求棄却という判決をする場合，Ｘは，第一審では請求債権が存していたことが認められていたのに，それがないことになり，相殺が行われず，相殺によって消滅したはずの反訴請求債権が存在することになってしまった。
　　そうすると，控訴人たるＸにより不利益に判決内容が変更されたものといえ，不利益変更禁止の原則に反する。
　　したがって，控訴審がそもそもＸの本訴請求債権である損害賠償請求がないとの心証を得た場合でも，控訴審は，第一審判決を取り消すことはできず，単に控訴を棄却すべきである。
第３　設問３
１　既判力とは，確定判決の後訴での通用力ないし基準性をいう。そし

論述ができているが，①については言及できていない。

●　本答案のような「通常の反訴であれば不適法却下されるから，却下されないように予備的反訴にすることはＹの意思に合致する」という趣旨の論述は，「Ｙの訴訟行為を適法と扱えばＹの意思に合致する」と論じているに等しく，Ｙの合理的意思の検討として不十分である。

●　反訴請求債権の存在を知っていれば不意打ちにならない，という説明には説得力がない。反訴被告にとっては，本訴上の相殺の抗弁，予備的反訴のいずれかにおいて，必ず反訴請求債権について既判力ある判断がなされるのであるから，反訴請求債権が本訴における相殺の抗弁の自働債権として用いられることになっても不意打ちにならない，といった説明が必要になる。

●　まず，第一審判決がそのまま確定した場合，どのような判決効が生じるかを指摘した上で，控訴審で請求棄却した場合の判決効を比較した方が，違いが明確になった。

●　第一審判決の効力として，訴求債権（損害賠償請求権）の「存在」という既判力は生じない。この点で，誤りである。

●　設問を離れていきなり論点から書

て，その正当化根拠は，手続保障に基づく自己責任にある。

　そこで，既判力は，当事者が実際に手続保障の下争う判決主文にのみ生じるのが原則である（１１４条１項）。また，そのように解することで，弾力的な審理が可能となるメリットがある。

　既判力が判決主文にしか生じない以上，前訴で判断されたのがＹの請負代金請求権であり，形式的には後訴の訴訟物である不当利得返還請求権とは訴訟物が異なるから，Ｙの後訴は本件訴訟の確定判決の既判力に抵触しないとも思える。

2　既判力が形式的に抵触しない場合であっても，一定の制度を通じて，前訴と後訴が矛盾関係にある場合には，後訴は前訴既判力により排斥されると解する。なぜなら，そのような場合は，紛争の蒸し返しに他ならないからである。

3　本件で，後訴は，本件訴訟の確定判決によって被った損害について不当利得返還請求をするものである。そうすると，本件訴訟の確定判決と，後訴は，確定判決という一定の制度を通じて，矛盾関係にある。

　したがって，Ｙの後訴は，本件訴訟の確定判決の既判力に反し，許されない。

以　上

● き出すのではなく，なぜその点を論じる必要があるのか，その問題意識を明示する必要がある。

● 　請負代金債権についての判断は，前訴における理由中の判断であるから，例外的に既判力が及んでいることを説明する必要があった。

● 　出題趣旨によると，設問３では，不当利得返還請求権の要件，すなわち①利得，②損失，③因果関係，④法律上の原因がないことのうち，どの要件に関する主張が既判力と抵触するのかを，具体的に説明することが求められていた。本答案は，これらの点についての論述をせずに「矛盾関係にある」との結論のみを述べている点で，出題趣旨に全く応えていない。また，どうして矛盾関係にあるといえるのか，その具体的な説明にも欠けるため，説得力に乏しい。さらに，「確定判決という一定の制度を通じて」の意味が不明瞭である。

平成28年

問題文

[民事系科目]

〔第3問〕（配点：１００〔**〔設問１〕**から**〔設問３〕**までの配点の割合は，３：３：４〕）
　次の文章を読んで，後記の**〔設問１〕**から**〔設問３〕**までに答えなさい。

【事　例】

　Xは，設立後約３０年が経つ「甲街振興会」という名称の法人格を取得していない団体であり，その代表者である会長は甲街の有力者であるZが務めていた。Xには規約が定められており，甲街で事業を営む者が，Xに書面で加入申請をすれば，Xの会員となるとされている。会員数は近年は１００名程度で推移しており，会員名簿は毎年作成されているが，団体の運営に実質的な関心のない者も少なくない。総会員で構成する総会（定足数は総会員の過半数）があるほか，役員として，会長１名，副会長１名，監事２名が置かれている。役員は総会で選任され，会長がXを代表する権限を有するが，不動産など重要な財産の処分については総会の承認決議が必要とされ，出席者の３分の２以上の賛成が必要となる。

　Xには，唯一の不動産として，Xの事務所として使用されている建物及びその敷地である土地（以下「本件不動産」という。）があるとされていた。これは，Xの活動が軌道に乗った頃，会長であるZがAとの間で売買契約を締結して購入したものであるが，Zは，「これはXのために購入したものであり，以後，本件不動産はXの事務所として使用する。」と公言していた。実際に，本件不動産はXの資産としてXの財産目録には計上されていたが，登記は代表者であるZの名義とされていた。本件不動産の固定資産税はZが納付していたが，Xは納税相当額をZに償還していた。

　近年になり，長らくXの会長を務めていたZが高齢になってきたため，Xの内部においては，そろそろ会長を副会長であるBに交代すべきであると主張する勢力が台頭しつつあった。

　そのような中，本件不動産についてYを抵当権者とする抵当権設定登記がされていることが判明した。Bが調査をしたところによると，この抵当権は，Zの子であるCに対する貸金３０００万円を被担保債権とするものであり，Cは貸金債務の返済をしばしば遅滞していて，なお２０００万円以上の債務が残存していることが分かった。そこで，Bは，Zに対して経緯の説明を求めた。これに対し，Zは，本件不動産はXの事務所として使用するために購入したものではあるが，飽くまでも，事務所として利用させることだけが目的であり，その所有権はZ個人にあると主張した。さらに，一時期Cが貸金債務の返済を滞らせていたことがあるが，もう心配はないし，今後とも本件不動産をXに使用させるつもりであると説明した。

　しかし，Bの調査によれば，Zの説明とは異なって，Cはその事業が行き詰まっているため，倒産しかねない状況にあるとの風評が立っており，ZがCを経済的に支えることも困難であろう

と見込まれていた。

　また，Bとしては，Zから何度となく本件不動産はXのために購入したものであると聞かされていたし，そのようなZの貢献が会員に評価されていたからこそ，Zは長年にわたり会長を務めることになったのであるから，本件不動産はXがAから購入したものであって，Zの所有であったと認めることはできないし，今後の活動資金の確保の観点からも，本件不動産はXにとって極めて重要な財産であり，何としても，Yの抵当権設定登記を抹消しなければならないと考えた。

　そこで，Bは，Xの規約によれば，会長は「職務上の義務に違反し，又は職務を怠ったとき」には総会の決議によって解任することができるとされていることを確認した上で，規約に基づき臨時総会を開催し，Zの解任議案及びBの会長選任議案を提出した。

　臨時総会の開催や運営に当たっては，Zやその支援者らの強い抵抗があったものの，両議案はいずれも賛成多数で可決された。

　そこで，新たに会長に選任されたBは，本件不動産の問題を解決するため，知り合いの弁護士であるL1に相談した。

　以下は，Bから依頼を受けた弁護士L1と司法修習生P1との間の会話である。

　L1：Bから事情を聞きましたが，Yに対しては，抵当権設定登記の抹消登記手続請求と総有権確認請求をすることになりそうですね。Zに対しても訴えを提起する必要があるかどうかは，もう少しZの動向を見てから決めたいというのがBの意向のようですから，まずは，Yを被告として，どのような訴え提起の方法が考えられるかを検討してみましょう。

　P1：Xは，権利能力のない社団とされる要件を満たしているといえそうですから，民事訴訟法第29条が適用され，当事者能力が認められるので，X自身が原告となってYに対する訴えを提起することができると思います。その先は，登記手続請求訴訟になると，十分に勉強が進んでいませんので，よく分からないのですが。

　L1：差し当たり，議論を単純化するために登記請求については考えることとせず，総有権確認請求訴訟を前提として議論しましょう。

　P1：総有権確認請求訴訟の提起ということになると，最高裁判所平成6年5月31日第三小法廷判決・民集48巻4号1065頁によれば，権利能力のない社団が原告となり，その代表者が不動産についての総有権確認請求訴訟を追行するには，その規約等において当該不動産を処分するのに必要とされる総会の議決等の手続による授権を要するとされています。したがって，本件不動産の総有権の確認を求めるためには，少なくとも，重要な財産の処分についての承認決議に必要な総会の出席者の3分の2以上の賛成に基づく授権が必要ということとになりそうです。

　L1：そうですね。ただ，Zの立場を支持する勢力もなお有力のようで，今後の動向によって

は，３分の２以上の賛成を得ることは簡単ではないかもしれません。３分の２以上の賛成を得ることができないことも想定すると，他にどのような方法が考えられますか。

Ｐ１：その場合には，一般的には，構成員全員が原告となって訴えを提起することになるのではないでしょうか。

Ｌ１：しかし，本件では，構成員の中にはＺやその支持勢力がおり，彼らは訴えの提起に反対するかもしれません。そういった場合には，どのような対応策が考えられるか，検討する必要がありますね。

そこで，まずは，Ｘ自体を当事者とせずＸの構成員がＹに対して総有権の確認を求めるには，原則としてその全員が原告とならなければならないとされる理由について整理してください。

その上で，構成員の中に訴えの提起に反対する者がいた場合の対応策について検討してください。

さらに，訴訟係属後に甲街で事業を開始して新たに構成員となる者が現れる可能性があります。そこで，この場合の訴訟上の問題点について，まとめてみてください。その際は，その者がＢに同調する場合としない場合とが考えられることを考慮してください。

〔設問１〕

あなたが司法修習生Ｐ１であるとして，Ｌ１から与えられた課題に答えなさい。

【事　例（続き)】

ＢとＬ１は，検討を重ねた結果，Ｘを原告，ＹとＺを被告として総有権確認請求の訴えを提起することとし，それと併せて登記手続請求の訴えも提起するとの結論に至った。そこで，本件不動産はＸの構成員の総有に属するとして，Ｘを原告とし，ＹとＺとを共同被告として，本件不動産の総有権確認請求の訴えを提起し，併せてＹに対しては抵当権設定登記の抹消登記手続請求の訴えを，Ｚに対してはＺから現在の代表者であるＢへの所有権移転登記手続請求の訴えを提起した。なお，Ｂは，他の会員を説得し，事前にこれらの訴え（以下，これらの訴えに係る訴訟を「第１訴訟」という。）の提起のために必要となる総会の承認決議を得た。

以下は，このような経緯で訴えを提起されたＺから訴訟委任を受けた弁護士Ｌ２と司法修習生Ｐ２との間でされた会話である。なお，Ｘが原告となって登記手続請求の訴えを提起することの当否について検討する必要はない。

Ｌ２：Ｚは，そもそも，Ｚ自身がＸの会長の地位にあるのに，Ｂが会長であるかのように行動していることに不満があるようです。自らがＸの会長の地位にあることを裁判で認めてもら

いたいという要望は何とかして受け止めてあげたいですね。第1訴訟において，Bを代表者として提起された訴えの適法性自体を争い，却下判決を求めることは当然ですが，それに加えて，第1訴訟の中で，自らが会長の地位にあることや解任決議が無効であることを確定させる判決を得ることができないかも検討した方がいいでしょう。

　　　もっとも，X内部での会長の選解任がいかなる場合に無効となるのかという実体的な問題については，ひとまず，解任事由が存在しないというZの言い分どおりの事実が認められれば，解任決議は無効となり，そうであるとすれば，規約上1名に限られる会長が既に存在する状況でされた新会長の選任決議も無効となる，という前提で検討を進めてみてください。

P2：分かりました。Zとしては，Zの解任決議が無効であること，及びZがXの会長の地位にあることの確認を求める訴えを提起することが考えられ，その場合，Xを被告とすることが適当であると思います。そして，第1訴訟の中で，Zが会長の地位にあり，自らの解任決議は無効であることを主張するわけですから，反訴として提起することが簡便だと思います。

L2：そうですね。Zが，第1訴訟においてXを被告として反訴を提起するという前提で検討しましょうか。それから，Zの提起する反訴において，会長としての地位が争われることになるBがXの代表者として訴訟を追行することを認めてよいかという問題もありそうですが，差し当たり，この点は検討の対象から除外します。

P2：分かりました。

L2：検討をするに当たって1点確認をしておきたいのですが，本案の前提として判断される手続的事項については，独自の訴えの利益は認められないという考え方を聞いたことはありませんか。

P2：はい。そう言えば，最高裁判所昭和28年12月24日第一小法廷判決・民集7巻13号1644頁も，訴訟代理人の代理権の存否の確認を求める訴えを不適法としていたと思います。本件では，会長の地位にあるかどうかが争われているので，利益状況は似ているようにも思います。Zが提起する反訴も却下されてしまう可能性があるのでしょうか。

L2：少なくとも，そういう反論に備えておく必要はあるでしょうね。以上のことを踏まえた上で，Zが解任決議が無効であることやZがXの会長の地位にあることを確認する訴えを提起することについて訴えの利益が認められるという理由付けを具体的にまとめてみてください。それから，反訴として提起するということですから，民事訴訟法第146条第1項所定の要件についての検討も念のために行っておいてください。

〔設問2〕
　　あなたが司法修習生P2であるとして，L2から与えられた課題に答えなさい。

【事　例（続き）】

　　第1訴訟について審理がされた結果，XのYとZに対する請求はいずれも認容され，判決（以
　下「前訴判決」という。）は確定した。前訴判決の確定を受け，Yは，本件不動産について設定
　を受けていた抵当権は無効であり，損害を被ったなどとして，Zに対して，債務不履行に基づく
　損害賠償を求める訴えを提起した。この訴訟（以下「第2訴訟」という。）において，Zは，
　「Aから本件不動産を買い受けたのは自分であり，抵当権設定契約時にも本件不動産を所有して
　いたからYに対しても抵当権を有効に設定していて，登記も具備させたのであるから，債務不履
　行はない。」と主張した。

　　これに対し，Yは，「前訴判決において本件不動産がXの構成員の総有に属することが確認さ
　れた以上，Zは，本件不動産はXの構成員の総有に属さず，Zの個人財産に属したと主張して損
　害賠償責任を免れることはできない，そうでなければ，Yは，第1訴訟においては本件不動産は
　Xの構成員の総有に属するという理由で敗訴し，他方，第2訴訟においては本件不動産はZの個
　人財産に属するという相矛盾する理由によって二重に敗訴する危険を負うことになってしまい，
　不当である。」と主張した。

　　以下は，第2訴訟の審理を担当する裁判官Jと司法修習生P3との間でされた会話である。
　　J：本件はいろいろと問題がありそうですね。本件では，YはZに対して不法行為ではなく，
　　　債務不履行に基づいて損害賠償請求をしていますね。そもそも，本件のような事案において，
　　　債務不履行に基づく損害賠償請求が実体法上可能か否か等についても学説は分かれているよ
　　　うですが，私としては，抵当権設定契約の時において設定者が抵当権の目的物の所有権を有
　　　していなければ有効な抵当権を設定できず，その場合には，設定者は抵当権設定契約に基づ
　　　く債務不履行責任を負うと理解したいと考えています。以下では，この理解を前提に民事訴
　　　訟法上の問題について検討してもらいます。相矛盾する理由によって二重に敗訴する危険を
　　　負わされるのは不当であるというYの主張は，既判力と関係しそうですから，裁判所の方で
　　　よく検討をしておかないといけませんね。前訴判決の既判力によってこの問題を解決するこ
　　　とができるかどうかについては，どう考えますか。
　　P3：本件の事実関係を前提とすると，前訴判決のうちXのYに対する総有権確認請求につい
　　　てされた部分の効力がXの構成員の一人であるZにも及んでいると解する余地があるのでは
　　　ないでしょうか。
　　J：なるほど。①権利能力のない社団が当事者として受けた判決の効力は，当該社団の構成員
　　　全員に対して及ぶと述べる最高裁判所平成6年5月31日第三小法廷判決・民集48巻4号
　　　1065頁があることは承知していますが，それを本件において援用することが適切かとい
　　　う点については，具体的に検討してみる必要があると思います。

P3：他方で，仮に前訴判決の既判力がZに及ぶことになるとしても，それが第2訴訟において
どのような意味を持つのか，今一つはっきりしないような気がします。

J：②確かに，本件不動産がXの構成員の総有に属していればZの所有には属しないということ
は，一物一権主義から当然にいえそうではありますが，しかし，前訴判決の既判力がいつ
の時点における権利関係の存否について生じているのかということとの関係で，第2訴訟に
おけるYとZの主張の対立点に関して前訴判決の既判力が作用し得るのかは，私も少し引っ
かかっているところなので，具体的に検討してみてください。

P3：既判力に基づく説明以外の説明によってYの主張を根拠付ける余地もあるかもしれませ
んが，そういった検討も必要でしょうか。

J：③それも検討していただきたいですね。ただ，既判力以外の根拠を用いようとする場合に
は，第1訴訟の段階でYとして採るべき何らかの手段があったのであれば，それをしなかっ
たYが不利益を被ってもやむを得ないという反論も出てくるかもしれません。結論を限定す
るわけではありませんが，第1訴訟の段階でYとして採るべき手段があったかどうかという
点にも触れながら，検討してみてください。

P3：なかなか大変な検討になりそうです。

J：前訴判決が存在するにもかかわらず，第2訴訟において本件不動産の帰属に関して改めて
審理・判断をすることができるのかを検討することが今回の課題です。なお，検討事項も多
いので，差し当たり，前訴判決のうち登記手続請求についてされた部分を考慮に入れる必要
はありません。では，頑張ってください。

〔設問3〕

　あなたが司法修習生P3であるとして，下線部分①から③までに現れたJの問題意識についての
検討結果を示しつつ，Jから与えられた課題に答えなさい。

【民事系科目】

〔第3問〕

　本問は，権利能力なき社団の構成員に総有的に帰属する財産をめぐる紛争を基本的な題材として，①当該社団の構成員が原告となって総有財産の所有関係を第三者に主張する場合には，それが固有必要的共同訴訟に当たることを前提に，そのような訴訟を現実に遂行した場合に生じ得る問題についての解決方法（〔設問1〕），②当該社団が原告となり社団の元代表者等を被告として総有財産の帰属関係等を争う訴訟において，元代表者が解任決議の無効や会長の地位確認を求める訴えを反訴で提起することにつき，訴えの利益や反訴要件の有無（〔設問2〕），③当該訴訟において敗訴した被告の一方が他方の被告に対して債務不履行責任を追及する場合に，前訴においても審理された総有財産の帰属に関して改めて審理・判断することの可否（〔設問3〕）に関して，検討をすることが求められている。

　これらの課題に含まれる論点は，基礎的なものも少なくないが，全体の分量との関係では，その論点についての正確な知識に基づく解答を端的に論述することが必要であり，また，問題文には関連判例等を踏まえた問題意識が多く示されているから，これらに的確に応答し，論述することが期待されている。

　〔設問1〕では，まず，総有権確認請求訴訟という形態で，総有財産の所有関係を第三者に主張することが固有必要的共同訴訟に当たるとされる理由についての分析が求められている。総有財産に関する紛争形態は様々であるものの，本件の訴訟物は総有権を第三者に確認するというものであるから，固有必要的共同訴訟に当たる理由の説明もそれに応じたものとする必要がある。

　そして，このことを踏まえつつ，本件のXのように相応に構成員の数の多い権利能力なき社団において構成員を原告として訴えを提起しようとした場合に，実際にどのような問題が生じ得るかを検討し，考えられる解決方法を提示することが求められている。そして，弁護士L1と司法修習生P1との間の会話では，構成員の中に反対者がいた場合にどのようにして訴えの適法性を確保するべきかという問題意識が示されている。典型的には反対者を被告として訴えを提起することが想定されるが，その際には，先に述べた，総有権確認請求訴訟が固有必要的共同訴訟とされる論拠と整合性のある説明を工夫することが期待される。さらに，続いて，訴え提起後に構成員に変動が生じた場合，その中でも新たな構成員が追加的に現れた場合の処理をどうするかという問題意識も示されている。ここでは，様々な方法が考えられるところであるが，代表者として行動しているBの方針に同調しない構成員については，その自発的な行動が想定し難く，原告側のみで行うことのできる方策としてどのようなものが考えられるかという観点から検討することが求められている。

　〔設問2〕では，〔設問1〕と異なり，権利能力なき社団であるXが原告となって訴えを提起した事案について問うものである。Bを代表者とするXは，本件紛争の解決のため，本件不動産の所有名義人である元代表者のZと，Zから抵当権の設定を受けてその旨の登記を経たYを被告として，総有権確認請求と各登記手続請求の訴えとを提起しているが，ここで，被告とされたZは自身がなおXの代表者の地位にあることを認めさせようと，Xを被告としてZ自身の解任決議の無効等を確

認する反訴を提起しようとしている。代表権に関する紛争が存在する場合に，このような確認の訴えに訴えの利益が認められることについては異論は少ないと思われるが，ここでは，特に，最高裁判所昭和２８年１２月２４日第一小法廷判決・民集７巻１３号１６４４頁が，訴訟代理人の代理権の存否の確認を求める訴えを不適法としていることを踏まえつつ，共にある（別の）訴訟における訴訟要件の存否に関わる判断でありながら，本件における権利能力なき社団であるＸの代表権の存否の確認を求める訴えはなぜ適法となるのかを，本件における事実関係も踏まえながら，訴訟代理権と代表権とでは実質的な紛争の広がりが異なるといったことを指摘し，説明することが求められている。

　また，〔設問２〕においては，念のため，反訴要件の具備・不具備について検討することも求められている。本件との関係では，「本訴の目的である請求又は防御の方法と関連する請求」といえるか否か，「著しく訴訟手続を遅滞させる」場合に当たらないか否かについて，本件の事実関係に基づいた当てはめの検討が求められている。前者については，仮にＢではなくＺがＸの代表者の地位にあるとすれば，Ｂを代表者とするＸの訴えはそのままでは適法なものとしては維持できないから，その点を争うとともにＺの代表権の確認を反訴で求めることは防御の方法と関連する請求となるのではないか，また，本訴としてＸ代表者としてのＢへの登記移転請求の訴えも併合されていることから，本訴請求と関連性を有するといえないかなど具体的に摘示することが望まれる。

　〔設問３〕では，〔設問２〕の訴訟（第１訴訟）において原告勝訴の判決（前訴判決）が確定したことを前提に，本件不動産について設定を受けていた抵当権は無効であり，損害を被ったなどとして，ＹがＺに対して債務不履行に基づく損害賠償を求める第２訴訟を提起したとの事実関係の下で，この第２訴訟で本件不動産の所有関係を再度審理・判断することができるのかどうかが問われている。本件の事実関係はやや複雑であるものの，まず，第１訴訟における共同被告であるにすぎないＹとＺとの間には当然には既判力が生じないことが前提として押さえられなければならない。その上で，裁判官Ｊと司法修習生Ｐ３との会話を見れば，本件については，二つの検討のルート，すなわち，①前訴判決のうちＸとＹとの間の部分については，Ｘを当事者としているところ，引用判例（最高裁判所平成６年５月３１日第三小法廷判決・民集４８巻４号１０６５頁）に従えばＸの構成員であるＺにも既判力が及ぶため，ＹとＺとの間に既判力が生ずることとなり，本件不動産の所有関係について再度の審理・判断ができないことになるのではないかという権利能力なき社団に特有の法理による解決を模索する方向性と，②権利能力なき社団を離れてより一般的に，前訴で敗訴をした共同被告間における担保責任の追及訴訟において二重敗訴の危険を防ぐ手段としてどのようなものが想定され得るかという問題として解決を模索する方向性とが示唆されていることが読み取れる。

　まず，①の方向性に関しては，本件において引用判例の法理を援用することができるかを権利能力なき社団及びこれを当事者とする訴訟の性質についての解釈を踏まえつつ検討する必要があり，そこでは，判例法理に素朴に従えば判決効の拡張を受けることになりそうなＺがＸの相手方として行動しているという本件事案の特殊性を踏まえてどのように結論付けるかについて考察することが求められている（問題文の下線部①参照）。また，この点についていずれの結論を採るにせよ，本件の事実関係の下で，抵当権の設定時点における本件不動産の所有関係という第２訴訟の争点についての審理・判断が前訴判決の既判力によって封じられるのかを具体的に検討することも求められている。すなわち，前訴判決の既判力の基準時よりも「前」の時点における所有関係が争点となっ

ているところ，そのような争点との関係で，前訴判決の口頭弁論終結時に本件不動産がXの総有に属していた（すなわち，Zの所有には属していなかった）という判断につき生じている前訴判決の既判力がそれ自体として意味を持ち得るのかという問題を意識して，解答することが求められている（問題文の下線部②参照）。

　他方で，②のルートに関しては，①のルートのような既判力による解決は困難であることを踏まえ，信義則や争点効などによって再審理が不可能であることを結論付けることが視野に入る。もっとも，こうした議論は明文の根拠に乏しく，程度の差はあるものの一般条項に依拠したものとならざるを得ないことからすれば，Yとして事後の訴訟を想定し，第1訴訟の段階で採るべき手段が何かなかったのかという事情は考慮すべき事情となるはずである。そこで，このような方法としてどのような方法があり得るかを検討すると，訴訟告知などが想定される。こうした方法があることを踏まえれば，既判力に基づく説明以外の説明で再審理をすべきでないとするYの主張は否定されざるを得ないのか，それとも一定の方法があるとはいえ本件の事実関係の下ではなおYの主張は認め得るものであるのかを，自らの立場を明らかにしつつ，論証することが必要となる（問題文の下線部③参照）。

採点実感等に関する意見

1 出題の趣旨等

　民事系科目第3問は,民事訴訟法分野からの出題であり,出題の趣旨は,既に公表されている「平成28年司法試験論文式試験問題出題趣旨【民事系科目】〔第3問〕」のとおりである。

　本問においては,例年と同様,受験者が,①民事訴訟法の基本的な原理・原則や概念を正しく理解し,基礎的な知識を習得しているか,②それらを前提として,問題文をよく読み,設問で問われていることを的確に把握し,それに正面から答えているか,③抽象論に終始せず,設問の事例に即して具体的に,かつ,掘り下げた考察をしているか,といった点を評価することを狙いとしている。

2 採点方針

　答案の採点に当たっては,基本的に,上記①から③までの観点を重視するものとしたことも,従来と同様である。本年においても,各問題文中の登場人物の発言等において,論述上問題意識をもって検討すべき事項や受験生が解答すべき事項が具体的に提示されている。したがって,答案の作成に当たっては,まずは問題文において示されている検討すべき事項等を適切に吟味し,そこに含まれる論点を論理的に整序し,叙述すべき順番や相互関係を整理することが必要である。そして,その上で,事前に準備していた論証パターンをそのまま答案用紙に書き写すのではなく,提示された問題意識や当該事案の特殊性を踏まえつつこれに端的に答える形で検討結果を表現することが必要である。採点に当たっては,このような出題の意図に受験者が応えていると言えるかどうかにも留意している。

3 採点実感等

⑴ 全体を通じて

　本年の問題においても,具体的な事例を提示した上で,上記のとおり,登場人物の発言等において,検討が必要になる事項としてどのようなものがあるか,関係する最高裁判所の判決を紹介した上でその射程が及ぶかなど,問題意識を示しながら受験生が検討・解答すべき事項を問題文中で明瞭にしている。

　多くの答案はこのような問題文中に示された問題意識に沿って解答をしようとしていたが,例えば後記⑶アで指摘するもののように,中には問題意識に正面から答えていないものも見られた。しかし,そのような答案では合格点に達することは困難であり,民事訴訟に関する基本的な概念や原理・原則についての理解を前提に論理的な思考をめぐらせることでそれまで自分では考えたことがないような問題についても自分なりに答えようとする姿勢が重要である。

　また,問題意識に答えるという観点からは必要とは言えない一般論を長々と展開する答案も見られた。このような答案は,解答の結論に至るのに必要とは言えない論述をあえてしているという点で本当に理解ができているのかにつき疑問を抱かせることにもなる上,記述作業自体に貴重な時間を取られてしまうことにもなる。本年の設問もいわゆる一行問題ではなく,具体的な事案を前提に与えられた問題についての分析能力が試されているのであるから,解答として記載すべ

き内容も自ずと絞られてくることを意識すべきである。

　なお，条文を引用するのが当然であると思われるのに条文を引用しない答案や，条番号の引用を誤る答案（例えば，民事訴訟法「第１１５条第１項第２号」と書くべきであるのに，「第１１５条第２号」や「第１１５条第２項」と書くもの）が多く見られた。法律解釈における実定法の条文の重要性は改めて述べるまでもないものであり，注意を促したい。

(2)　設問１について

ア　課題１

　設問１では，まず，総有権確認請求訴訟という形態で，総有財産の所有関係を第三者に主張することが固有必要的共同訴訟（「個有」と記載する答案があったが，論外である。）に当たるとされる理由についての分析が課題となっている（問題文３頁２９行目以下［注：本書３６頁８行目以下］）のＬ１の発言）。訴え提起の段階からその後の手続上の全ての段階で共同した訴訟追行が原則として必要になるというケースであり，訴訟追行を共同してする必要まではない類似必要的共同訴訟ではなく，固有必要的共同訴訟に当たるということを説明することが必要となる。そして，この訴訟共同を要する固有必要的共同訴訟に該当するか否かを検討するに当たっては，当事者の管理処分権を基準としつつ訴訟政策的な考慮を加味して判断すべきとの考え方が有力であり，そのことを指摘する答案が多かった。しかし，なぜ管理処分権を基準とすべきなのかが明らかにされなければ，固有必要的共同訴訟に当たる理由やその判断基準を適切に分析したことにはならない。例えば，「訴え提起は処分行為に類似するので，管理処分権を基準に判断すべきである」といった説明が必要であり，そうしたものがなければ，単に結論を述べるのと大きな差はないと言える。さらに，なぜ，訴え提起が処分行為に類似すると言えるかについても，敗訴した場合には，問題となった権利を処分したのと類似する状態に陥るからであるといった説明を何らか工夫しておかなければ，理由を飛躍なく述べたものとは言い難い。

　その上で，権利能力なき社団における総有財産の処分の在り方を述べる必要がある。もっとも，その際，総有財産については持分が観念されないことのみを理由として全員による処分が必要であることを導く答案については，持分が観念される共有についても全員による処分が必要であると解されており（民法第２５１条参照），また共有財産の確認についても判例が固有必要的共同訴訟と解していることと，そのような説明が整合的と言えるか，なお説明が求められよう。

　また，「訴訟政策的な考慮」をすべきことを一般論で触れるのであれば，本件事案においてどのように考慮すべきなのかを，例えば，総有関係の確認を対内的に請求する場合と比較して，本件のように総有関係の確認を対外的に請求する場合には，一回的解決の必要性が特に高いと言えるのかなどを具体的に検討して理由付けることができれば高く評価されることになる。

　以上に対して，個別訴訟を許容すると判決の内容が構成員ごとに区々となり，紛争解決につながらないから，合一確定の必要があるということのみを指摘し，固有必要的共同訴訟になるとする答案もかなりの割合で見られた。しかし，そもそも，合一確定の必要があるということを述べるだけでは必要的共同訴訟とすべきであるとは言えても，訴訟共同まで必要とする固有必要的共同訴訟となることの説明に直ちにはならないことに注意すべきである。また，このような答案は，管理処分権能による説明を補強材料とせず，訴訟政策的な考慮だけで固有必要的共同訴訟とすることとなるから，それに応じた丁寧な考慮要因の分析が必要となる。民事訴訟

において，判決の内容同士が実際上矛盾する事態は往々にして生ずる中で，総有権確認訴訟についてはなぜ構成員ごとに判決が区々となると問題があり，固有必要的共同訴訟になるとまで解する必要があるのかを，実体法上の法律関係を踏まえつつ具体的に説明しなければ説明としては成功していない。

イ　課題2

　次に，構成員の中に反対者がいた場合には，全員が原告となって訴えを提起することができず，適法な訴えの提起が困難な状況に陥る。そこで，その場合にどのような方法を採ることで訴えの適法性を確保するべきかが検討課題とされている（問題文3頁32行目以下［注：本書36頁11行目以下］）のL1の発言）。

　この場合，典型的には，最高裁判所平成20年7月17日第一小法廷判決・民集62巻7号1994頁に従い，反対者らを共同被告とし，賛成者らのみを原告として訴えを提起することが考えられる。ほとんどの答案はこのような方法があり得ることを指摘していたが，その理由については，①適法な訴えを提起することができない賛成者らの訴権を保護する必要があること，②反対者らも被告となることで，手続保障を図ることができることのいずれか一方を挙げるにとどまるものが少なくなかった。また，理由の双方を指摘する答案も，管理処分権能を重視する立場を課題1で採用している場合には，反対者を被告として関与させることでは全員で管理処分をしたとは言えないのではないかという疑問を生じるはずであり，これにいかに答えるかが期待される。さらに，本件では，問題文で示唆されているとおり，反対者が多数に上る状態であり，Xの規約上処分授権に必要な3分の2の賛成すら集められない状況であっても，それらの反対者全てを被告に回すことで適法な訴えの提起を可能とすることが許容されてよいのかといった問題意識も浮かぶところである。難問ではあるが，せめて，これらの問題意識に触れた上で，「ここでは，裁判を受ける権利が極めて重要なものであることに鑑み，固有必要共同訴訟の判断基準のうち，訴訟政策的な観点を重視すべきである」などと述べることが高評価につながるが，このような答案は極めて少なかった。

ウ　課題3

　Xの規約においては，「甲街で事業を営む者が，Xに書面で加入申請をすれば，Xの会員となる」とされており，新たに事業を営む者が現れれば，Xの構成員が増加することになる。しかも，このようなXの構成員としては，従前の構成員の事業を何らかの形で引き継いだ者も想定できようが，ゼロから事業を開始する者も含まれ得るはずであり，少なくともそのような者について，従前の構成員の地位を承継したと単純に言うことはできないはずである。以上のような認識を前提に，Xにおける構成員の変動が訴え提起後に生じた場合に，どのような訴訟上の問題が生じ，これをどのように処理をすべきかが最後の課題とされている（問題文3頁34行目以下［注：本書36頁13行目以下］）のL1の発言）。総有権確認の訴えが固有必要的共同訴訟であることからすれば，Xの構成員全員による訴訟共同が必要であり，訴え提起後であっても，Xの構成員を欠くこととなれば，その訴えは不適法となると解するのが一般的であると考えられる。このような認識を前提とすれば，新たな構成員を当事者として訴訟に参加させることが必要となるが，その方法として，典型的には，共同訴訟参加（民事訴訟法第52条第1項）が想定される。もっとも，問題文も示唆するように，この訴訟に賛成する者ばかりではないことを踏まえれば，新たな構成員が能動的にこの訴訟に参加することが期待し難い場合があ

ることも明らかである。その場合に訴え提起を望むＢ側が採り得る方法としては，実務上は，新たな構成員に対する訴えを提起し，その訴訟を併合するように裁判所に上申するという方法が考えられる。また，判例は否定するとされているものの，本件のような場面においては主観的追加的併合によることも対応策となり得ると考えられる。もっとも，主観的追加的併合を否定する判例があるのであるから，単に「主観的追加的併合が考えられる」とするのではなく，判例が否定していること，しかし，少なくとも本件のような場合にはこれを認めるべきことを，理由を付して記載する姿勢が受験生には望まれるところである。このほか，訴訟担当による説明や選定当事者の追加的選定による説明も，その記載内容に応じて評価される。

これに対し，訴訟告知をすることで手続保障を満たすことができるとする答案が少なからず見られたが，訴訟告知をすることで既判力が及ぶと誤解した答案はもちろん，そうでなくとも，訴訟告知をするのみで当事者としての参加があったのと同視することができると評価する根拠は不明であると言わざるを得ず，説明としては不適切である。

エ　その他

本件では，問題文の各所でＸは権利能力なき社団であることを前提とした記載がされ，課題の内容も総有権確認訴訟にまつわる課題であるにもかかわらず，Ｘが権利能力なき社団に該当することを論ずることに多くの紙幅を費やす答案が一定数見られたが，このような記載は解答としては全く必要がないことに注意すべきである。

オ　まとめ

設問１は，全体として，設問２及び設問３と比較して，よく書けている答案が多く見られた。「優秀」に該当する答案は，例えば，課題１から課題３までについてアからウにそれぞれ記載した検討事項に答えるだけでなく，固有必要的共同訴訟となる理由についての突っ込んだ分析や訴え提起後の構成員の変動が訴訟の適法性に影響を与えることの論述などポイントを押さえている答案であると言うことができる。また，「良好」に該当する答案は，課題１から課題３までの検討事項に答えているものの上記のポイントには触れていない答案や，優秀な答案に準ずる内容ではあるが記述に正確性等が欠けているため評価が下がった答案であると言うことができる。「一応の水準」の答案は，例えば，課題２について記載すべき理由の一方を挙げていなかったり，課題３について非同調者について能動的な行動が期待できないことを踏まえていないなど，課題１から課題３までについて一応の解答すらできていないものが１つ以上含まれている答案であり，それ以下の論述にとどまる答案は「不良」と評価されている。

(3) 設問２について

ア　課題１

設問２では，まず，Ｚが，自らの解任決議が無効であることやＺがＸの会長の地位にあることを確認する訴えを提起することについて「訴えの利益」が認められるという理由付けを具体的にまとめることが課題とされており（問題文４頁３４行目以下［注：本書３７頁２５行目以下］のＬ２の発言），特に，最高裁判所昭和２８年１２月２４日第一小法廷判決・民集７巻１３号１６４４頁（以下「昭和２８年最判」という。）が，訴訟代理人の代理権の存否の確認を求める訴えを不適法としていることを踏まえつつ，本件ではなぜ適法となるのかを説得的に説明することが求められている（問題文４頁３０行目以下［注：本書３７頁２１行目以下］のＰ２及びＬ２の発言）。

問題文においては，昭和２８年最判について，本案の前提として判断される手続的事項については独自の訴えの利益は認められないから訴訟代理人の代理権の存否の確認を求める訴えを不適法であるとした判例であるとして紹介している。これを踏まえて考察すれば，昭和２８年最判は，ある訴訟の訴訟代理人の代理権があるか否かは，その訴訟の手続内においてその終局判決で解決されれば足り，これと別に訴えを提起し，その存否の確認を図るべき独自の確認の利益は認められないという判断を示したものと（それ自体を学習した経験がなくても）理解することができる。

昭和２８年最判をこのように理解すれば，本件訴訟においても，ＢがＸの代表者でなければ，Ｂが第１訴訟においてＸを代表して訴訟追行することは訴訟要件を欠き，却下判決がされるから，そのような判決を第１訴訟の終局判決としてすれば足りるのであって，Ｚが提起しようとする各訴えにつき訴えの利益を認める必要はないことになるのではないか，という懸念を生ずる。

確かに，ある訴訟における訴訟代理権の存否という問題と，ある訴訟において当事者となる法人等（本件では権利能力なき社団）の代表者が誰であるかという問題とは，現実に訴訟行為を行う者の行為の効果を原告・被告とされた者に帰属させることができるかという点では共通しているから，Ｘの代表者を確定する意義がこの点に尽きるのであれば当該訴訟における終局判決で解決されればよいと言える。もっとも，代表者が誰であるかという問題は，裁判所に提起されたその訴訟の帰すうだけにとどまらず，より広い紛争につながることが一般的には想定されるところである。本件でも，Ｘが今後とも事業活動を継続していくことが想定されるなどＸをめぐる紛争が本件以外にも発生することは容易に予想されるところであり，代表者が誰であるかを確定させることについては，第１訴訟における解決とは別に訴えの利益が認められるといった議論を展開することには十分に説得力があると考えられる。

本問においては，以上のとおり，昭和２８年最判を適切に位置付けた上で，本件事案との類似点と相違点とをそれぞれ示し，かつ，Ｘにおける代表者紛争の実情を踏まえつつ訴えの利益を肯定することが求められていたものである。

他方で，手続内の問題として代表者の地位についての審理が行われざるを得ないとすれば，反訴として提起する限り，これについての確認請求に確認の利益を認めたとしても審理コストが増大することにはならないとして，より広範に訴えの利益を認める余地があると議論すること，さらにその論拠として，中間確認の訴えにおいては，独立の訴えと同程度の確認の利益の存在は必ずしも要求されていないことを援用することも，考えられよう。もっとも，別訴としては独立の訴えの利益の存在が認められず不適法な訴えが，反訴としては適法になるという状況は必ずしも一般的ではないことには留意して，論旨を明確にした立論をすることが必要である。

以上が本設問における問題意識に答える観点から検討すべき内容であるが，実際の答案では，確認の利益についての一般論を展開し，方法選択の適切性，対象選択の適切性，即時確定の利益の有無という３つの観点から分析を試みる答案が極めて多く見られた。もちろん，このような分析の手法の有用性は一般的には認められるところではあるが，本件においては，主たる検討課題は上記のとおりであり，このような多面的な分析を試み，あるいは，その典型的な解決方法に単純に当てはめることでは，昭和２８年最判をめぐる問題の説明を図ることは困難であ

ると考えられる。このような一般論が答案に記載されていても，結局，解答として意味がある記載と理解することができなければ，これを評価することはできないものであることを強調しておきたい。また，昭和２８年最判との対比を求めているにもかかわらず，昭和２８年最判に全く触れずに上記の３つの観点からの分析を行う答案も少なからず見られたが，問題文で示された問題意識に答えておらず，当然ながら低い評価にとどまらざるを得ない。

さらに，このような分析の手法の当否はともかく，分析を試みた結果として，①訴訟代理権については既判力が生ずるが，代表権の存否については既判力が生じないから，確認の利益が認められるという答案や，②反訴において代表権の存否が既判力をもって確定されれば第１訴訟自体を解決に導くことができるから訴えの利益を認めることができるが，代理権の存否を確定しても，別の代理人の選任や原告自らの訴訟追行が可能であるから当該訴訟自体を解決に導くことができないといった答案が極めて多く見られた。しかし，①については代表権の欠缺を理由とする訴え却下の判決においてはむしろ代表権の不存在について既判力を生ずるという解釈が一般的であるということを指摘することができる。また，②については代表権の存否が確定されることで第１訴訟を解決に導くことができるのであれば，第１訴訟における終局判決で解決されればよいと言える。

なお，本件では，Ｚの解任決議の無効とＺがＸの会長の地位にあることの確認を求める訴えを提起することを予定しているが，これを比較し，前者については過去の法律関係の確認であるとして確認の利益を否定する答案も見られた。そういった結論自体が直ちに誤っているとも言い難いが，その際には，Ｘが権利能力なき社団であり，例えば，会社法上の訴えと異なり，実定法上の根拠を欠いていることなどを指摘することができていれば高く評価することができた。

イ　課題２

次に，反訴要件の具備・不具備について検討することが課題とされているが（問題文４頁３７行目以下［注：本書３７頁２８行目以下］のＬ２の発言），本件事案との関係では，「本訴の目的である請求又は防御の方法と関連する請求」といえるか否か，「著しく訴訟手続を遅滞させる」場合に当たらないか否かが問題となることの把握が求められていた。

まず，「本訴の目的である請求又は防御の方法と関連する請求」と言えるか否かについては，本件事案を前提とすると，総有権確認訴訟を本訴として念頭に置きつつ訴訟要件についての争いはこれと関連する請求とする構成と，（Ｚに対する）登記請求訴訟を念頭に置きつつこれと関連する請求であるとする構成とがあり得る。

一般に，「本訴の目的である請求・・と関連する請求」とは，本訴の権利関係とその内容又は発生原因において法律上又は事実上共通するものなどといわれ，「本訴の・・・防御の方法と関連する請求」とは，抗弁事由とその内容又は発生原因において法律上又は事実上共通するものといわれる。そこで，いずれの構成においても，このような一般的な定式との関係で位置付けることが求められるものの，特に，訴訟要件についての争いは本訴の抗弁事由とは言い難いことに鑑みれば，直ちに関連性を満たすとは言えないという分析も可能であることも踏まえつつ関連性の有無を論じた答案は高く評価された。

他方で，「著しく訴訟手続を遅滞させる」場合に当たらないか否かについては，上記のいずれの構成を取っても本訴の審理内容と反訴の審理内容とは実質的に重複していると言えるか

ら，遅滞のおそれはないということが指摘できていれば高く評価された。なお，本件が審理を開始して間もない段階であるから訴訟手続を遅滞させることはないという答案も見られたが，問題文にはそのような事実関係は示唆されていなかった。

ウ　まとめ

設問2は，課題2については比較的よく答えることができていたが，課題1については，通常の学習の範囲では取り組むことの少ない問題で現場での思考力が試される課題であったこともあり，問題意識に的確に答えることができた答案は非常に少なかった。そのため，課題1及び課題2の双方について上記に示したような洞察まではできていなくとも，双方の課題の趣旨を一応理解して論ずることができた答案は「優秀」に該当すると言えるものとなった。また，「良好」に該当する答案は，課題1について，第1訴訟中で終局判決をすれば足りる問題であると言えるのではないか，という認識が明瞭にはなっていないものの，特に即時確定の利益を強調する中で「代表権の問題は実体法上の問題であり，様々な紛争の解決に資する」などと紛争解決の広がりを認識していると抽象的には読み取れ，課題2についても上記の二つの要件の問題であることを指摘し，これに該当することをある程度具体的に摘示する答案などである。これに対して，「一応の水準」の答案は，課題1について昭和28年最判の事案とは異なると述べるものの理由付けは適切ではなかったが，課題2については上記の二つの要件の問題であることを指摘し，これに該当することをある程度具体的に摘示することはできている答案などである。それ以下の答案が「不良」に当たると評価された。

(4)　設問3について

ア　全体について

設問3では，会話文中に下線部分①から③までの問題意識として提示されている要検討事項についての検討結果を示しつつ，「前訴判決が存在するにもかかわらず，第2訴訟において本件不動産の帰属に関して改めて審理・判断をすることができるのかを検討する」という課題に答えることが必要とされている（問題文6頁1行目以下［注：本書39頁16行目以下］のJの発言）。

したがって，全体としての課題に対する応答としては，再審理が可能である，あるいは何らかの理由によって再審理ができなくなるという結論を提示することが必要である。もっとも，このように結論を提示せず，「Yが不利益を被っても仕方がない」などとするにとどまった答案も一定数見られた。

イ　下線部分①の問題意識について

下線部分①では，本件における再審理の可否を判断するための検討事項として，最高裁判所平成6年5月31日第三小法廷判決・民集48巻4号1065頁（以下「平成6年最判」という。）が本件にも援用可能か否かについて検討することとされている。

したがって，まずは平成6年最判のように権利能力なき社団が当事者となった判決の効力が当該社団の構成員に及ぶとする理論構成を検討する必要がある。そのための理論構成としては，法定訴訟担当構成，任意的訴訟担当構成，固有適格構成などが主張されているが，援用の可否を検討する前提としてまずは自説の立場（条文上の根拠も含む。）を明らかにすることが必要になる。その上で，本件における特殊性として，ZはXの構成員ではあるものの，第1訴訟の共同被告の一人として訴訟行為を行っていたことをどのように評価するかを検討し，援用の可

否について結論を示す必要がある。

　援用の可否については，積極・消極のいずれの結論も評価することができるが，任意的訴訟担当構成では援用否定方向に，法定訴訟担当構成や固有適格構成では援用肯定方向に流れるのがまずは自然であると言えるので，それと異なる立場を採る場合には相応の理由付けを示すことが必要になるものと考えられる。

　また，確かに，Ｚは第１訴訟の共同被告の一人として訴訟行為を行っていたと言えるが，ここで問題とされているのは，Ｙ・Ｚ間に既判力があると言えるか否かであるため，第１訴訟のうちＸ・Ｙ間の訴訟に係る判決部分が，ＺがＸの構成員であることを理由としてＺ・Ｙ間でもその効力を生ずると言えるかという問題として議論がされている。したがって，確かに，Ｚは被告として行動してはいるものの，問題となるＸ・Ｙ間訴訟の被告ではなかったことにも留意する必要がある。第１訴訟では，Ｘが原告となり，Ｙ及びＺが共同被告とされているが，Ｘ・Ｙ訴訟とＸ・Ｚ訴訟とは，通常共同訴訟であり，共同訴訟人独立の原則が適用される（したがって，ＺとＹとを単純に同視するわけにはいかない。）。そして，Ｙ・Ｚ間に，Ｘを介することなく直接に既判力が生ずるものではないことは，基本的な事項として理解しておく必要がある。

　Ｚが共同被告の一人として行動していたというＺの立場を踏まえた援用の可否についての分析は，多くの答案がすることができていたが，なぜＸを当事者とする判決の既判力がＺに拡張されるかという点については，既判力を手続保障と安易に（手続保障があれば既判力を認めてよいという単純な思考で）結び付けるだけの答案が多く，権利能力なき社団が原告となった訴訟の法的性質について適切に触れていた答案は多くはなかった。また，前訴判決によってＹ・Ｚ間に直接に既判力を生ずるものでないことは上記のとおりであるが，平成６年最判の援用を否定しながらもＹ・Ｚ間に既判力が生ずると明示するなど，この点を誤解する答案が少なからず見られたことは大いに残念であった。

ウ　下線部分②の問題意識について

　次に，下線部分②においては，本件の事実関係の下で，抵当権の設定時点における本件不動産の所有関係という第２訴訟の争点についての審理・判断が前訴判決の既判力によって封じられるのかを具体的に検討することが求められている。

　本件の事実関係についての実体法上の問題についての理解の仕方には多様なものがあり得るが，問題文に示されたＪの理解を前提とすれば，①前訴判決における既判力の対象は第１訴訟の口頭弁論終結時におけるＸの（構成員による）所有（総有）（以下では便宜上単に「Ｘ所有」という。）」であること（これにより，その時点におけるＺの所有権の不存在が導けること），②第２訴訟における攻撃防御の対象は抵当権設定契約時のＺ所有であること，③前訴判決の基準時より前の問題が第２訴訟の争点となっていることを整理することが可能である。

　一般に，前訴の口頭弁論終結時における「Ｘ所有」が既判力をもって確定しているということは，基準時においてＸ以外の者が所有しているという主張を後訴において遮断し，これと異なる前提を後訴で取り得ず，基準時後のＸから第三者に対する所有権移転などの主張をすることしかできないことになる。

　しかし，基準時前にＸ以外の者が所有していたかどうかが争われる場合に，そのような主張が既判力をもって遮断されるかと言えば，例えば，その第三者とＸとの間の所有権移転が基準時前に行われたという可能性が抽象的にはあり得る以上，既判力による遮断は生じないことに

なる。仮に第三者とXとの間の所有権移転があり得ないということが前訴で確定されていたとしてもそれは飽くまでも判決理由中の判断によるものであり，既判力による遮断の対象ではないことになる。

　このような理解を端的にまとめることができれば，下線部分②について適切な答案ということでき，このような解答に至った答案も相当数見受けられた。また，これに加えて，既判力による遮断は困難であるとしても，訴訟における攻撃防御上，Zが基準時におけるX所有と両立可能な所有権移転の経路を主張することは困難であることまで説明する答案は更に高く評価された。

　他方で，既判力の基準時が口頭弁論終結時であるのはその時まで攻撃防御方法の提出が可能である点にあるとした上で，これをそのまま遮断効の問題にしてしまい，基準時前の法律関係についての主張が既判力によって制限されるなどとする答案も一定数見られた。これは，既判力の客観的範囲・時的範囲の問題について基礎的な部分を理解していないと言わざるを得ないものであり，大変残念であった。

エ　下線部分③の問題意識について

　X（の構成員であるZ）・Y間訴訟の判決の既判力をもって，第2訴訟における本件不動産の帰属に関する再審理をすることができないと結論付けることは基本的に困難であるとの結論に至ったとしても，信義則等の一般法理によって再審理が不可能であるとすることができるか否かの検討が必要になるが，そのような一般法理の適用を視野に入れれば，その適用を主張するYに第1訴訟の段階で採るべき手段がなかったのかという事情は考慮すべきものと言うことができる。

　そこで，そのような事情の有無を踏まえつつ，そのような事情があっても一般法理の適用を認めることができるのか，それとも否定すべきかを検討するのが下線部分③の問題意識である。

　そして，まず，採るべき手段としては，前訴判決に参加的効力を生じさせ，判決理由中の判断について拘束力を発生させることができる「訴訟告知」が最もふさわしいということができる。被告知者となるZは告知者であるYに対して，Yが敗訴した場合に損害賠償義務を負う立場にあることからすれば，参加的効力の発生も基礎付けることができるのであり，このような分析を端的に述べることで，採るべき手段についての検討としては必要十分であるが，訴訟告知に触れることができた答案は残念ながら多くはなかった。

　これに対し，実際の答案では，理由中の判断に効力を生じさせるという観点から参加的効力に思い当たったものの，そこで補助参加とするものも見られた。しかし，ここで補助参加に言及するということは，YがX・Z間の訴訟に補助参加するということになるが，これでは敗訴責任の分担である参加的効力はZがYに主張するものとなってしまい，Yが参加的効力を主張することにはならないことが見落とされている。

　また，Yが二重に敗訴するという事態を防止するという点から同時審判の申出を挙げる答案も多かったが，前訴において，同時審判をすべき訴訟として何と何を想定していたのかも判然とせず，評価することができない。

　他方で，YがZに対して第2訴訟と同様の訴訟を第1訴訟の時点で提起し，その併合を裁判所に上申するという答案は一つの解決法であると言うことはできるが，訴訟告知という方法と比べればYの負担も大きく，また，Zとの間のあつれきを生みやすいことも否定できないもの

と考えられる。

　次に，このように訴訟告知という有効な方法が存在することを前提に，一般法理の適用についてどのように考えるのか，自らの立場を明らかにする必要がある。前訴において訴訟告知という方法を採り得たのであるから，信義則等によって再審理を不要とすることはできないという答案も一つの筋道として考えられる。他方で，Zは第1訴訟の共同被告であったのであるから，Zに対する訴訟告知が可能であったとしてもYがこれをしなかったことは理解できるなどとした上で，いわゆる当然の補助参加理論等に依拠しつつ，再審理を不要とするという答案も評価することができる。ここでは，採り得る措置を踏まえつつ，それとの関係で信義則等の一般法理の適用に関してどのような結論を取るのかを論理的に説明することが求められている。

　残念ながら，そもそも時間が足りなかったと見られる答案もあり，また，訴訟告知という方法に気付いた答案も少なかったが，何らかの方法があることを前提とした答案は，上記のような問題意識には一定程度は答えることができていた。

オ　まとめ

　設問3は，全体としては難度の高い問題であったと思われるが，問題文に示された下線部分①から③までの問題意識に一つずつ答えることで，再審理の可否という課題には答えることができるものであったと言える。

　そのため，下線部分①から③までの問題意識に過不足なく答えることができていた答案が「優秀」に該当すると言えるが，例えば，下線部分①に関して権利能力なき社団が原告となった訴訟の法的性質に遡った論述ができていないとか，下線部分③に関して訴訟告知があると手段を指摘するだけで理由中の判断に参加的効力が及ぶといったことまで指摘することができていない答案であっても，他の部分が書けていれば「優秀」な答案であると言える。

　下線部分①から③までの問題意識のうち，例えば下線部分②の結論を誤るとか，下線部分③に関し訴訟告知を指摘できないなどその一つに適切に答えることができていない答案であっても他の二つの問題意識には答えられているといった答案や，それぞれの論述の精度が低いがいずれの問題意識にも一応答えられている答案は「良好」な答案であると言える。

　これに対し，下線部分①から③までの問題意識のうち，一つには答えることができているものの，他の二つは誤っているか，中途半端なものとなっている答案は，「一応の水準」の答案であり，それ以下の水準のものは「不良」な答案であると言える。

(5)　その他

　本年も，複雑な事案を前提に複数の課題に答えることが求められているため，事案及び問題意識の把握，答案の構成の検討，具体的な記述作業といった答案作成事務を試験時間内に的確にこなすことは決して容易なことではなかったと言える。そのためか，答案全体のバランスが前半に偏ってしまい，設問3については有意な記述がほとんどないという答案も散見された。もっとも，これは時間配分に十分に留意することで大きく改善することができるから，言い古されたことではあるものの，時間配分を意識して試験に臨むことが肝要である。

　また，極端に小さな字（各行の幅の半分にも満たないような字）やあまりに細いペンで書いているために判読が困難な答案や，書き殴ったような字や崩した文字を使用した答案も多く見られた。これらには，簡単な心掛けで改善が可能であると思われるものも含まれているので，留意していただきたい。

4　法科大学院に求めるもの

　多数の受験者は，固有必要的共同訴訟における訴訟共同の必要と合一確定の必要の関係や，訴訟共同の必要の判断基準といった基本的な論点についてきちんとした論述ができないにもかかわらず，より応用的な，提訴拒絶者を被告に回す処理や共同訴訟参加による固有必要的共同訴訟の補正といった論点についてはそれなりに論述ができていた。また，例えば，訴訟共同の必要に関する管理処分権に関する規範定立についてお決まりの論証パターンを持ち出す答案が極めて多く見られた。他方で，思考力が試される設問2や設問3（特に下線部③についての検討など）については，十分な水準に達したと言える答案は少なかったと言わざるを得ない。

　このような状況は，法科大学院の民事訴訟法教育を受けてきた受験生が，基本的事項の理解をおろそかにし，いわゆる論点主義的な思考パターンに陥ってしまっているのではないかという懸念も生じさせないではない。

　法律科目が多数に上る中で，民事訴訟法に多くの時間を割くことができず，より効率的な学習に走らざるを得ないという心境に受験生自身が陥っているのかもしれない。しかし，本年の問題も，そこで問われた内容が論点として認識され，学習の対象とされていなければおよそ解くことができないという問題ではなく，民法の基礎的な知識を前提に，民事訴訟の基本的な原理・原則や概念を正しく理解し，思考をめぐらせることで十分に合格水準に達することができる問題であるし，その過程を答案で適切に表現することが求められている点では従来と違いはないものである。基本事項についての理解の定着とそれを具体的な事案や問題に応じて論理的に展開していく思考力を涵養することこそが，法学教育に求められるものであることを引き続き強調したい。

第1　設問1　(以下，民事訴訟法との記載は省略)
1　全員が原告とならなければならない理由
　　総有権確認訴訟は固有必要的共同訴訟であるため，Xの構成員全員が原告とならなければならない。以下，詳述する。
　　民事訴訟は実体法上の権利を実現するための手続であるから，固有必要的共同訴訟となるかは，第一次的には実体法上の管理処分権が共同に帰属するかにより判断される。これに加えて，訴権保護のため，全員を当事者とすることの難易等の手続法的観点を加味して判断する。
　　本件において，本件の訴訟物たる権利は総有権である。実体法上，総有に属する物を単独で処分することは許されず，各構成員は潜在的な持分すら持たない。したがって，総有権は実体法上管理処分権が共同に帰属する権利といえる。また，会員名簿が毎年作成されており，会員全員の把握も困難といえないから，構成員全員を原告とすることを要求することは酷とはいえない。
　　よって，総有権確認訴訟は固有必要的共同訴訟といえるから，全員が原告とならなければならない。
2　反対する者がいたときの対応策
　　反対する者がおり，この者が原告とならない場合，総有権確認訴訟が固有必要的共同訴訟となる以上，当事者適格を欠き訴え却下となるのが原則である。このような事態を回避するために，反対する者を被告に加えて訴え提起すべきである。
　　被告として訴訟に関与する場合であっても，当事者として訴訟追行

できることには変わりなく，非同調者の手続保障は尽くされるといえる。また，このような方策を認めないと，非同調者がいるというだけで，訴訟提起することができなくなり，他の者の訴権保護にもとる。したがって，非同調者がいたとしても，その者を被告として訴え提起すれば，固有必要的共同訴訟であっても当事者適格が認められるというべきである。
　　よって，冒頭のような対応策をとればよい。
3　新たに構成員となる者が現れた場合
　　新たな構成員が現れた場合，この者も当事者としなければ，固有必要的共同訴訟である以上，訴え却下となる。
　　そこで，まず，新たな構成員が同調者である場合，その者は原告側に共同訴訟参加（52条1項）する必要がある。構成員となる以上，総有権の確認訴訟につき当事者適格を有するし，また，判決効が及ぶから「合一にのみ確定すべき場合」にあたる。したがって，当該構成員の共同訴訟参加は認められる。
　　次に，新たな構成員が非同調者である場合，その者を被告として訴え，主観的追加的併合をする必要がある。確かに，判例上，必ずしも旧訴訟の訴訟状態を利用できるとは限らないこと，訴訟を複雑化させること，濫訴のおそれがあること，別訴提起と弁論併合（152条1項）を促せば足りることを理由として，主観的追加的併合は否定されている。しかし，本件においては，非同調者を新たに被告としても，主張立証すべき事項に変更はないから，訴訟状態の継続利用に問題はないし，訴訟の複雑化を招くわけでもない。また，訴え却下となるこ

● 出題趣旨は，「本件の訴訟物は総有権を第三者に確認するというものであるから，固有必要的共同訴訟に当たる理由の説明もそれに応じたものとする必要がある」としている。本答案は，自己の見解を提示した上で，総有権の性質（「各構成員は潜在的な持分すら持たない」）に応じた説明ができていることに加え，事実を具体的に摘示して論述できている点で，出題趣旨に沿った適切な論述ができている。

● 出題趣旨は，反対者を被告として訴え提起する場合について，「総有権確認請求訴訟が固有必要的共同訴訟とされる論拠と整合性のある説明」を求めている。本答案は，被告として訴訟に関与する場合であっても，「当事者として訴訟追行できることには変わりなく」，非同調者の手続保障は尽くされると述べており，手続法的観点からの説明は整合的といえる。もっとも，反対者を被告として関与させることでは，全員で管理・処分したとはいえないとも思われ，かかる実体法的観点の整合性に関する言及はない。

● 固有必要的共同訴訟において，共同して原告となるべき者の一部が欠ける場合に，その瑕疵を治癒する方法として共同訴訟参加（52Ⅰ）を認めるのが判例（大判昭9.7.31）・多数説であり，新たな構成員が同調者である場合に関する論述として，適切といえる。
● 出題趣旨によれば，非同調者については，原告側のみで行うことのできる方策を検討することが求められているところ，本答案は，原告にイニシアティブのある主観的追加的併合を挙げている点で適切である。判例（最判昭62.7.17／百選［第5版］〔96〕）は，明文なき主観的追加的

とを避け，訴権を確保するという合理的理由があるから，濫訴には当たらないし，併合を促しても必ず併合されるかはわからない以上，訴権の確保のためには，併合の促しでは不十分である。したがって，本件の主観的追加的併合については，判例の射程が及ばず，認められるというべきである。したがって，当該構成員を被告とする主観的追加的併合は認められる。

第2 設問2

1 訴えの利益について

(1) 本件は確認訴訟であるところ，確認対象は無限に拡大しうるし，執行力のない確認訴訟は紛争解決力に乏しい。したがって，確認訴訟の訴えの利益は，確認対象の適切性，方法選択の適切性，即時確定の利益の有無を考慮して，紛争の抜本的解決に資する場合に限定して認められる。

(2) 本件の確認対象は，解任決議が無効であることとZが会長の地位にあることである。まず，後者については自己の現在の権利法律関係の確認であるから，確認対象として適切である。前者についても，確かに過去の権利法律関係の確認ではあるが，解任決議が無効となると，自動的にBの選任決議も無効になり，会長の地位をめぐる紛争が抜本的に解決されるから，確認対象として適切といえる。

(3) 次に，方法選択としての適切性を検討するに，昭和28年12月24日判決（以下，本件判例という）は，訴訟代理人の代理権の存否の確認訴訟につき，本案の前提として判断される手続的事項については，独自の訴えの利益が認められないとして，訴えを却下する

判断をした。本件の解任決議の無効やZが会長の地位にあることの確認も，会長という地位が訴訟代理人として代理権を有するかにかかわるものであり（37条），すでに第1訴訟が提起されている以上，本件判例に従うと，第1訴訟内で言えばよく，Zの確認の訴えには独自の訴えの利益が認められないとも思える。

しかし，会長の地位にあるかは，訴訟代理人という訴訟法上の地位に加えて，実体法上の地位としての性格も有する。本件では，Bへの所有権移転登記手続請求と通じて，実体法上会長の地位はZにあるのかBにあるのかが争われているのであるから，実体法上会長の地位にあるかを確定する必要があり，かかる点を既判力（114条1項）をもって確定するには，既判力が理由中の判断には及ばない以上，別途訴え提起するしかない。したがって，本件のZの確認訴訟については，本件判例と異なり，独自の利益を有するといえる。

以上より，実体法上会長の地位にあるかは，別途確認訴訟を提起するしかないのであるから，方法選択としての適切性も認められる。

(4) そして，現に，Zが会長の地位にないことを前提として，BがZに対し第1訴訟を提起しているのであるから，Zの法的地位に危険や不安が現在しているといえる。したがって，Zが会長の地位にあること及びその前提となる解任決議の無効につき即時確定の利益が認められる。

(5) 以上より，Zの各確認訴訟は紛争の抜本的解決に資するといえ，

併合を否定しているが，本答案は判例の射程が及ばないことまで論じており，説得的な厚みのある論述となっている。

● 確認の利益が認められるための要件を，理由とともに，端的に論じることができている。

● 出題趣旨では言及されていないものの，自らが提示した確認訴訟の訴えの利益が認められるための要件について，本問に即して丁寧に検討しており，適切な論述といえる。

● 判例（最判昭28.12.24）は，方法選択の適否に関する判例として論じられるのが一般的であり，これに沿った本答案の論述は適切である。

● 出題趣旨によれば，判例（最判昭28.12.24）が訴えを不適法としていることを踏まえつつ，本件訴えがなぜ適法となるのかについて，「訴訟代理権と代表権とでは実質的な紛争の広がりが異なるといったこと」を指摘して説明することが求められていた。この点について，本答案は，会長の地位にあることの確認は，訴訟代理人の代理権の存否を求める訴えと異なり，単なる訴訟手続に関する問題ではなく，実体法上の地位をも確定させるものとしているが，実体法上の地位を確定することが，出題趣旨にいう「紛争の広がりが異なるといったこと」とどのようにつながるのか，さらにもう一歩踏み込んで説明できると，なお良かった。

● 即時確定の利益が認められることについて，端的に理由を述べつつ，本問に即して論述することができている。

訴えの利益が認められる。

2　反訴要件について

　本件では、ＢがＺに対し所有権移転登記手続請求をしているところ、Ｚとしては自らが会長の地位にあることを理由に登記を保持できると反論すると考えられるから、Ｚが会長の地位にあることを確定するために解任決議の無効及びＸが会長の地位にあることの確認請求することは「防御の方法と関連する請求を目的とする場合」にあたり、また、口頭弁論終結前である（１４６条１項柱書）。そして、専属管轄ともされていない（１４６条１項１号）し、Ｚが会長の地位にあるかはいずれにせよ審理判断しなければならない事項であるから、反訴提起により著しく訴訟手続を遅滞させるともいえない（１４６条１項２号）。

　よって、１４６条１項所定の要件をみたす。

第３　設問３

1　①について

　前訴判決の既判力で確定した判断に抵当権設定時にＺに所有権が帰属するとの主張が矛盾抵触するならば、本件不動産の帰属に関して改めて審理判断できないことになる。そこで、まず、ＸＹ間の総有権確認請求の認容判決の既判力がＺに及ぶか検討する。

　平成６年５月３１日判決（以下、６年判例という）は、社団が構成員の任意的訴訟担当であると構成して、１１５条１項２号により、構成員に既判力の拡張を認めたものと解される。本件では、Ｚは社団の代表者と認められたＢと対立する関係であることから、社団をＺの任意的訴訟担当と構成できないとも思える。

　しかし、Ｘの規約によると、全会一致ではなく、３分の２の授権があれば重要な財産の処分に関する訴訟を提起できると定められているのであるから、仮に訴訟提起に反対したとしても、社団の意思決定としては訴訟提起するという結論になることはＺも当然想定していたといえる。そうとすると、規約を前提として団体に加入した時点で、３分の２以上の賛成が得られた訴訟提起については黙示の授権があったものと解することができる。

　また、実質的に見ても、Ｚは共同被告人として総有権確認訴訟に関与していたのであるから、既判力による拘束の前提となる手続保障は確保されていたといえる。

　したがって、対立関係がある場合でも、なおＸはＺの任意的訴訟担当と構成できるから、６年判決同様１１５条１項２号により、Ｚに既判力が拡張されることになる。

2　②について

　次に、既判力が拡張されるとしても、抵当権設定時にＺに所有権が帰属するという主張が確定した判断と矛盾抵触するか検討する。

　既判力は「主文に包含するもの」に生じるところ（１１４条１項）、後訴の審理の弾力性を確保するために、「主文に包含するもの」とは訴訟物に対する判断をさすと解すべきである。また、口頭弁論終結時までは自由に攻撃防御方法を提出することができ、この時点までは手続保障が尽くされているといえるから、既判力の判断基準時は口頭弁論終結時というべきである（民事執行法３５条２項）。

● 出題趣旨によれば、反訴の要件である関連性を論じるに当たっては、Ｚの代表者の地位の確認を反訴で求めることは、①Ｂの代表権（訴訟追行権）を争うものとして「防御の方法と関連する」といえないか、また、②Ｘ代表者Ｂへの登記移転請求の訴えという「本訴請求と関連性を有する」といえないかなど具体的に論じる必要があるところ、本答案は、①のアプローチから反訴要件を満たす旨論じており、適切である。

● 前提として「第１訴訟における共同被告であるにすぎないＹとＺとの間には当然には既判力が生じない」点についても触れるべきである。

● 出題趣旨によれば、引用判例（最判平6.5.31／百選［第５版］〔11〕）の法理を本件に援用できるかという問題について、①「権利能力なき社団及びこれを当事者とする訴訟の性質についての解釈」、及び②判例法理に従えば「判決効の拡張を受けることになりそうなＺがＸの相手方として行動しているという本件事案の特殊性」を踏まえた論述が求められていた。

　本答案は、①について、構成員の任意的訴訟担当（115Ⅰ②）としての性質を有するとした上で、②について、「３分の２以上の賛成が得られた訴訟提起については」、たとえ訴訟提起に反対した者であっても「黙示の授権があった」と解することで、「対立関係がある場合でも、なおＸはＺの任意的訴訟担当と構成できる」と論述しており、論理的に一貫した論述がなされている。

　なお、上記判例は、任意的訴訟担当構成ではなく法定訴訟担当構成を採ったとするのが多数である（再現答案②参照）。

　以上からすると，前訴判決の既判力は，前訴判決の口頭弁論終結時においてXに本件不動産の総有権が帰属する，という点に生じる。これに対して，Zは抵当権設定時にZに本件不動産の所有権が帰属していたと主張している。これは，抵当権設定時にはZに本件不動産の所有権が帰属していたが，何らかの理由によりXに承継され，前訴口頭弁論終結時にはXに総有権が帰属するに至ったという可能性がある以上，Zの主張は前訴判決の既判力により確定した判断と矛盾抵触するとはいえない。

　したがって，YとZの争点である抵当権設定時にZに所有権が帰属していたかという点に関しては既判力が作用しない。

3　③について

　既判力が作用しないとしても，信義則を理由として本件不動産の帰属について改めて審理判断することが制限できないかが問題となる。前訴の訴訟経過，紛争の蒸し返しの有無等を考慮して，抵当権設定時にZに所有権が帰属していたという主張が信義則に反しないか検討する。

　前訴で争われていたのはあくまで前訴口頭弁論終結時にXに本件不動産の総有権が帰属しているか，Yに抵当権設定登記の保持権原があるかであって，抵当権設定時にXに所有権が帰属していたか自体が中心的に争われたわけではない。仮にこの点を中心的な争点としたいのであれば，Yとしては抵当権設定時にZに所有権が帰属していたことの中間確認の訴え（145条1項）を提起すべきであった。にもかかわらず，Yはこれを怠ったのであるから，Yが不利益をこうむること

になってもやむを得ない。したがって，改めてZに所有権が帰属するか判断することも紛争の蒸し返しといえず，信義則に反するといえない。

4　以上より，既判力や信義則に反するものでない以上，改めて第2訴訟において本件不動産の帰属に関して審理判断することができる。

以　上

● 出題趣旨によれば，前訴判決たる第1訴訟の既判力の基準時よりも「前」の時点における所有関係が争点となっている第2訴訟において，前訴判決の既判力が作用し得るのかが問われていた。これらの点について，本答案は，適切な理由を示して妥当な結論を導くことができている。

● 出題趣旨によれば，①第1訴訟の段階で，事後の訴訟における二重敗訴の危険を防ぐために，訴訟告知をするなどの手段がありえたことを踏まえれば，②本件事実関係の下で，信義則や争点効などによって再審理ができなくなるのではないか，という点について論じることが求められていた。本答案では，②本件の事実関係を具体的に分析して，信義則によって再審理ができなくなるかについて検討している点は良いが，①訴訟告知など第1訴訟の段階で採り得た適切な手段を検討できていない点で，出題趣旨の要求に十分に応えられていない。

● 中間確認の訴え（145Ⅰ）とは，請求の先決関係にある権利又は法律関係の存否について，既判力を生じさせるための訴えであるところ，本件不動産の所有権が抵当権設定時にXに帰属していたか否かは，前訴の請求の先決関係にある権利又は法律関係ではないから，①第1訴訟の段階で採り得た手段とはいえない。したがって，中間確認の訴え（145Ⅰ）を提起すべきであったとする論述は，誤りである。

第1 設問1 （以下条文は特記なき限り民事訴訟法）
1 Xの構成員全員が原告とならなければならない理由
 (1) Xの構成員がYに対して総有権の確認を求める場合には，かかる訴えが固有必要的共同訴訟（40条1項）にあたるとして原則として全員が原告とならなければならないといえないか。いかなる訴えが固有必要的共同訴訟にあたるか問題となる。
   ア この点について，実体法との調和の観点から管理処分権が実体法上共同的に帰属するか否かを中心に，当事者適格は訴訟上の権能に関わる問題だから関与者の手続保障といった訴訟法的観点も加味して決すべきである。
   イ 権利能力のない社団の総有権は実体法上管理処分権が構成員全員に帰属するといえる。また原告側であれば，組合員全員を把握して訴訟に参加させることは一般的に容易である。
 (2) よって，上記訴えは固有必要的共同訴訟にあたるため，Xの構成員全員が総有権の確認を求める場合，原則として全員が原告とならなければならない。
2 訴え提起に反対する者がいた場合の対応策
 (1) 訴え提起に反対する者がいた場合，全員が原告とならないことから常に当事者適格を欠くとして訴えは不適法となるか。かかる場合に非同調者を被告として訴訟に関与させることで訴えが適法とならないか問題となる。
   この点について，訴え提起に難色を示す権利者を被告とすることで入会権者全員を当事者として訴訟に関与させれば，入会権

対外的に主張する者の裁判を受ける権利を保障しつつ紛争解決と矛盾判決の防止を図りうる。そこで，非同調者については被告として訴えを提起すれば訴えは不適法とならない。
 (2) よって，非同調者については被告とすることで，適法に訴えを提起することができる。
3 新たに構成員となる者が現れた場合の訴訟上の問題点
 (1) Bに同調する者について，訴訟に関与させることで当事者適格を充足することができないか。
   この点について，「訴訟の目的が……合一にのみ確定すべき場合」には共同訴訟参加が可能である（52条1項）。そして，固有必要的共同訴訟において当事者適格が欠ける場合に，当事者適格の不充足を治癒するために訴訟に参加することは「訴訟の目的が……合一にのみ確定すべき場合」に訴訟に参加するとして共同訴訟参加が可能である。
   Xの構成員が総有権の確認を求める場合は上述の通り，固有必要的共同訴訟にあたり，新たに構成員となる者が訴訟に参加することは当事者適格の不充足を治癒するための訴訟参加であり共同訴訟参加が可能である。よって，同調者についてはかかる手段をとれる。
 (2) それでは，非同調者については，いかなる手段をとることができるか。
   まず，共同訴訟参加については，非同調者については望むことができない。そして，訴訟告知（53条1項）という手段をとる

● 本答案は，管理処分権を基準とする理由を「実体法との調和の観点」としているが，より具体的に，「訴え提起は処分行為に類似する」等のように表現できると良かった。その上で，訴え提起が処分行為に類似する理由について，「敗訴した場合には，問題となった権利を処分したのと類似する状態に陥る」などと指摘できると，さらに説得的な論述となった。

● 本件で問題となっているのは，総有権であって入会権ではない。

● 反対者を被告とすべきという対応策を記載した場合，その理由として，判例（最判平20.7.17／百選[第5版]〔97〕）の示す理由（①適法な訴えを提起することができない賛成者らの訴権を保護する必要があること，②反対者らも被告となることで，手続保障を図ることができること）を論述する必要がある。その上で，判例の示す理由が，先の課題（全員が原告とならなければならないとされる理由）と整合性がとれているかどうかについて検討しなければならなかった。本答案は，まず，判例の示す理由について，適切に論述することができておらず，不十分である。

● 「訴訟の目的が……合一にのみ確定すべき場合」(52Ⅰ)とは，参加しようとする第三者が①当該訴訟について当事者適格を有し，かつ，②自ら訴え又は訴えられなくても判決の効力を受ける場合をいう。本答案は，上記①については適切に論述しているが，上記②について論述できていない。

　ともできるが，参加を強制することはできない。その上現行法上，被告側への参加を強制する制度は用意されていない。よって，非同調者については訴訟当事者とすることができず，非同調者が現れた場合，当事者適格を欠き訴えが却下されるという訴訟上の問題が生じる。

第2　設問2

1　訴えの利益

(1)　解任決議無効の訴えや会長の地位にあることの確認の訴えについて，本案の前提として判断される手続的事項の確認にすぎないとして確認の利益は認められないか。

　ア　この点について，確認の訴えの確認対象は無限定であり，かつ確認判決は執行力を持たないので，既判力だけで紛争が解決できる場合は限る。そこで，確認の利益については，①確認対象の適否，②方法選択の適否，③即時確定の利益がある場合に限って認められる。本件では後二者については問題とならず，①について問題となる。

　イ　最高裁判所昭和28年の事案は訴訟代理人の代理権の存否という，訴訟追行権を訴訟代理人が有するかについての確認を内容としている。そして，本件でも会長の地位にあることの確認は，Xの訴訟追行権の存否についての確認を求めているとして，最高裁判所判決が出た事案と同様に，本案の前提として判断される手続的事項の確認にすぎないとして，対象選択としては適当でないとも思える。

　　　しかしながら，訴訟代理人の訴訟追行権は当事者と利害関係を有していなくても訴訟代理人として選任されればその訴訟限りで認められるものである。それに対して，権利能力のない社団の会長としての訴訟追行は，自然人でない権利能力のない社団を代表して社団構成員から選出された上ではじめて認められるものである。そこで，会長としての訴訟追行権は権利能力のない社団と密接な利害関係を有するがゆえにはじめて認められるものであり，一度の訴訟限りで当事者との利害関係が希薄でも認められる訴訟代理人の訴訟追行権とは性質を異にする。したがって，権利能力のない社団の会長たる地位の確認は本案の前提として判断される手続的事項の確認にすぎないとはいえず対象選択として適当といえる。

(2)　よって，上記訴えは確認の利益を有する。

2　反訴の要件

(1)　まず，反訴は「本訴の目的である請求と……関連する請求を目的とする場合」に限り認められるが，これは本訴請求と内容又は発生原因について関連性があればよい。

　　本件では，ZはBの訴訟追行権について争っており，これは本訴請求の訴訟追行者に関する事項であるから，本訴請求と内容について関連性があるといえ上の要件を満たす。

(2)　そして，本件反訴は136条の併合要件を満たす。また146条1項1号には明らかに該当せず，同2号についても本訴訴え提起の段階なので「著しく訴訟手続を遅滞させることとなる」とはいえな

● 出題趣旨は，非同調者について，「原告側のみで行うことのできる方策」の検討を求めているところ，本答案は，「原告側のみで行うことのできる方策」として訴訟告知を挙げつつ，訴訟上の問題点を摘示している。しかし，本答案も指摘するように，訴訟告知は有効な方策とはいえないため，訴訟告知を挙げるのみでは問いに十分に応えたとはいえない。なお，他の方策としては，新たな構成員に対して訴えを提起した上で，その訴訟を併合するよう裁判所に上申する方法や，主観的追加的併合による方法（再現答案①参照）等が考えられる。

● 判例（最判昭28.12.24）は，対象選択の適否ではなく，方法選択の適否に関する判例として論じられるのが一般的である。

● 出題趣旨によれば，「訴訟代理権と代表権とでは実質的な紛争の広がりが異なるといったこと」を指摘し，説明する必要があるところ，本答案は，概要，訴訟代理権と代表権は当事者との利害関係の密度が異なる旨述べている。しかし，当事者との利害関係が密接であれば，どうして「手続的事項の確認にすぎないとはいえず対象選択として適当といえる」のか，その理由が論述されておらず，不適当である。

● 本答案は，「本訴訴え提起の段階なので『著しく訴訟手続を遅滞させることとなる』とはいえない」とし

い。
(3) よって、反訴は要件を満たし、適法である。
第3 設問3
1 ①について
(1) そもそも権利能力のない社団が当事者として受けた判決の効力
は、なぜ別個の主体である当該社団の構成員全員に対して及ぶとい
えるか。
　権利能力のない社団が原告となって、総有権確認請求訴訟を追
行するには総会の議決等の手続による授権を要するとされる。そ
こで、権利能力のない社団は構成員の法定訴訟担当として、構成
員のために訴訟を追行するといえる。そして、既判力の正当化根
拠は手続保障充足に基づく自己責任であることから、原則として
既判力は当事者間にのみ及ぶが、代替的手続保障が満たされてい
ることから、被担当者については１１５条１項２号により既判力
が及ぶ。したがって、権利能力のない社団が当事者として受けた
判決の効力は、別個の主体である当該社団の構成員全員に対して
及ぶ。
(2) もっとも、本件Ｚに対しても既判力が及ぶといえるか。
　上述の通り、権利能力のない社団が当事者として受けた判決の
効力が別個の主体である当該社団の構成員全員に対して及ぶ根拠
は、代替的手続保障の充足にある。そして、被担当者は通常、代
替的手続保障が充足されているが、本件Ｚは現会長たるＢと本件
不動産の帰属について争っており、Ｘを原告とする訴訟でＹとと

もに共同被告とされている。そこで、ＺはＸの構成員でありなが
ら、代替的に手続保障が果たされているとはいえない。
　よって、既判力の正当化根拠が妥当しないので、Ｚには既判力
が及ばない。
2 ②について
(1) まず、前訴の既判力はいつの時点でのＸによる本件不動産の総有
について生じるか。
　この点について、口頭弁論終結時までは訴訟資料の提出が可能
であることから、口頭弁論終結時が既判力の基準時となる（民事
執行法３５条２項参照）。したがって、前訴の既判力は前訴の口
頭弁論終結時でのＸによる本件不動産の総有について生じる。
(2) 他方、第２訴訟ではＸとＺの紛争の経過から、前訴提起以前の抵
当権設定契約時における本件不動産の所有が問題となっている。
(3) Ｘの総有とＺの所有は一物一権主義から矛盾する内容であると思
え、前訴の既判力によりＺの所有は認められないとも思える。しか
し、Ｚが所有について問題としているのは前訴既判力が生じる時点
である口頭弁論終結時より以前の時点であり、Ｘの総有とＺの所有
は矛盾しない。したがって、既判力の積極的作用によりＺが本件不
動産の所有を主張することは妨げられない。
3 ③について
(1) Ｙとしては、Ｚが本件不動産所有を主張することは信義則（２
条）に反し、認められないと主張できないか。
　ア　この点について、既判力が生じない理由中の判断について再

ているが、問題文には、「本訴訴え提
起の段階」であることを示唆する記
述はない。ここでは、本件の事実関
係に照らして、本訴と反訴の審理内
容が実質的に重複することを述べて、
「著しく訴訟手続を遅滞させること」
とはならない旨論述すべきである。

● 「権利能力のない社団は構成員の
法定訴訟担当」であるとすると、「権
利能力のない社団が原告となって、
総有権確認請求訴訟を追行するには
……授権を要する」との直前の文章
と論理的に矛盾する。また、引用判
例（最判平6.5.31／百選［第5版］
［11］）は、団体の原告適格を認め
るについては、授権を一切問題とし
ていない（団体の代表者が訴訟追行
する場合には授権が必要となる）。

● 「ＺがＸの相手方として行動して
いるという本件事案の特殊性」を踏
まえた結果、本答案は「代替的に手
続保障が果たされているとはいえな
い」と論理的に結論付けており、こ
の点は出題趣旨に合致する。

● 本答案は、前訴判決の既判力の基
準時よりも「前」の時点における所
有関係が争点となっていることを示
した上で、第２訴訟に第１訴訟の既
判力は及ばないとしており、出題趣
旨に合致している。

● 出題趣旨は、「信義則や争点効な
どによって再審理が不可能であるこ
とを結論付けることが」できないか

度主張することが信義則に反するといえるかは，前訴での主張
と矛盾抵触する内容の主張であるか，前訴でとるべき手段があ
ったといえるかどうか等を考慮して判断する。

イ　まず，本件ではXとZの本件不動産の総有，所有が争われて
おり，途中で帰属が変わったか否かではなく元々どちらの総有
ないし所有であったかという点が前訴で争点となっていた。そ
こで，Zが前訴でXの総有が確認されたのにもかかわらず第2
訴訟において，Z所有を主張することは矛盾抵触する内容の主
張といえる。

もっとも，Yとしては何か前訴の段階でZに対して取りうる
手段があったとして，Zによる所有権の主張は信義則に反しな
いとも思える。しかしながら，Yは前訴において共同被告であ
るZに対し，中間確認の訴え（145条）や反訴（146条）
を提起することはできない。そもそも，これらの訴えはZが過
去に本件不動産の所有権を有していないことの確認を内容とす
ると考えられ，訴えの利益が認められない可能性が高い。した
がって，Yとしては前訴の段階でなんらかの手段をとることが
できたとはいえない。

(2)　よって，YとしてはZの主張が信義則に反するとしてZの所有権
主張を拒むことができる。

以　上

検討すべきとしており，本答案がY
の主張の根拠として信義則の適用を
検討している点は，出題趣旨に合致
しているといえる。

●　Yが第1訴訟の段階で採るべき手
段としてどのようなものが考えられ
るか，という点を具体的に検討して
いるが，ここでは，出題趣旨で挙げ
られている訴訟告知について検討す
ることが求められていた。

第1　設問1

1　原則として全員が原告となるべき理由

　　本件のような総有権確認訴訟においては，当該不動産に対する，権利能力のない社団の構成員の総有権が訴訟物となる。この総有権は実体法上一つの権利であるところ，その存否は構成員全員について合一確定すべきものといえる。また，訴訟物との関係で，各構成員は訴訟追行し，判決を受ける資格を有するので原告適格を有するところ，権利の存否の確定につき手続保障の機会が与えられるべき立場にある。

　　したがって，総有権確認訴訟は固有必要的共同訴訟と解すべきである。

　　よって，原則として，構成員全員が原告とならなければならない。

2　反対する者がいた場合

　　反対する者がいた場合は，その者を被告に加えて訴訟を提起することで対応できる。

　　なぜならば，反対する者が被告となる場合でも，訴訟の当事者であるので既判力が及ぶから（民事訴訟法（以下略）115条1項1号）合一確定の要請との関係で問題はなく，また，手続保障は与えられているといえるからである。

3　訴訟係属後に新たに構成員となる者が現れた場合

(1)　Bに同調する場合

　　新たに構成員となった者も，当該不動産について総有権との関係で利害関係を有し，原告適格を有する。この者との関係で，合一確定及び手続保障を図る必要がある。

　　この場合，「訴訟の目的が当事者の一方及び第三者について合一にのみ確定すべき場合」（52条1項）といえ，原告適格も有するから，共同訴訟参加の要件を充足する。同調する者であるから，自ら共同訴訟参加することで，合一確定及び手続保障を図ることができる。また，この場合は，Bは新たな構成員に訴訟告知（53条1項）をすべきである。

(2)　Bに同調しない場合

　　それでは，同調しない場合はどうか。この場合も共同訴訟参加の要件を充足するものの，Bに同調しないのであるから，新たな構成員が積極的に共同訴訟参加することが考えられず，合一確定及び手続保障との関係で問題となる。

　　ここで，同調しない者を被告に追加することができるか，いわゆる主観的追加的併合が認められるか。

　　そもそも，訴訟の途中で第三者に訴訟手続への参加を強制すると，第三者は従前の訴訟の進行状態を受け入れなければならず，手続保障が十分でなく，また，第三者を追加することにより訴訟が複雑化するという問題がある。

　　したがって，原則として，明文なき主観的追加的併合は認めるべきでない。

　　しかし，本件のような総有権確認訴訟において，新たな構成員は団体の従前の財産管理状態などを受け入れて入会するのが通常であり，不動産に係る訴訟についても，途中から手続に関与することで手続保障は十分といえる。また，新たな構成員が加わるこ

● 本答案は，どのような訴訟が固有必要的共同訴訟とされるのかについての一般的な説明が欠けている。まずは，再現答案①のように自己の見解を提示する必要がある。

● 反対者を被告とすべきといっ対応策を記載した場合，その理由として，判例（最判平20.7.17／百選［第5版］〔97〕）の示す理由（①適法な訴えを提起することができない賛成者らの訴権を保護する必要があること，②反対者らも被告となることで，手続保障を図ることができること）を論述する必要がある。その上で，判例の示す理由が，先の課題（全員が原告とならなければならないとされる理由）と整合性がとれているかどうかについて検討しなければならなかった。本答案は，判例の示す理由について，①の点を指摘することができておらず，不十分である。

● 共同訴訟参加という適切な手段を挙げ，要件も検討できている。

● 出題趣旨で要求されている「Bの方針に同調しない構成員については，その自発的な行動が想定し難く，原告側のみで行うことのできる方策としてどのようなものが考えられるかという観点」に沿った問題意識をもって，主観的追加的併合という手段について検討できている。

● 「途中から手続に関与することで手続保障は十分といえる」とする理

とで権利関係の争い方に影響があるとは考えられないので，訴訟が複雑化するおそれはない。

　　よって，本件においては主観的追加的併合を認めるべきであるので，Bは同調しない新たな構成員を被告に加えることができる。

第2　設問2

1　Zは解任決議が無効であることや，Xの会長の地位にあることを確認することを目的とする反訴を提起することは認められるか。

⑴　確認の対象は形式的には無限定であるところ，法の適用による紛争解決を図るという観点から，確認の利益があるか否か判断する必要がある。確認の利益は，①対象選択の適否，②方法選択の適否，③即時確定の利益という基準により判断する。

⑵　本件においては，Xの会長たる地位を確認対象としているところ，これは手続事項であるとして確認の対象として適切か，特に①要件の充足が問題となる。

　　そもそも，民事訴訟は法の適用により私法上の紛争を解決することを目的とするから，確認対象として認められるのは，原則として現在の権利又は法律関係であると解される。

　　昭和28年判決は，訴訟代理人の代理権の存否の確認を求める訴えがなされた事案であるが，訴訟代理権は当該訴訟において，当事者の名において，当事者に代わって自己の意思に基づき訴訟行為をなし，又は訴訟行為を受ける権利であって，まさに手続事項であるといえる。ゆえに，現在の権利又は法律関係とはいえ

由付けが不十分である。再現答案①のように，訴訟状態の継続利用について言及できると，より説得的であった。

● 　第1訴訟における確認の訴えの利益でどの要件充足が問題となるのかについて，私見を丁寧に示せている。なお，判例（最判昭28.12.24）は「方法選択の適否」に関する判例として論じられることが多い。

● 　判例（最判昭28.12.24）が確認の訴えの利益を認めなかった理由について自分なりに考察しており，事例の誘導に沿った論述といえる。

ず，①要件を充足しないとして訴えが却下されたものと考えられる。

　　これに対し，Xの会長たる地位は，Xのために訴訟追行を行う地位である点で，訴訟代理権の確認と利益状況を共通にする。しかし，Xの会長たる地位は，そのような地位だけでなく，Xを代表し，法律行為を行う地位であり，実体法上の権利関係を問題とする点で，昭和28年判決と異なる。

　　したがって，Xの会長たる地位は単なる手続事項ではなく，実体法上の現在の権利又は法律関係であるから，①確認対象として適切であるといえる。

⑶　また，②及び③要件の充足性については特に問題がない。

　　よって，確認の利益が認められる。

2　反訴の要件

　　まず，本訴はXをBが代表し，XがZに対して総有権の確認及び登記手続請求を行うことを目的とするところ，上記のような反訴が認容されれば，ZがXの会長であること及びBが会長でないことが確認され，BはXを代表して訴訟追行できず，訴えは却下されることになる。

　　したがって，上記反訴の目的は，「本訴の目的である」「防御の方法と関連する請求を目的とする場合」（146条1項柱書）といえる。

　　また，現在は「口頭弁論の終結に至るまで」といえ，訴訟を著しく遅延させるおそれ（同条1項2号）はない。

● 　判例（最判昭28.12.24）と第1訴訟との共通点・相違点を検討できている。相違点については，出題趣旨の「本件における事実関係も踏まえながら」という点は論述できていないものの，「訴訟代理権と代表権とでは実質的な紛争の広がりが異なるといったことを指摘し，説明すること」という記載に沿う論述はできている。もっとも，実体法上の権利関係を問題とすると，「実質的な紛争の広がりが異なる」ことになるのか，さらに具体的に検討できると，なお良かった。

● 　出題趣旨の「仮にBではなくZがXの代表者の地位にあるとすれば，Bを代表者とするXの訴えはそのままでは適法なものとしては維持できない」という問題意識に沿って，「防御の方法と関連する請求」であることを論述できている。

● 　「訴訟を著しく遅延させるおそれ

よって，反訴の要件を充足する。

以上より，Ｚは解任決議が無効であることや，Ｘの会長の地位にあることを確認することを目的とする反訴を提起することができる。

第３　設問３

1　前訴判決が存在するにもかかわらず，第２訴訟において本件不動産の帰属に関して改めて審理・判断をすることができるのか。

2　①の問題意識について

既判力とは，前訴判決の後訴における拘束力であり，その客観的範囲は主文に掲げられた訴訟物の存否についての判断である（１１４条１項）。

本件においては，第１訴訟における，総有権の存在についての判断につき既判力が生じることになる。そして，既判力は当事者に及ぶから（１１５条１項１号），当事者たるＺにも及ぶこととなる。

しかし，既判力は訴訟物についての対立当事者間に作用するので，本件ではＸＺ及びＸＹ間に作用するものの，ＺＹ間には作用しない。

したがって，ＺＹ間の第２訴訟においては，第１訴訟の既判力は原則として作用しない。

3　②の問題意識について

それでは，仮に前訴の既判力がＺに及ぶとした場合，いかなる意味を持つのか。

そもそも，既判力の正当化根拠は，手続保障が与えられたことによる自己責任にあるところ，既判力の基準時は事実審口頭弁論終結時である。ゆえに，本件では，前訴の事実審口頭弁論終結時において，Ｘ

の構成員に本件不動産の総有権が属することにつき既判力が生じるという意味を持つのである。このことと，この基準時以前に，Ｚが本件不動産を所有していたことは両立しうる関係にあるから，矛盾抵触関係にない。

したがって，Ｚの第２訴訟における主張は前訴の既判力に抵触しない。

4　③の問題意識について

Ｙとしては，信義則（2条）を根拠に，Ｚの主張は許されないとの主張がありうる。

しかし，ＹがＺと共同してＸとの間で本件不動産の権利関係を争っていたことから，Ｚの責任を追及するため，Ｚの主張は許されないと述べるのは妥当でない。

したがって，Ｙの主張は認められない。

以上より，前訴判決が存在するにもかかわらず，第２訴訟において本件不動産の帰属に関して改めて審理・判断をすることができる。

以　上

……はない」とするのであれば，本訴の審理内容と反訴の審理内容とは実質的に重複している等の理由を示すべきであった。この点については，再現答案①が参考になる。

● ①について，設問の課題では判例（最判平6.5.31）を本問に援用することの適否が求められていたところ，かかる誘導を無視し，既判力の一般論に基づく検討のみを行っている。したがって，「本件において引用判例の法理を援用することができるかを権利能力なき社団及びこれを当事者とする訴訟の性質についての解釈を踏まえつつ検討する必要」があるとの出題趣旨を捉えることができていない。

● ②について，端的ながら，出題趣旨記載の「前訴判決の既判力の基準時よりも『前』の時点における所有関係が争点となっている」点に着目し，「前訴判決の口頭弁論終結時に本件不動産がＸの総有に属していた（すなわち，Ｚの所有には属していなかった）という判断につき生じている前訴判決の既判力がそれ自体として意味を持ち得るのか」という問題意識に解答できている。

● ③について，信義則を主張の根拠に挙げて検討を加えている点で，「信義則や争点効などによって再審理が不可能であることを結論付けること」という出題趣旨に合致する。もっとも，信義則の中身として，第１訴訟においてＹが事後の訴訟を想定して採るべき手段（訴訟告知等）があったか，また当該手段を採らなかったことをどう評価するかなど，事例に即した具体的な検討は十分にできていない。

▶ MEMO

第1 〔設問1〕
1 Xの構成員全員が原告にならなければならない理由について
 (1) Yを被告として本件不動産の総有権を確認する訴えをXの構成員が当事者となって提起するには、Xの構成員全員が原告とならなければならないのは、当該訴えが固有必要的共同訴訟（40条1項）に当たるからであると考えられる。以下、検討する。
 (2) 40条1項が「共同訴訟人の全員について合一にのみ確定すべき」としているのは、審理対象となる訴訟物についての判決主文での判断が矛盾なくなされ、既判力（114条1項）の矛盾抵触が生じないようにする必要があるからである。このように既判力の矛盾抵触が生じないようにするには、訴訟物である管理・処分権が共同訴訟人に共同して帰属している場合をいう。

● 本答案は、「訴訟物である管理・処分権が共同訴訟人に共同して帰属している場合」が固有必要的共同訴訟となる旨論述しているから、実体法的観点のみで判断することになるが、再現答案①のように、訴訟法的観点（訴権保護の観点）を加味することを示しておくと、後述の論述との整合性をとることができた。

 (3)ア 本件では、審判対象は本件不動産の総有権であり、これは構成員の持分権を観念し得ない団体的色彩の強い共同所有形態であるから、総有権者の目的不動産についての管理・処分権が構成員全員に不可分一体的に帰属している。そして、このような管理・処分権は、構成員毎に存否についての判決主文における判断が異なると、既判力の矛盾抵触が生じることになる。
   イ よって、本件不動産の総有権確認の訴えは、固有必要的共同訴訟に当たるので、Xの構成員全員が当事者となる必要がある。
2 構成員の中に訴え提起に反対する者がいた場合の対応策について
 (1) かかる場合、反対する構成員を被告とすることができるか検討する。

 (2) 確認の訴えにおいては、既判力は原告・被告全ての当事者の間で訴訟物となる権利・法律関係の存否について生じる（115条1項1号）ので、訴え提起に同意しない総有権者であっても、被告となることで、訴訟物たる総有権の存否についての訴訟追行に関与でき、判決の矛盾・抵触を防止できる。また、このように被告とすることを認めないと、全ての構成員が原告にならない限り、訴え提起をしようとする原告の訴権を損なうことになる。
 (3) 以上より、本件では、訴え提起に反対する構成員を被告とすることになる。
3 新たにXの構成員となる者について
 (1) 訴え提起に同調する場合
   ア 新規に構成員になった者も、総有権者であるから、この者も当事者となり、既判力が及ぶ必要がある。
   イ そこで、独立当事者参加（47条1項）することが考えられる。新規加入者にも総有権が帰属しているので、「訴訟の目的の……一部が自己の権利であることを主張する第三者」に当たることから、Yを被告として片面的独立当事者参加するべきである。
 (2) 訴え提起に同調しない場合
   ア 新規に構成員になった者が総有権者であるが、この者が訴え提起に同調しない場合、「訴訟の目的である権利の……一部を譲り受けた」（51条後段）者に当たるといえる。

● 反対者を被告とすべきという対応策を記載した場合、その理由として、判例（最判平20.7.17／百選［第5版］〔97〕）の示す理由を論述する必要がある。その上で、判例の示す理由が、先の課題と整合性がとれているかどうかについて検討しなければならなかった。本答案は、判例の示す理由について適切に指摘できているが、これは訴訟法的観点をも考慮するものであり、前述の規範定立にかかる論述との整合性が十分にとれていない。

● 権利主張参加（47 I 後段）は本訴請求と参加人の請求が論理的に両立し得ない場合に認められるところ、訴え提起に同調する場合は論理的に両立するはずであるから、誤りである。

● 非同調者を原告側のみで訴訟に引き込むための方策として、権利承継人の訴訟引受け（51後段）を摘示

イ　かかる者については，５１条後段が準用する５０条３項が準用する４１条１項が準用され，本件不動産の総有権について矛盾ない審理がなされることになる。

第2　〔設問2〕

1　訴えの利益について

(1)ア　Ｚが，解任決議の無効やＺ自身がＸの会長の地位にあることを確認する訴えを提起する場合，確認の利益が必要となる。確認訴訟においては，理論上，あらゆる事項が審理対象になり得るため，真に確認すべき事項に審理対象を限定する必要があるからである。

イ　具体的には，確認の利益があるには，（ⅰ）対象選択の適切性，（ⅱ）方法選択の適切性，（ⅲ）即時確定の利益が要件となる。

(2)ア(ア)　まず，（ⅰ）について，これは原告の現在の権利・法律関係についての積極的な確認であることが必要である。

(イ)　本件では，Ｚ自身がＸの会長の地位にあることという現在の事実の積極的確認である。また，解任決議の無効は過去の事実であるが，ＺがＸの会長であるというには，解任されたとの事実が認められないことが，Ｚ自身がＸの会長としての地位を肯定するという点で抜本的な紛争解決に資する。よって，対象選択として適切である。

イ(ア)　次に，（ⅱ）について，これは給付の訴えや形成の訴えによることができない場合に認められる。

(イ)　本件では，ＺがＸの会長の地位にあることや解任の無効を確定させるには，給付の訴えや形成の訴えによることができないので，方法選択として適切である。

ウ(ア)　更に，（ⅲ）について，即時確定の利益は，原告の権利・法律関係について現実の危険・不安があることをいう。

(イ)　本件では，Ｘの代表者でないＢがＸの代表者として訴訟追行していることで，ＺがＸの会長としての地位が否定されているといえる。また，解任事由が存在しないとのＺの主張が認められることで，解任決議が無効になるところ，Ｘの規約上は会長が１名に限られる以上，ＢがＸの新会長としての選任決議も無効になるので，Ｚの解任決議の無効を確認することで，かかるＺのＸの会長としての地位に対する現実の危険・不安が除去される。

2　反訴提起の適法性

(1)　１４６条の要件充足について

ア　反訴提起が認められるには，「本訴の目的である請求又は防御の方法と関連する請求を目的とする」（１４６条１項本文）必要がある。

本件では，本訴において本件不動産のＢ名義への所有権移転登記請求がされているところ，かかる訴訟物について当事者適格がＢにあることを争うことを防御方法としてＺが反訴提起しているので，「本訴の……防御の方法と関連する請求を目的とする」といえる。

しているが，本件の事実関係の下で何らの説明もなく，「訴訟の目的である権利」を「譲り受けた」とするのは不当である。

● 確認の利益についての一般論の展開は正確である。もっとも，出題趣旨によると，判例（最判昭28.12.24）を踏まえて，「訴訟代理権と代表権とでは実質的な紛争の広がりが異なるといったこと」を指摘・説明することが求められており，本答案では，判例に全く言及することなく，確認の利益が認められるための要件を一般的に検討しているにとどまっており，題意を把握することができていない。

● 出題趣旨によれば，「代表権に関する紛争が存在する場合に，このような確認の訴えに訴えの利益が認められることについては異論は少ない」とされていることから，上記判例に関する論述以外については，簡潔な指摘で足りると考えられる。

● 出題趣旨によると，「仮にＢではなくＺがＸの代表者の地位にあるとすれば，Ｂを代表者とするＸの訴えはそのままでは適法なものとしては維持できない」ことを具体的に摘示

イ　次に，事実審口頭弁論終結前である必要があり，本件ではこれを充たす。

ウ　また，反訴の確認の訴えは，他の裁判所の専属管轄に違背しない（１４６条１項１号）し，本件では，著しく訴訟手続を遅延させるとの事情もない（同項２号）。

(2)　１３６条の要件充足について

更に，確認の訴えは給付の訴えと同種の訴訟手続で審理できるので，請求の併合要件を充たす。

3　結論

以上より，ＺはＸの会長としての地位及び解任決議無効の確認の訴えを提起できる。

第3　〔設問3〕

1　①について

(1)　平成６年判決では，権利能力なき社団が当事者となった判決の効力は当該社団の構成員全員に及ぶとされている。すると，本件では，第１訴訟における既判力が第２訴訟においても及ぶことになりそうである。Ｚは権利能力なき社団であるＸの構成員だからであり，第１訴訟において，本件不動産の所有権がＸにあることについて既判力が生じているからである。

(2)ア　ここで，既判力が当事者に及ぶ根拠は，当事者が既判力の基準時である事実審口頭弁論終結時までに攻撃防御方法を提出することができ，当事者の手続保障がなされていることにある。また，訴訟担当者が訴訟追行した場合（１１５条１項２号），担当され

た本人について既判力が及ぶのも，担当者の訴訟追行が本人の手続保障を代替しているといえるからである。

イ　平成６年判決では，社団と構成員の間に利益の対立が生じていないため，社団の訴訟追行により構成員の手続保障がなされているといえるから，社団を当事者とした既判力が構成員に及ぶことに問題がない。

他方，本件では，第１訴訟において，社団であるＸとその構成員であるＺが対立しており，Ｘが当事者となる訴訟の追行によってＺの手続保障が代替されておらず，Ｚに既判力を及ぼす根拠を欠く。

ウ　以上より，第１訴訟の既判力がＺに及ばない。

2　②について

(1)　第１訴訟の既判力が，第２訴訟において本件不動産がＸの所有に係ることについて及ぶか問題となる。

(2)　ここで，既判力が及ぶ基準時は，事実審口頭弁論終結時である。前述のように，当事者が攻撃防御方法を提出できたことから手続保障がなされていて自己責任が妥当するからである。

(3)ア　本件では，本件不動産の所有権がＸにあることについての第１訴訟の既判力は，第１訴訟の口頭弁論終結時に生じる。他方，ＹＺ間の第２訴訟での争点は，本件不動産がＺによる抵当権設定時にＺの所有物であったか否かであり，これは第１訴訟の口頭弁論終結時に先だつ時点のことである。

イ　よって，第１訴訟の既判力が作用しない。

● することが求められている。この点について，本答案は，「当事者適格がＢにあることを争うことを防御方法としてＺが反訴提起している」ことを摘示しており，適切である。他方，出題趣旨によると，「『著しく訴訟手続を遅滞させる』場合に当たらないか否か」については「本件の事実関係に基づいた当てはめ」が求められていたが，本答案はかかる要求に応えられていない（再現答案②コメント参照）。

● 出題趣旨によると，「第１訴訟における共同被告であるにすぎないＹとＺとの間には当然には既判力が生じないことが前提として押さえられなければならない」とされているが，本答案は，この点について論述できていない。なお，第１訴訟における既判力は，「本件不動産がＸの総有に属すること」について生じているのであり，本件不動産の「所有権」がＸにあることについて生じているわけではない。

● 引用判例（最判平6.5.31／百選[第５版]〔11〕）と本件の事案の違い（「本件事案の特殊性」），及びそれが法律上どのような意義を持ち，結論にどう影響するかを端的に示すことができている。もっとも，本答案は，引用判例についての理解（例えば，権利能力なき社団は法定訴訟担当として原告適格が認められ，その結果，判決の効力は構成員全員に及ぶ）を明確に示すことができておらず，不適切である。

● 前訴判決の既判力の基準時よりも「前」の時点における所有関係が争点となっていることを示した上で，第２訴訟に第１訴訟の既判力は及ばない旨述べており，出題趣旨に合致する。

3 ③について
(1) すると, 以上のように, 第1訴訟の既判力が及ばないが, Zによる, 本件不動産の所有権がZにあったことの主張を封じることはできないか。
(2)ア まず, 争点効により主張を封じることが考えられる。争点効とは, 前訴において当事者が主要な争点として争い, 裁判所が審理判断をした事項について生じる, 既判力類似の拘束力である。
　　しかし, 主要な争点が何かについて明確な基準がなく, 明文にない既判力類似の効力を認めることは妥当でない。
イ そこで, 紛争の蒸し返し防止のため, 信義則により個別的に主張を封じることができるか検討するべきである。
(3)ア 本件では, Zは, 第1訴訟において, 本件不動産への抵当権設定時に本件不動産がZの所有であったことを主張し得たといえる。
イ また, 第1訴訟において, Yが, 債務不履行責任追及の訴えを主観的予備的併合すべきであったものの, かかる訴えは不適法である。このため, 紛争の蒸し返しとして, 信義則違反によりZの主張は許されない。

以 上

● 争点効理論について, 理由を述べつつ, 端的に否定説に立った論述がなされており, 適切である。

● 条文の摘示は答案作成上の最低限のルールである。信義則については, 2条を摘示すべきである。

● 信義則（2）による以上, 具体的な事情を摘示し, 詳細に検討する必要がある。本答案は, 判例上明確に否定されている主観的予備的併合をYの採り得る手段として掲げた上で, 直ちに理由も述べずに否定しており, 検討として不十分である。

平成29年

問題文

[民事系科目]

〔第3問〕（配点：100［〔設問1〕から〔設問3〕までの配点の割合は，15：55：30]）
　次の文章を読んで，後記の〔設問1〕から〔設問3〕までに答えなさい。

【事　例】

　Xは，Yに対し，平成28年3月10日，Yから譲り受けた浮世絵版画（以下「本件絵画」という。）の引渡しを求める訴えを管轄地方裁判所に提起した。この訴訟において，訴訟代理人は選任されていない。

　Xは，訴状において，次のように主張した。

　「Xは，かねてよりYの事業の支援をしていたが，平成27年9月1日，Yから，これまでの支援の御礼として，本件絵画の贈与を受けた。Yから受け取った念書には，YがXに本件絵画を譲る旨や同年10月1日にY宅で本件絵画を引き渡す旨が記載されている。その後，Xが約束どおりY宅に出向いて本件絵画の引渡しを求めたのに，Yはこれを拒み，一切の話合いに応じないので，贈与契約に基づく本件絵画の引渡しを求めるため，本件訴えを提起した。贈与の事実の証拠として，この念書を提出する。」

　これに対し，Yは，答弁書において，次のように主張した。

　「Yは，絵画について造詣が深い友人Aから，Xが本件絵画の購入を望んでいると聞いて，Xに本件絵画を売却したのであり，贈与などしていない。Xに交付した念書には代金額の記載がないが，それは，代金額を本件絵画の時価相当額とする趣旨であり，その額は300万円である。ところが，平成27年10月，Xは，本件絵画の取引はXに対する贈与であり，代金を支払うつもりはないと言ってきたので，Yは，本件絵画の引渡しを拒んだ。これらの事実を立証するため，本件絵画の取引経緯に詳しいAを証人として申請する。」

　第1回口頭弁論期日が平成28年5月10日に開かれ，Xは訴状に記載した事項を，Yは答弁書に記載した事項をそれぞれ陳述した。さらに，Xは，贈与の主張に加え，仮にこの取引が売買であり，本件絵画の時価相当額が代金額であるとしても，その額は200万円にすぎないと主張した。

　第2回口頭弁論期日では，Aの証人尋問と，X及びYの当事者尋問が行われた。Aは，本件絵画の取引はその時価相当額を代金額とする売買契約であること，その額は200万円であること，この売買契約はAがYの代理人としてXと締結したものであることなどを述べた。期日においては，本件絵画の取引が贈与又は売買のいずれであるか，また，売買であるとしてその代金額は幾らかに焦点が絞られ，AがYの代理人であったか否かについては，両当事者とも問題にしなかった。

以下は，期日終了後の裁判官Ｊ１と司法修習生Ｐとの間の会話である。

Ｊ１：今日の証拠調べの結果をどのように評価しますか。率直な意見を聴かせてください。

Ｐ：取引経緯に関するＡの証言は具体的で信用できるため，Ｙの代理人ＡとＸとの間で，本件絵画の時価相当額を代金額とする売買契約が成立し，その額は２００万円であると考えられます。Ｘはこの２００万円を支払っていませんから，売買を理由に，「Ｙは，Ｘから２００万円の支払を受けるのと引換えに，Ｘに対し，本件絵画を引き渡せ。」との判決をすべきではないでしょうか。

Ｊ１：私の心証も同じですが，あなたの言うような判決を直ちにすることができるのでしょうか。まず，Ｙの代理人ＡとＸとの間で契約が締結されたとの心証が得られたとして，その事実を本件訴訟の判決の基礎とすることができるのかについて，考えてみてください。

Ｐ：両当事者がその点を問題にしなかったのだからいいように思いましたが，考えてみます。

〔設問１〕

あなたが司法修習生Ｐであるとして，Ｊ１から与えられた課題に答えなさい。

【事　例（続き）】

以下は，Ｊ１とＰとの間の会話の続きである。

Ｊ１：次に，あなたの言うような判決はＸの請求に対する裁判所の応答として適当なのか，すなわち，本件の訴訟物は何かを考える必要もありますね。

そして，Ｘは，第１回口頭弁論期日に，「仮にこの取引が売買であり，本件絵画の時価相当額が代金額であるとしても，その額は２００万円にすぎない。」と主張していますが，これには，どのような法的な意味合いがありますか。

Ｐ：Ｘが単に譲歩をしただけで，あまり法的に意味のある主張には見えませんが。

Ｊ１：本当にそうでしょうか。

他方，Ｙは，「本件絵画をＸに時価相当額で売却し，その額は３００万円である。」と主張していますが，その法的な意味合いも問題になりますね。

Ｐ：はい。Ｘの主張する請求原因事実との関係で，Ｙのこの主張がどのように位置付けられるか，整理したいと思います。

Ｊ１：本件は，訴訟代理人が選任されていないこともあり，紛争解決のために，両当事者の曖昧な主張を法的に明確にする必要がありそうです。

訴訟物の捉え方については様々な議論がありますが，あなたの捉える本件の訴訟物は何になるかを示した上で，各当事者から少なくともどのような申立てや主張がされれば，「Ｙは，

Xから２００万円の支払を受けるのと引換えに，Xに対し，本件絵画を引き渡せ。」との判決をすることができるか，考えてみてください。その際，先ほどお願いしたYの主張の位置付けの整理も行ってください。これを課題①とします。

ところで，本件絵画の時価相当額については，当事者からより適切な証拠が提出されれば，別の金額と評価される可能性もあると思います。課題①で必要となる各当事者の申立てや主張がされたという前提の下で，仮に，本件絵画の時価相当額が２２０万円と評価される場合あるいは１８０万円と評価される場合には，それぞれどのような判決をすることになるのかについても，考えてみてください。これを課題②とします。

なお，課題①及び②の検討においては，設問１で検討した点に触れる必要はありません。

また，あなたの言うとおり，本件絵画の時価相当額を代金額とする売買契約が成立したものとして，考えてください。

〔設問２〕

(1) あなたが司法修習生Pであるとして，J１から与えられた課題①に答えなさい。

(2) あなたが司法修習生Pであるとして，J１から与えられた課題②に答えなさい。

【事 例 (続き)】

その後，上記の訴訟（以下「前訴」という。）においては，「Yは，Xから２００万円の支払を受けるのと引換えに，Xに対し，本件絵画を引き渡せ。」との判決がされ，この判決は確定した。

もっとも，Xは，自らの事業の経営状態が悪化したこともあり，代金を支払ってまで本件絵画を手に入れることに熱意をなくしてしまった。逆に，Yは，Xに対し，本件絵画を持参するので代金２００万円を支払ってほしいと連絡したが，Xから拒絶された。そこで，Yは，弁護士に委任して，Xに対し，平成２９年３月１日，本件絵画の売買代金２００万円の支払を求める訴え（以下「後訴」という。）を管轄地方裁判所に提起した。

Xから委任を受けた弁護士は，前訴で問題となった本件絵画の取引について事情を調べたところ，X及びYの取引仲間であるBから，本件絵画の取引は贈与である旨の証言を得られそうだとの感触を得た。また，同弁護士が本件絵画の写真数点を古物商に見せたところ，高くても１５０万円相当であるとのことであった。そこで，同弁護士は，改めて事実関係を争うべきであると考え，答弁書において，ＸＹ間には本件絵画の贈与契約が成立したのであって，Xは売買代金の支払義務を負わないし，仮に贈与契約でなく売買契約が成立したと判断されたとしても，その代金額は１５０万円であり，Xはその限度でしか支払義務を負わないと主張した。

第１回口頭弁論期日には，双方の訴訟代理人が出頭し，訴状及び答弁書に記載した事項をそれ

それ陳述した。Yの訴訟代理人は，答弁書におけるXの主張は前訴判決の既判力に触れて許され
ず，前訴判決に沿って，直ちに請求認容判決がされるべきであると主張した。これに対し，Xの
訴訟代理人は，前訴判決において，XY間には代金２００万円の本件絵画の売買契約が成立した
と判断されたかもしれないが，Xの代金支払義務に関する判断には既判力は生じないと主張し
た。

　以下は，後訴を担当した裁判官J２と司法修習生Qとの間の会話である。
　J２：本件は，Yの訴訟代理人の主張するように，前訴判決に沿って，直ちに請求認容判決を
　　　すべきなのでしょうか。
　Q：今まで考えたことがないのですが，既判力の範囲に関する民事訴訟法の規定に遡って考え
　　　ないといけないように思います。
　J２：そうですね。それを出発点としつつ，前訴判決の主文において引換給付の旨が掲げられ
　　　ていることの趣旨にも触れながら，後訴において，XY間の本件絵画の売買契約の成否及び
　　　その代金額に関して改めて審理・判断をすることができるかどうか，考えてみてください。

〔設問３〕
　あなたが司法修習生Qであるとして，J２から与えられた課題に答えなさい。

出題趣旨

【民事系科目】

〔第３問〕

　本問は，Ｘが贈与契約に基づき本件絵画の引渡しを求めたのに対し，Ｙがその取引は時価相当額を代金額とする売買契約であってその額は３００万円であると主張したという紛争を基本的な題材として，①当事者が代理人による契約締結の事実を主張していない中で，証拠上その事実の心証が得られた場合において，その事実を判決の基礎にすることができるか（設問１），②裁判所として２００万円と引換えに本件絵画の引渡しを命ずる判決をするためには，当事者からどのような申立てや主張がされる必要があるか（設問２(1)），また，そのような申立てや主張がされたという前提の下で，２２０万円又は１８０万円との引換給付判決をすることができるか（設問２(2)），③引換給付判決のうち反対給付に係る部分の裁判所の判断が後訴に対して何らかの拘束力を有するか（設問３）に関して，検討することを求めるものである。

　まず，設問１では，民事訴訟において，裁判の基礎となる資料の収集を当事者の責任とする原則（いわゆる弁論主義）が妥当し，その一環として，裁判所は当事者が主張しない事実を判決の基礎にしてはならないとの原則（いわゆる主張原則）が妥当すること，一般的に，主張原則の対象となる事実は少なくとも主要事実を含むと解されていることを前提に，代理の主要事実は何かを明らかにした上で，代理人による契約締結の事実を認定することの可否を検討することが求められる。また，この点については，判例（最判昭和３３年７月８日民集１２巻１１号１７４０頁）もあるところ，本件において，Ａの証人尋問がされ，ＡがＹの代理人として契約を締結した旨を述べたにもかかわらず，当事者はこれを問題にしなかったという事情の下で，主張原則との関係をどのように評価するかの検討も必要である。設問１は，弁論主義に関するごく基礎的な理解を問う問題である。

　設問２(1)では，裁判所として２００万円と引換えに本件絵画の引渡しを命ずる判決をするために当事者からどのような申立てや主張がされる必要があるかを検討する前提として，裁判所は当事者が申し立てていない事項について判決をすることができないという申立拘束原則（民事訴訟法第２４６条）を指摘した上で，問題文に記載されたとおり，本件の訴訟物の捉え方を示すことが求められる。そこでは，①いわゆる旧訴訟物理論に立ち，売買に基づく引渡請求権と贈与に基づく引渡請求権とは訴訟物が異なるとする立場，②同じく旧訴訟物理論に立ちつつも，債権的請求である以上両者は訴訟物として同一であるとする立場，③いわゆる新訴訟物理論に立ち，売買と贈与とで原因が異なっても同一の目的物の給付を求めるのであるから，訴訟物は同一であるとする立場など，種々の立場が考えられるが，どのような立場でも，論理的に筋が通った答案が展開されていれば同様に評価した。

　本件において，Ｘは，「仮にこの取引が売買であり，本件絵画の時価相当額が代金額であるとしても，その額は２００万円にすぎない。」と主張しており，その法的な意味合いを明確にすべきところ，旧訴訟物理論のうち，債権的契約につき契約ごとに異なる訴訟物を構成するとの立場からは，裁判所が上記の引換給付判決をするためには，Ｘから，予備的請求として，売買契約に基づく本件絵画の引渡請求を追加的に併合する訴えの変更（民事訴訟法第１４３条）の申立てがされるこ

LEC東京リーガルマインド　司法試験&予備試験　論文5年過去問　再現答案から出題趣旨を読み解く。民事訴訟法

76

とが必要となる。その際，同時履行の抗弁はYから主張することを要する権利抗弁であるため，Xの予備的請求として「２００万円の支払を受けるのと引換えに本件絵画の引渡しを求める」旨の限定を付す必要はなく，単純に，売買契約に基づき本件絵画の引渡しを求めることとなることに留意すべきである。他方，新訴訟物理論の立場，あるいは旧訴訟物理論のうち，贈与によっても売買によっても債権的請求として訴訟物は変わらないとする立場からは，Xの申立てとしては，訴状における本件絵画の引渡請求で十分であり，贈与又は売買の主張は攻撃方法の位置付けとなるため，この申立てに対して，売買を理由に２００万円と引換えに本件絵画の引渡しを命ずる判決をすることは，申立拘束原則には抵触しないものと考えられる。

次に，Yは，「本件絵画をXに時価相当額で売却し，その額は３００万円である。」と主張しているところ，その主張の位置付けについては，訴訟物の捉え方によって多少説明は異なることになるが，①主位的な請求原因又は主張（贈与）と②予備的な請求原因又は主張（売買）を構成する各事実との関係で，それぞれ否認か自白かを整理するとともに，裁判所が上記の引換給付判決をするためには，上記②に対して，Yから権利抗弁である同時履行の抗弁権の主張が明確にされる必要があることを指摘することが求められる。

設問２(2)では，設問２(1)で必要とされた各当事者の申立てや主張がされたという前提の下で，２２０万円又は１８０万円との引換給付判決をすることの可否が問われているが，２２０万円はXが主張する時価相当額（２００万円）とYが主張する時価相当額（３００万円）との間にあるのに対し，１８０万円はその間にはない（Xの主張額より更にXに有利である。）という違いに着目しつつ，申立拘束原則と弁論主義の双方の観点から検討することが求められる。申立拘束原則は，原告の意思の尊重と権利主張の権限及び責任のほか，被告の敗訴リスクの上限を画するという意義を有するところ，本件では，請求の趣旨としては単純に本件絵画の引渡しを求めるものであり，上記の引換給付判決も基本的にはXの合理的意思に反しないものと考えられるが，他方，Yの敗訴リスクの関係では，時価相当額が２２０万円又は１８０万円のいずれと判断されるかにより評価が分かれる可能性があることなどを踏まえ，事案に即して論ずる必要がある。また，弁論主義に関しては，２２０万円や１８０万円という金額自体は両当事者とも主張していないが，本件では本件絵画の時価相当額を代金額とすることにつき主張が一致しており，時価相当額の評価が分かれているにすぎないことや，２２０万円や１８０万円という金額は，Xの主張額（２００万円）とかけ離れた額ともいい難いこと等を踏まえて論ずることが期待される。

設問３では，確定判決は主文に包含するものに限り既判力を有すること（民事訴訟法第１１４条第１項）を指摘した上で，同項所定の「主文に包含するもの」とは一般的に訴訟物と理解されていることや，設問２(1)における前訴の訴訟物の捉え方を前提にして，後訴の訴訟物（旧訴訟物理論では，本件絵画の売買契約に基づくYのXに対する２００万円の代金請求権）との関係で前訴判決の既判力が及ぶか否かを論ずることが求められる。

この点について，引換給付の旨は前訴判決の主文に掲げられてはいるが，その趣旨は，双務契約における牽連性を強制執行との関係においても保障するため，債権者が反対給付又はその提供をしたことを証明したときに限り強制執行を開始することができること（民事執行法第３１条第１項）を主文において明らかにする点にあり，主文に掲げられていることからストレートに既判力又はこれに準ずる効力等の拘束力が導かれるというわけではないことに留意する必要がある。

また，本問では，既判力などの制度的効力を否定する場合には，既判力以外の理由，例えば信義

則などにより，Ｘが本件絵画の売買契約の成否及びその代金額を後訴で争えなくなるか否かについて検討することも求められる。具体的には，前訴においてＸは予備的に売買契約の成立を主張していること，前訴で認定された２００万円という代金額は，予備的ではあるもののＸ自身の主張額であること，売買契約の存否及びその代金額は引換給付判決をするために不可欠の判断対象であること，他方で，Ｙとしては，自らがＸに対して２００万円の売買代金請求権を有することにつき既判力のある判断を得たければ，前訴において反訴を提起することができたことなどの事情をどのように評価するかが一つのポイントとなろう。また，信義則の適用に際しては，前訴が本人訴訟であり第一審で判決が確定していることや，後訴に至った事情などを評価する必要の有無も，検討対象となろう。

採点実感

1 出題の趣旨等

　民事系科目第3問は，民事訴訟法分野からの出題であり，出題の趣旨は，既に公表されている「平成29年司法試験論文式試験問題出題趣旨【民事系科目】〔第3問〕」のとおりである。

　本問においては，例年と同様，受験者が，①民事訴訟の基本的な原理・原則や概念を正しく理解し，基礎的な知識を習得しているか，②それらを前提として，設問で問われていることを的確に把握し，それに正面から答えているか，③抽象論に終始せず，設問の事案に即して具体的に，かつ，掘り下げた考察をしているかといった点を評価することを狙いとしている。

2 採点方針

　答案の採点に当たっては，基本的に，上記①から③までの観点を重視するものとしたことも，従来と同様である。

　本年も，問題文中の登場人物の発言等において，受験者が検討し，解答すべき事項が具体的に示されている。したがって，答案の作成に当たっては，問題文で示されている検討すべき事項を適切に吟味し，そこに含まれる論点を論理的に整理し，記述すべき順番や相互関係にも配慮する必要がある。例年指摘しているように，事前に準備していた論証パターンをそのまま答案用紙に書き写したり，理由を述べることなく結論のみ記載したりするのではなく，提示された問題意識や当該事案の具体的内容を踏まえつつ，論理的に一貫した思考の下で，最終的には当該事案への当てはめを適切に行う形で検討結果を表現することが必要である。採点に当たっては，受験者がこのような意識を持っているかについても留意している。

3 採点実感等

(1) 全体を通じて

　本年の問題では，具体的な事例を提示し，登場人物の発言等において受験者が検討すべき事項を明らかにした上で，弁論主義，処分権主義，既判力などといった民事訴訟の基本的な原理・原則に対する受験者の理解を問うとともに，当該事案への当てはめを適切に行うことができるか等を試している。

　全体として，時間不足により記述が完成しなかった答案は，ほとんどなかった。しかし，検討すべき事項との関係では特に必要でないにもかかわらず，自分の知っている典型的な論証パターンを書き連ねた上，当該事案への当てはめが不十分である答案や，問題文で示されている検討すべき論点を正面から取り上げなかったり，「不意打ち」，「信義則」，「蒸し返し」などのキーワードだけを掲げて短絡的に結論を記載したりする答案は，多く見られた。また，そもそも当該事案における訴訟物が理解できていない答案のように，基礎的な部分の理解不足がうかがわれる答案も，一定程度見られた。本問のような問題においては，問題文が提示している問題意識（出題趣旨）を的確に把握し，具体的な訴訟手続における当事者の主張の在り方や結論を想定しつつ，論理的に一貫した検討を加え，当該事案への当てはめを行って，設問内容に対応した解答をすべき

である。

　このほか，判読困難なほど乱雑な文字や自分勝手な略字を用いるなど，第三者が読むことに対する意識が不十分な答案や，刑事訴訟法の用語と混同している答案が見られたことは，例年と同様であった。

(2)　設問1について

ア　全体的な採点実感

　設問1では，まず，一般的に，民事訴訟において，裁判の基礎となる資料の収集を当事者の責任とする原則（いわゆる弁論主義）が妥当し，その一環として，裁判所は当事者が主張しない事実を判決の基礎にしてはならないとの原則（いわゆる主張原則）が妥当すること，主張原則の対象となる事実は少なくとも主要事実を含むと解されていることを論ずる必要がある。この点については，大半の答案が論じていたが，粗雑な説明も多く，限られた字数で論理的かつ丁寧な論述ができたかどうかにより差が表れた。また，主要事実について主張原則が妥当することを明らかにせず，あるいはその根拠に関する理解が不明瞭な答案が散見された。その根拠として自由心証主義との関係を指摘する答案も多く見られたが，自由心証主義との関係は，間接事実にまで主張原則を及ぼすことの当否を論ずる際の根拠となるものであって，主要事実に主張原則が妥当することの根拠となるものではないから，当事者が代理の主要事実自体を主張していない本件事案において記述する必要があるとはいい難く，事案に即した記述を心掛ける必要がある。このほか，弁論主義の根拠として民事訴訟法第246条を掲げたり，本問において弁論主義の第2テーゼや第3テーゼを論じたりするなど，基礎的な理解が疑われる答案，準備した論証パターンをそのまま書き写したためか，答案全体の分量から見てバランスを欠くほど長々と論述を重ねる答案もあった。

　次に，本問では，代理の主要事実は何かを明らかにすることが求められるところ，比較的多くの答案は，代理権の授与，顕名及び代理人による意思表示が主要事実となることを指摘できていたが，これを明記しない答案も一定程度見られた。そして，代理の主要事実を指摘した答案においても，その検討の前提として必要となる，主要事実とは何かという点について，触れている答案は必ずしも多くなかった。代理については，意思表示をした者以外の者に法律行為の効果を帰属させるという実体法上の効果があるところ，主要事実とは何かが十分に理解されていないため，特段の検討を加えることなく代理の事実は間接事実にすぎないとする答案も，一定程度見られた。

　そして，本問では，問題文中の司法修習生Pの発言のとおり，証人尋問の際にAがYの代理人として契約を締結した旨を述べたにもかかわらず，当事者がその点を問題にしなかったという事情の下に，弁論主義の存在意義や不意打ち防止機能を踏まえつつ，代理人による契約締結の事実を認定することの可否を論ずる必要がある。しかし，出題意図に沿って，問題文で示されている検討すべき事項に触れている答案は意外に少なく，単に，当事者から代理の主要事実の主張がされていないため当該事実を認定することはできないとの理論的帰結のみを解答する答案が，非常に多く見られた。また，この点については，判例（最判昭和33年7月8日民集12巻11号1740頁）の結論や理由に言及した上で，自己の立場から何らかの考察をすることも期待されるが，論じている答案は少なかった。このほか，証人Aの証言によって代理の事実の主張がされているとする答案もあったが，訴訟資料と証拠資料の区別が理解できておら

ず，答案の評価は低いものとなった。

　当事者から代理の主要事実の主張がされていないため当該事実を認定することができないとする答案において，契約の不成立により請求棄却となるのか，また，そのような結論は当事者にとって不意打ちとならないかといった点を論じたものは稀であった。受験者には，当該事案の解決の在り方を見通して具体的に検討することが求められる。そのような観点から，代理の主要事実の主張をするように裁判所が釈明権を行使すべきであることに付言した答案も少数ながら見られ，このような答案は一定の評価をした。

　イ　答案の例

　　設問1は，全体として，設問2及び設問3と比較すると，よく書けている答案が多く見られた。「優秀」に該当する答案は，上記アに記載した事項について，バランス良く，過不足のない論述をしており，特に，問題文中の司法修習生Ｐの発言に即して，弁論主義の存在意義や不意打ち防止機能を踏まえつつ，代理人による契約締結の事実を認定することの可否というポイントを論じた答案であるということができる。「良好」に該当する答案は，例えば，弁論主義や主張原則についての正確な論述がされ，代理の主要事実も明らかにされているが，上記のポイントに十分に触れていない答案や，優秀な答案に準ずる内容ではあるが，記述の正確性等が欠けているため評価が下がった答案であるということができる。「一応の水準」に該当する答案は，例えば，弁論主義や主張原則について一応の論述はされているが，その根拠等が曖昧である上，代理の主要事実も的確に掲げられていないような答案であり，それ以下の論述にとどまる答案は「不良」と評価されている。

(3)　設問2(1)について

　ア　全体的な採点実感

　　設問2(1)では，まず，裁判所として２００万円と引換えに本件絵画の引渡しを命ずる判決をするために当事者からどのような申立てや主張がされる必要があるかを検討する前提として，裁判所は当事者が申し立てていない事項について判決をすることができないという申立拘束原則（民事訴訟法第２４６条）を指摘した上で，問題文中の裁判官Ｊ1の発言のとおり，本件の訴訟物の捉え方を示すことが求められる。大半の受験者が申立拘束原則及びその根拠条文を指摘していたが，設問2(1)ではなく，設問2(2)の解答の中で初めてこれに触れる答案も多く見られ，申立拘束原則が訴訟物の異同という観点において問題となることの理解が十分されているか，疑問に感じられた。また，設問1において，弁論主義の意義ないし根拠につき，私的自治の原則という実体法の原則を民事訴訟にも反映させるものと説明する一方で，設問2において，申立拘束原則の意義ないし根拠につき，当事者の意思の尊重及び相手方の不意打ちの防止とだけ説明する答案も多く，両者のバランスが取れていないように思われた。訴訟物については，民事訴訟の原点ともいうべきところ，大半の受験者が実務で採用されているいわゆる旧訴訟物理論の立場から適切に述べていたが，問題文に記載された事実関係の下で，売買契約に基づく本件絵画の引渡請求権が当初から当然に訴訟物になっているとの前提に立つ答案も，少なからず見られた。訴訟物（審判の対象）と請求原因（主張）というレベルの違いについて，基本的な理解が不十分な者が多いように思われる。このほか，訴訟物を，①所有権に基づく本件絵画の引渡請求権とする答案，②本件絵画の売買代金債務が２００万円を超えて存在しないことの債務不存在確認請求権とする答案も散見された。上記①については，問題文を読めば，ま

平成29年・司法

ずXが贈与契約に基づき本件絵画の引渡しを求めていることは明らかであるし，Yの元所有の事実も主張されていないのであって，問題文に記載された事実関係の正確な把握ができていないものと思われる。上記②については，設問は，本件絵画の引渡しを命ずる判決をするために必要な当事者の申立てや主張を問うものであるから，債務不存在確認の訴えは適切でないといわざるを得ない。他方，いわゆる新訴訟物理論の立場から訴訟物を捉える答案も稀に見られたが，この立場を採る理由について適切に論ずるものは更に少なく，例えば，特段の理由を付すことなく抽象的な本件絵画の引渡請求権が訴訟物であるとする答案など，十分にその内容を理解しているのかどうかについて疑問に感ずることが多かった。

　次に，本問では，上記の旧訴訟物理論の立場によると，裁判所が引換給付判決をするためには，Xから，予備的請求として，売買契約に基づく本件絵画の引渡請求を追加的に併合する訴えの変更（民事訴訟法第143条）の申立てがされることが必要となるが，訴えの変更について指摘した答案は多くはなかった。この点に触れた答案の中には，当該事案において請求の基礎に変更がないといえるかなどといった要件該当性を指摘するものや，訴えの変更の必要がYの防御方法に起因して生じたことを指摘するものも一定程度見られたが，他方で，訴訟物は変わらないので請求の基礎に同一性が認められるとする答案のように，訴訟物と訴えの変更との関係を理解できているか疑わしいものも見られた。当該事案において訴えの変更に書面が必要かどうかや，判例（最判昭和35年5月24日民集14巻7号1183頁）における訴えの変更の書面性の要否などに触れる答案は，極めて少なかった。また，同一当事者間で請求が後発的に追加される場合は，訴えの変更（追加的変更）を検討すべきなのに，請求の客観的併合（同法第136条）として把握するにとどまる答案も散見され，訴訟手続の具体的な流れが十分に理解できていないのではないかと思われた。なお，別訴として売買契約に基づき本件絵画の引渡請求訴訟を提起した上，弁論の併合の申立てをするといった答案も見られたが，同一の訴訟手続内で対応できるにもかかわらず，あえて別訴を提起する合理性はなく，追加して収入印紙を貼る必要もあり，実務的に選択されることはまずないであろう。

　さらに，本問において，Yは，「本件絵画をXに時価相当額で売却し，その額は300万円である。」と主張しており，①主位的な請求原因又は主張（贈与）と②予備的な請求原因又は主張（売買）を構成する各事実との関係で，それぞれ否認か自白かを整理するとともに，裁判所が引換給付判決をするために，上記②に対して，Yから権利抗弁である同時履行の抗弁権の主張を明確にすべきことを指摘することが求められる。多くの受験者は，本件は贈与ではなく代金300万円の売買であるとするYの主張が上記①の否認に当たると正しく論じていたが，上記②との関係についてまで適切に解答した答案は多くはなかった。Yの上記主張を上記①の否認ではなく抗弁と整理し，上記②に関するXの主張を再抗弁と整理するなど，要件事実の基本が理解できていない答案も散見された。また，同時履行の抗弁権を指摘した答案でも，抗弁権の権利主張が必要である旨の指摘までできたものは必ずしも多くなく，権利主張の要否について論じない答案や，同時履行の抗弁権に関する存在効果説と行使効果説の問題の所在を正確に理解していないために，当該事案においてYの権利主張は不要であるとする答案も見られた。訴訟物を所有権に基づく本件絵画の引渡請求権と誤って把握した上で，Yが同時履行の抗弁権を主張し得るとする答案も一定程度あり，実体法と手続法の総合的な検討が不十分であると感じられた。このほか，裁判所が引換給付判決をするために，同時履行の抗弁権の主張では

なく，Ｙが売買代金の支払を求める反訴を提起すべきであるとする答案も，一定程度見られた。本問では，売買代金の支払と引換えに本件絵画の引渡しを命ずる判決をすることが前提となっているところ，反訴の提起を掲げる答案は，反訴に対する請求認容判決の主文を意識することなく，出題趣旨から離れた解答をしたものと考えられる。

　上記のほか，Ｘの「仮にこの取引が売買であり，本件絵画の時価相当額が代金額であるとしても，その額は２００万円にすぎない。」との主張や，Ｙの「本件絵画をＸに時価相当額で売却し，その額は３００万円である。」との主張につき，当事者の合理的意思の推測や事実認定の在り方に終始した答案も見られた。設問２(1)は，問題文中の裁判官Ｊ１の発言のとおり，各当事者から少なくともどのような申立てや主張がされれば引換給付判決ができるかを問うものであるが，このような出題趣旨を正しく理解していない答案の評価は低いものとなった。

　イ　答案の例

　「優秀」に該当する答案は，訴訟物の把握，主位的・予備的請求原因及びこれらに対する認否，被告の抗弁といった訴訟構造を的確に整理した上で，上記アに記載した事項について，バランス良く，過不足のない論述をしており，特に，訴えの追加的変更の必要性を指摘し，その要件への当てはめを具体的に論ずるとともに，同時履行の抗弁についても適切に論じた答案であるということができる。「良好」に該当する答案は，例えば，上記の訴訟構造についておおむね正しく理解しているが，訴えの追加的変更ないし同時履行の抗弁の一方についての論述が不十分である答案や，優秀な答案に準ずる内容ではあるが，記述の正確性等が欠けているため評価が下がった答案であるということができる。「一応の水準」に該当する答案は，例えば，訴訟物理論に関して自らの立場を明らかにして本件の訴訟物を正しく理解し，Ｙの主張の法的位置付けについては一応の記述ができているが，訴えの追加的変更の必要性について検討が欠落しているような答案である。これらに対し，問題文をよく読まずに本件の訴訟物につき独自の考え方を採った答案，抗弁と否認の区別といった要件事実の基本が理解できていない答案など，総じて基本的事項の理解が不足している答案は，「不良」と評価されている。

(4)　設問２(2)について

　ア　全体的な採点実感

　設問２(2)では，まず，本件の請求の趣旨としては単純に本件絵画の引渡しを求めるものであることを前提に，申立拘束原則の観点から，Ｘが主張する時価相当額（２００万円）とＹが主張する時価相当額（３００万円）との間の２２０万円との引換給付判決をすることの可否が問われている。処分権主義のうち本件で問題となる申立拘束原則は，本来，原告の定立した訴訟物（審判の対象）との関係で検討すべきものである。しかし，本件の請求の趣旨が本件絵画の単純な引渡しを求めるものであることに触れている答案はほとんどなく，比較的多くの答案は，処分権主義（民事訴訟法第２４６条）の問題であるとの指摘をした上で，２２０万円という金額が両当事者の主張する金額の間にあり，Ｘの意思に反せず，Ｙにも不意打ちにならないとして，２２０万円の引換給付判決は可能であるとの結論を導いていた。２２０万円という金額が２００万円と主張したＸの意思に反するため請求を棄却すべきであるとした答案も見られたが，特段の理由を示さずに結論を記述するだけのものが多かった。

　本問では，両当事者とも２２０万円という金額自体の主張をしていないため，申立拘束原則の観点からだけでなく，設問１と同様の弁論主義の観点からも検討が必要となるが，この点を

正面から論じた答案はほとんどなかった。中には，本件絵画の時価相当額が具体的に幾らかは間接事実であるとした答案や，当事者は代金額につき時価相当額と主張すれば足り，具体的な価額の認定は裁判所の裁量によるとした答案も散見された。なお，本件絵画の代金額が３００万円を上回らないこと及び２００万円を下回らないことについて自白が成立するとした答案も一定程度見られたが，売買契約における代金額の意義及び裁判上の自白の意義について，十分な理解ができていないように思われる。また，処分権主義と弁論主義とを混同した答案も見受けられた。

　次に，本問では，上記と比較しながら，申立拘束原則の観点から，Ｘの主張する代金額よりＸに有利である１８０万円との引換給付判決をすることの可否が問われている。この点についても，上記と同じく，原告の定立した訴訟物（審判の対象）との関係で検討した答案はほとんどなく，単にＸの意思に反しないということを述べる答案や，Ｘの意思との関係に触れない答案が多かった。これに対し，Ｘの意思に反するため請求を棄却すべきであるとの答案も少なからず見られたが，本件の請求の趣旨が本件絵画の引渡しを求めるものであり，１８０万円との引換給付判決はＸの主張する代金額との引換えよりＸに有利となるにもかかわらず，請求棄却により本件絵画の引渡しを受けられないという結論がＸの意思に合致するのかどうか，疑問に思われた。１８０万円との引換給付判決がＸの意思に反しないとする答案のうち比較的多くのものは，Ｘの主張する代金額よりＸに有利な金額との引換給付判決をすることはＹの予測可能性を害するため，Ｘの主張する２００万円との引換給付判決にとどめるべきであるとしていたが，中には，理由を述べずに請求を棄却すべきであるとするものもあった。

　１８０万円との引換給付判決の可否の検討に際しても，申立拘束原則の観点からだけでなく，弁論主義の観点からの検討が必要となるが，上記と同様に，この点を正面から論じた答案はほとんどなかった。

　総じて，本問では，申立拘束原則の適用において，原告の意思に反しないか，被告にとって不意打ちにならないかという視点を一般論として掲げながら，当該事案への具体的な当てはめにおいて一方の視点からしか言及しない答案や，原告の意思が具体的にどのようなものかなどといった具体的な当てはめを記述しない答案が多く見られた。また，本問では，「当事者の意思の尊重」や「当事者に対する不意打ち防止」というキーワードが安易に用いられ，そこにいう「当事者」が原告ないし被告のいずれを意味するのか，十分に理解できていないとうかがわれる答案や，不意打ちが考慮されるべき当事者が逆になっている答案が多く見られた。さらに，問題文中の裁判官Ｊ１の発言のとおり，本問では，本件絵画の時価相当額が２２０万円又は１８０万円と評価される場合に，それぞれどのような判決をすることになるのかが問われているが，「１８０万円との引換給付判決をすることはできない。」というように，設問に正面から答えていない答案も多く見られた。受験者には，これらの点について重ねて注意を促したい。

イ　答案の例

　「優秀」に該当する答案は，上記アに記載した事項について，バランス良く，過不足のない論述をしており，特に，原告の定立した訴訟物（審判の対象）との関係で申立拘束原則が妥当することを意識しつつ，当該事案において，具体的に，Ｘの意思がどのようなものであり，それに反しないといえるのか，また，Ｙはどのような期待を有しており，Ｙにとって不意打ちにならないのかなどについて，丁寧に論じた答案であるということができる。「良好」に該当す

る答案は，Ｘの意思やＹへの不意打ちという視点を有し，説得的な結論に至っているが，具体的な当てはめがやや不十分であるため評価が下がった答案であるということができる。「一応の水準」に該当する答案は，申立拘束原則の観点から一応の論述はされているが，具体的な当てはめが不十分であり，結論を導く根拠が曖昧と見られるような答案であり，それ以下の論述にとどまる答案は「不良」と評価されている。

(5) 設問3について

ア 全体的な採点実感

設問3では，まず，問題文中の司法修習生Ｑの発言のとおり，確定判決は主文に包含するものに限り既判力を有するという民事訴訟法第１１４条第１項の規定を指摘した上で，同項所定の「主文に包含するもの」とは一般的に訴訟物と理解されていることや，前訴及び後訴の訴訟物を明らかにして前訴判決の既判力が及ぶか否かを論ずることが求められる。この点について，民事訴訟法の規定や既判力の意義などは大半の受験者が論じていたが，既判力が訴訟物についての判断に生ずることを記述した答案は半数程度にとどまり，粗雑な説明も多かった。そして，既判力の及ぶ事項に関する当該事案への具体的な当てはめにおいては，正確に理解できていない受験者が多いように思われた。例えば，①前訴の訴訟物が売買契約に基づく本件絵画の引渡請求権であるとしながら，説得的な理由を述べることなく，判決理由中の判断である売買契約の成立や代金額が２００万円であることに既判力が生ずるとする答案，②前訴における売買契約に基づく引渡請求権と後訴における売買契約に基づく代金支払請求権とは，表裏をなす実質的に同一の訴訟物であるとする答案，③そもそも前訴及び後訴の訴訟物の異同を論じていない答案などが多く見られた。本件は，旧訴訟物理論の立場によると，前訴において，主位的請求である贈与契約に基づく引渡請求が棄却され，予備的請求である売買契約に基づく引渡請求につき引換給付判決がされたという事案であるが，主位的請求を棄却した判決の既判力について論じた答案は稀であった。

また，本問では，問題文中の裁判官Ｊ２の発言のとおり，引換給付の旨が判決主文に掲げられていることの趣旨に触れる必要がある。しかし，この点に触れていない答案が一定程度見られたほか，強制執行との関係を指摘した答案は必ずしも多くなく，双務契約における牽連性を強制執行との関係においても保障するため，債権者が反対給付又はその提供をしたことを証明したときに限り強制執行を開始することができること（民事執行法第３１条第１項）を条文と合わせて指摘できた答案は，少なかった。民事執行に関する理解が不足しているためと考えられるところ，判決確定後に債権者が満足を得るための制度についても理解を深めることが期待される。なお，その趣旨について紛争の一回的解決にあるとした上で，売買代金の支払を求める後訴において代金額を争うことは信義則に反するとした答案が一定程度見られたが，前訴判決において，代金額は強制執行開始の要件としての意味しか有しておらず，その代金額の支払につき強制執行の申立てができたわけではないことに注意する必要がある。このほか，上記のとおり，既判力は訴訟物についての判断に生ずるという一般論を記述しながら，それに続けて，引換給付の旨は判決主文に掲げられているから既判力が生ずると論ずる答案も少なからず見られ，このような整合性がない答案の評価は低いものとなった。他方，限定承認の事案において相続財産の限度で支払を命じた留保付判決に関する判例（最判昭和４９年４月２６日民集２８巻３号５０３頁）に言及した答案も少数ながら見られ，この判例と本件の事案とを比較し

つつ，既判力に準ずる効力の有無について論ずる答案などは一定の評価をしたが，特段の比較をしない答案がほとんどであった。

　さらに，本問では，既判力以外の理由，例えば信義則などにより，Ｘが本件絵画の売買契約の成否及びその代金額を後訴で争えなくなるか否かについて検討することも求められる。この点を論じた答案は必ずしも多くなく，その大半が，前訴で争点になっていたこと，Ｘ自身が前訴で認めた代金額であること，紛争の蒸し返しを防ぐ必要があることを理由に，後訴におけるＸの主張は許されないとしていた。これに対して，後訴におけるＸの主張が許されるという方向の事情も掲げて，これらの事情を比較衡量する答案は極めて少なかったが，中には，前訴でＹが売買代金の支払を求める反訴を提起し得たことを理由に，後訴でＸが代金額等を争うことは信義則に反しないとする答案もあった。信義則について論じた判例（最判昭和５１年９月３０日民集３０巻８号７９９頁，最判平成１０年６月１２日民集５２巻４号１１４７頁）に言及する答案は，ほとんどなかった。争点効について言及する答案も少数ながら見られたが，その要件を掲げて具体的に当てはめを行う答案は，ほとんどなかった。総じて，信義則等の一般条項の適用に際しては，具体的な事情の検討が極めて重要であることが十分に理解されていないように感じられた。

　このほか，本問では，前訴及び後訴の訴訟物の異同を論じないまま，「紛争の蒸し返しのおそれがある」，「手続保障がある」，「既判力が生ずる」などといったキーワードを掲げて著しく簡略化した答案や，前訴判決の既判力に関する検討が不十分なまま信義則を論ずる答案が一定程度見られた。また，既判力制度の趣旨について，判決理由中の判断にまで既判力が及ぶと審理の硬直化を招いて妥当でないとしつつ，本件については，紛争の蒸し返しを防ぐ必要があるとして，安易に売買契約の成否及び代金額に既判力が及ぶとする答案も見られた。既判力という民事訴訟法の基本的な原理・原則への理解及び具体的事案への当てはめが十分できていないことに，注意を喚起すべきと思われた。

イ　答案の例

　「優秀」に該当する答案は，問題文中の登場人物の発言等に沿って，上記アに記載した事項について，バランス良く，過不足のない論述をしており，特に，前訴及び後訴の訴訟物を明らかにして前訴判決の既判力が及ぶか否かを一貫した論理で述べた上，本件における信義則の適用に際して丁寧に具体的な当てはめを行った答案であるということができる。「良好」に該当する答案は，既判力の客観的範囲については的確に論じているが，引換給付の旨が判決主文に掲げられていることの趣旨の記述や，信義則の適用に際しての具体的な当てはめがやや不十分であるため，評価が下がった答案であるということができる。「一応の水準」に該当する答案は，既判力の意義やその客観的範囲について一応の論述はされているが，各論点について結論を導く根拠が曖昧と見られるような答案であり，それ以下の論述，例えば，既判力の客観的範囲に関する基本的理解を欠き，前後に矛盾が多く，信義則の適用に際して抽象的な記述にとどまるような答案は，「不良」と評価されている。

4　法科大学院に求めるもの

　本年の問題は，弁論主義，処分権主義，既判力などといった民事訴訟の基本的な原理・原則に対する受験者の理解を問うとともに，具体的事案への当てはめを適切に行うことができるか等を問う

ものであった。これらの意義・制度趣旨について，一応の論述はされていたが，例年と同様，事前に準備していた論証パターンを持ち出す答案が極めて多く見られ，設問に即した解答をする上で必要のない論述も散見された。また，事案を全体として把握し判断しようとする姿勢に欠けており，問題文に示されたストーリーの流れを無視して，個別の論点につきキーワードを安易に並べてつぎはぎをして論述した結果，自ら論理矛盾に陥り，結論の妥当性も十分に検証されていないといった「論点主義」の弊害が多く見られた。さらに，設問の具体的な事実関係への当てはめが十分でないという傾向が見受けられた。このことは，翻って，民事訴訟の基本的な原理・原則に対する理解自体が不十分なのではないかという疑問を抱くことにもつながる。例えば，設問3のような既判力に関する出題においても，具体的な検討を適切に行っている答案は少なかった。これは，民事訴訟法のごく基礎的な事項についての受験者の理解が十分な水準に至っていないことを端的に示しているように思われる。また，設問2では，訴えの変更を始めとして，訴訟手続の進め方についての理解が不十分であると考えられる答案が多く見られた。これは，民事訴訟が手続であることを十分に理解していないことに起因すると考えられるほか，短答式試験で問われてきた民事訴訟の幅広い分野における正確な理解を得るための学習をおろそかにしていることの影響が及んでいることが推測される。

　法科大学院におかれては，今一度，民事訴訟法の基礎的な事項に立ち返って，そこから事を説き起こして学生に理解をさせることが求められていると考えられる。また，短答式試験の科目から民事訴訟法は除外されるようになったものの，そこで従前問われてきた事項について正確な理解をすることが，民事訴訟法理論についての安定した理解の土台を築くと考えられるのであり，このことが学生に共有されるよう施策が講じられることが望まれる。取り分け，条文をおろそかにしないことを御指導いただきたい。また，答案には，民事訴訟法の教科書をきちんと読んでいればあり得ないと思われる間違いを犯しているものが相当数存在した。このことは，教科書を読むという，法学の学習において初歩中の初歩と考えられる営為が励行されていないことを強く推認させる。学生に対し，改めて教科書を精読することの重要性を説くことが必要になっていると考えられる。以上のほか，訴訟手続の在り方についての理解は，例えば法廷傍聴をすることなどによっても培われる。このような一見回り道と思われるような事柄も厭わないように学生を指導することも重要であると思われる。

　最後に，法学教育においては，基本事項についての正確な理解と，それを具体的な事案に当てはめて一定の妥当な結論を導くこと，そしてこのような思考過程を論理的に一貫した明快な記述で表現することなどが重要であることを，改めて強調しておきたい。

平成29年・司法

第１　設問１
　本件において，Ｙの代理人ＡとＸとの間で契約が締結されたとの事実を認定し判決の基礎とすることは，弁論主義に違反し許されないのではないか。
１　弁論主義とは，裁判の基礎となる訴訟資料の収集・提出を当事者の権能かつ責任とする建前をいい，その趣旨は私的自治の訴訟法的反映にある。
　　弁論主義の第１テーゼとして，裁判所は，当事者が主張しない事実を判決の基礎とすることができない。
２　そして，間接事実や補助事実は証拠と同様に考えられるところ，これらにつき主張責任や自白の拘束力を認めるのは，自由心証主義（民事訴訟法（以下，略）２４７条）に反するおそれがある。
　　また，弁論主義の趣旨が私的自治に求められる以上，その適用対象となる事実は，権利義務の発生・変更・消滅の原因となる主要事実に限られる。
　　よって，弁論主義が適用される事実は主要事実に限られる。
３　本件訴訟において，Ａの証言通り，Ｙの代理人ＡとＸとの間で本件絵画の売買契約が締結されたとの構成をとる場合，主要事実（請求原因事実）は，①代理人Ａと相手方Ｘ間の売買契約締結，②Ａによる顕名，③ＹからＡに対する①に先立つ代理権の授与である（民法９９条参照）。
　　本件では，当事者ＸＹは，ＸＹ間で売買契約又は贈与契約が締結されたことを主張するにとどまり，①②③に当たる事実を何ら主張して
いない。
　　したがって，裁判所がＹの代理人ＡとＸとの間で本件絵画の契約が締結されたとの心証を得たとしても，弁論主義第１テーゼにより，その事実を本件訴訟の判決の基礎とすることはできない。
第２　設問２
１　小問(1)
　(1)　本件訴訟が提起された当初は，Ｘは本件絵画の贈与を主張していたので，訴訟物はＸＹ間の贈与契約に基づく本件絵画引渡請求権である。
　　　しかし，Ｘは第１回口頭弁論期日で「仮にこの取引が売買であり，本件絵画の時価相当額が代金額であるとしても，その額は２００万円にすぎない」と主張している。この主張は，上記贈与契約を前提とする訴訟物に沿わないものであるから，訴えの追加的変更（１４３条１項）として，予備的に売買契約に基づく本件絵画引渡請求権という訴訟物を追加する法的な意味合いがあると解すべきである。
　(2)　ＸＹ間で本件絵画の売買契約が成立したと認定し，「Ｙは，Ｘに対し，本件絵画を引き渡せ。」として，上記の通り追加された予備的請求につき認容判決を出す際には，請求原因事実は売買契約の締結となる。具体的には，①目的物と②代金額の合意である（民法５５５条）。
　　　また，「Ｘから２００万円の支払を受けるのと引換えに」という引換給付判決を出すためには，被告Ｙが③同時履行の抗弁権の

● 弁論主義及び主張原則（第１テーゼ）が問題となることを示すことができており，その内容も端的に説明できている。

● 自由心証主義との関係は，間接事実にまで主張原則を及ぼすことの当否を論ずる際の根拠となるものであって，主要事実に主張原則が妥当することの根拠となるものではない。

● 代理の主要事実をすべて明らかにできており，出題趣旨に合致する。

● 出題趣旨によれば，ＡがＹの代理人として契約を締結した旨を述べたにもかかわらず，当事者がこれを問題としなかったという事情の下で，主張原則との関係の検討を求められていたが，本答案はこの点を検討できていない。

● 本件の訴訟物を示せており，問いに答えられている。もっとも，出題趣旨によれば，「裁判所は，当事者が申し立てていない事項について，判決をすることができない」という申立拘束原則（246）の指摘が求められていたところ，本答案はこの点を欠いている。

● 出題趣旨によれば，引換給付判決をするためには,予備的請求として，売買契約に基づく本件絵画の引渡請求を追加的に併合する訴えの変更（143）が必要であるところ，本答案は，この点に関する正しい理解を前提にＸの主張の法的な意味合いを検討しており，適切である。

行使の主張をする必要がある。同抗弁は権利抗弁だからである。

(3) 「本件絵画をXに時価相当額で売却し，その額は３００万円である」とのYの主張は，Xが主張する請求原因事実①②と一致する自己に不利益な事実の陳述であるから，①②に関する裁判上の自白（１７９条）に位置付けられる。なお，時価が３００万円であるとの主張部分は，②を推認させる間接事実や，引換給付判決の給付額を判断する際の資料となるにすぎない。

2　小問(2)

(1) 裁判官の時価相当額の心証が２２０万円や１８０万円だった場合，心証通りの額の引換給付判決を出すことは，処分権主義（２４６条）に反しないか。

処分権主義とは，当事者に訴訟の開始，審判対象の特定やその範囲の限定，さらに判決によらずに訴訟を終了させる権能を認める建前をいい，その趣旨は私的自治の訴訟法的反映にあり，機能は当事者の不意打ち防止にある。

よって，判決が処分権主義に反するかは，①原告の意思に反するか，又は②当事者にとって不意打ちとなるかを基準に判断する。

そもそも引換給付判決を出すこと自体は，①原告も通常は全部棄却より一部認容として引換給付判決を出すことを望むと考えられ，②被告の同時履行の抗弁権の行使主張を前提として出される判決であるから，被告に不意打ちを与えるわけでもないので，処分権主義（同条）に反しない。

(2) では，本件絵画の時価相当額が２２０万円と評価される場合，２２０万円を給付額とする引換給付判決は出せるか。①Xの主張する時価は２００万円であるところ，それより１割だけ高い２２０万円を支払ってでも本件絵画の引渡しを受けたいというのがXの合理的意思と解される。したがって，Xの意思には反しない。また，②Yは時価を３００万円と主張しており，XYは時価が２００万円か３００万円かで争っていたのであるから，その間の２２０万円と評価されてもXYにとって不意打ちにはならない。

よって，２２０万円を給付額とする引換給付判決を出すことになる。

(3) では，本件絵画の時価相当額が１８０万円と評価される場合はどうか。①Xは，時価相当額は評価に幅があり得る中で，最低でも２００万円はかかるという判断の下で主張をしているのであるから，それを下回る時価１８０万円の評価はXの合理的意思に反するものである。また，②２００万円か３００万円かで争っているところ，その間の範囲の外である１８０万円という評価は，XY（特にY）に不意打ちを与えるものといえる。

よって，１８０万円の給付額ではなく，Xの意思に合致し主張立証が尽くされている２００万円を給付額とする引換給付判決を出すことになる。

第3　設問3

1　既判力（１１４条１項）とは，確定判決の後訴での通用力をいう。その趣旨は紛争の蒸し返しを防ぎ法的安定を図る点にあり，正当化の

● 引換給付判決をするためには，Yから権利抗弁である同時履行の抗弁権の主張が明確にされることが必要である旨を指摘できており，出題趣旨に合致する。

● Yの主張と予備的な請求原因（売買）との関係を示せており，出題趣旨に合致する。もっとも，主位的な請求原因又は主張（贈与）との関係も示せるとなお良かった。

● 出題趣旨によれば，本問は申立拘束原則と弁論主義の双方の観点から検討することが求められていたところ，本答案は弁論主義の観点からの記述を欠いている。もっとも，採点実感によれば，弁論主義の観点からの検討を正面から論じた答案はほとんどなかったため，この点を落としてもあまり差はつかなかったものと考えられる。

● 採点実感によれば，比較的多くの答案が，処分権主義（246）の問題であるとの指摘をした上で，Xの意思に反せず，Yにも不意打ちにならないとして，220万円の引換給付判決を可能としていたとあるが，本答案もこれと同様の論述をしており，結果的に他の受験生との間で差をつけられるような論述にはならなかった。

● 本答案は，200万円を「下回る時価180万円の評価はXの合理的意思に反する」としているが，単純に，180万円との引換給付判決はXの主張する代金額との引換えよりXに有利となるものであるから，Xの合理的意思に反するとの論述には疑問の余地がある。

● 設問3では，114条1項の指摘や「主文に包含するもの」の意義，前訴と後訴の訴訟物の明示等が論述の

平成29年・司法

根拠は手続保障と自己責任にある。

2　同項は，既判力の生じる客観的範囲は，原則として判決主文で示された訴訟物たる権利関係の存否についての判断に限られる旨定める。

よって，既判力が及ぶ場合とは，前訴と後訴の訴訟物が①同一である場合，②先決関係にある場合，③矛盾関係にある場合の３つとなる。

3（1）　前訴の予備的請求は売買契約に基づく本件絵画引渡請求であり，この請求権が訴訟物の１つである。そして，予備的請求が認容されたのであるから，前訴判決の既判力は売買契約に基づく本件絵画引渡請求権の存在につき生じる。

なお，前訴判決の「Ｘから２００万円の支払を受けるのと引換えに」という部分は，引換給付判決を債務名義にして強制執行をかける場合の執行開始条件（民事執行法３１条１項）について言及したにすぎず，訴訟物を構成するものではないので，当該部分に既判力は生じない。

（2）　後訴の請求は本件絵画売買契約に基づく代金２００万円の支払請求であり，この請求権が訴訟物である。前訴の訴訟物は本件絵画引渡請求権であるから，前訴と後訴の訴訟物は①同一でなく，②先決関係になく，③矛盾関係にもない。

（3）　よって，後訴に前訴判決の既判力は及ばず，後訴においてＸが，本件絵画の取引は売買でなく贈与であったとか，代金額は１５０万円であったという主張をすることは，前訴判決の既判力に抵触しない。

4　しかし，本件絵画の取引が売買か贈与かという点，また代金額（時価相当額）が具体的に何円かという点は前訴において争点となっている。よって，既判力の趣旨である法的安定にもかんがみ，かかる点をＸが後訴で改めて争うことは信義則（２条）に反し許されないのではないか。

（1）　前訴において，Ｘは本件絵画の取引が贈与であると主張し，Ｙは売買であると主張し，両者はこの争点について主張立証を尽くした。それにもかかわらず，後訴でＸが再びこの点を争うのは，単に売買代金の支払を免れるためであり，信義則に反し許されない。

（2）　前訴において，本件絵画の時価相当額が２００万円か３００万円かという点は一応争点になっており，ＸＹは主張立証活動を行った。しかし，時価が何円かという点は，引渡請求訴訟である前訴では，引換給付額を定める資料にしかすぎない。よって，この点についてＸＹが主張立証を尽くしたはずとまではいえないので，後訴で改めて争点とすることは，信義則に反さず許される。

以　上

出発点となるものと考えられるところ，本答案は，これらの点を丁寧に示した上で，前訴判決の既判力が及ぶか否かを論理的に検討できており，適切である。

● 出題趣旨によれば，引換給付の旨が前訴判決の主文に掲げられている趣旨について，強制執行との関係を条文（民事執行法３１Ⅰ）と合わせて指摘することが求められていたところ，本答案は出題趣旨に合致する論述が正しくできている。

● 前訴判決の既判力が後訴に及ぶか否かを論理的に示すことができている。

● 出題趣旨によれば，既判力以外の理由でＸが後訴で争えなくなるか否かについての検討が求められていたところ，本答案は信義則をもってこの点を検討しており，出題趣旨に合致する。

● 信義則等の一般条項の適用に際しては，具体的な事情の検討が極めて重要であるところ，本答案は，出題趣旨で述べられているような具体的事情を拾うことが十分にできていない。もっとも，本答案で論述されている程度の検討ができていれば，他の受験生との差が大きく開くことはないと思われる。

▶ MEMO ───────────────────────

第1　設問1

1　AをYの代理人としたXY間の契約を認定できるか。弁論主義に反しないか問題となる。

2　弁論主義とは，判決の基礎となる事実の確定に必要な資料，すなわち，事実の主張と証拠の提出を当事者の責任・権能とする原則をいう。かかる原則から，裁判所は，当事者から主張のない事実を判決の基礎とすることができないという命題が導かれる（第1テーゼ）。

　　もっとも，弁論主義は，当事者と裁判所の役割分担を規律するものであるから，当事者のいずれかが事実を主張していれば，判決の基礎とすることができる。そして，ここにいう事実は，主要事実に限られる。なぜなら，訴訟物の判断に直結する主要事実に拘束を認めることで，当事者の意思尊重という弁論主義の趣旨を全うできるからである。

3　本問で，AがYの代理人であると認定するには，①AY間の法律行為，②Aの顕名，③①に先立ちYがAに代理権を授与したことが主要事実の主張として必要である。

　　しかしながら，Xの主張からもYの主張からも上記①ないし③の事実の主張がなされていない。

4　よって，裁判所は，Y代理人AとXの間での契約を認定することはできない。

第2　設問2

1　課題①について

(1)　本問の訴訟物は，贈与契約に基づく本件絵画の引渡請求権となる。さらに，Xの「仮に……200万円にすぎない。」との主張は，訴えの追加的変更（民事訴訟法（以下，略）143条1項）として，売買契約に基づく本件絵画の引渡請求権を主張しているものと捉えることができる。

　　なぜなら，処分権主義，すなわち，訴訟の開始，訴訟物の特定，判決によらない訴訟の終了を当事者に委ねるという原則の観点から，Xには，贈与の認定による本件絵画の引渡しが認められないとしても，売買契約成立により，本件絵画が引き渡されるべきとの合理的意思があるといえるからである。

(2)　そして，Yの「本件絵画をXに時価相当額で売却し，その額は300万円である。」との主張の法的な意味合いは，Xの贈与契約の主張に対する積極否認となる。

(3)　ここで，Pがいうような判決をするには，裁判所の心証が代理による売買契約の成立であることから，Xとしては，少なくとも，①AY間の法律行為，②Aの顕名，③①に先立ちYがAに代理権を授与したことを主張する必要がある。なお，Xの上記主張は，訴えの追加的変更と解されるから，別途の申立ては必要ない。

(4)　さらに，Pがいう判決は引換給付判決にあたるから，Yから同時履行の抗弁権の援用主張が必要である。

　　同時履行の抗弁（民法533条）は，実体上の権利行使の側面を有するから，同時履行の抗弁権が存在する事実があらわれていたとしても，当事者の援用なく裁判所が勝手に認定することはできないからである。

- 弁論主義及び主張原則（第1テーゼ）が問題となることを示すことができており，その内容も端的に説明できている。

- 主張原則の対象となる事実は主要事実に限られることの理由が弁論主義の趣旨から論述できており，適切である。

- 代理の主要事実をすべて明らかにできており，出題趣旨に合致する。

- 出題趣旨によれば，Aが証人尋問において，AがYの代理人として契約を締結した旨を述べたにもかかわらず，当事者がこれを問題としなかったという事情の下で，主張原則との関係をどのように評価するかの検討を求められていたが，本答案はこの点を検討できていない。

- 出題趣旨によれば，申立拘束原則（246），本件の訴訟物，引換給付判決をするためには予備的請求として売買契約に基づく本件絵画の引渡請求を追加的に併合する訴えの変更（143）が必要であること等の指摘が求められていたが，本答案は，端的にこれらの点を論述することができている。

- Yの主張と主位的な主張（贈与）との関係を示せており，出題趣旨に合致する。もっとも，予備的な請求原因又は主張（売買）との関係も示せるとなお良かった。また，なぜ積極否認に当たるかの理由も示したかった。

- 引換給付判決をするためには，Yから権利抗弁である同時履行の抗弁権の主張が明確にされることが必要である旨論述できており，出題趣旨に合致する。

2 課題②
(1) 一部請求でも認められるように，売買代金額の変更により訴訟物
が変化しうるから，２２０万円及び１８０万円で代金額を認定して
もよいかは，処分権主義に反しないかの問題となる。
(2) 処分権主義は，当事者の意思を訴訟上にも反映し，当事者の意思
を尊重しようとする趣旨である。したがって，処分権主義に反する
か否かは，当事者の合理的意思を基準にして判断すべきである。
さらに，処分権主義は，相手方への不意打ち防止という側面も
有するから，補完的に被告側への不意打ちとならないかという観
点も加味する。
(3)ア 本件では，Yの３００万円との主張に対して，Xは，２００万
円にすぎないとの主張をしているから，Xの合理的意思は，２０
０万円から３００万円の間での売却額の認定を要求しているとい
える。
イ そうすると，時価相当額を２２０万円と評価することは，X
の合理的意思の範囲内にあるといえる。また，Yも２００万円
と３００万円の間で争うことができるから，Yにとって不意打
ちになるとはいえない。
したがって，２２０万円と評価する場合，「Yは，Xから２
２０万円の支払を受けるのと引換えに，Xに対し，本件絵画を
引き渡せ。」との判決をすることになる。
ウ これに対し，Xの主張から合理的意思を斟酌すると，Xは，
２００万円について自認しているということができるから，１

８０万円での評価は，Xの合理的意思に反するといえる。ま
た，Yとしては，最低でもXが主張する２００万円で売却額が
認定されると考えるのが通常といえる。それゆえ，１８０万円
での評価は，Yにとって不意打ちにあたるというべきである。
したがって，１８０万円の評価で判決をすることは処分権主
義に反するためできない。この場合，「Yは，Xから２００万
円の支払を受けるのと引換えに，Xに対し，本件絵画を引き渡
せ。」との判決をすることになる。
第3 設問3
1 売買契約の成否及び代金額について改めて審理・判断することがで
きるか。既判力（１１４条１項）に反しないか問題となる。
2 既判力とは，前訴確定判決の判断について生じる後訴への通用力な
いし拘束力をいう。かかる効力は，「主文に包含するもの」との文言
及び弾力的な審理を可能にするとの観点から，前訴の訴訟物の判断
について生じると解する。
そして，既判力は，紛争解決の実効性確保のために認められた制度
的効力で，手続保障が及んでいたことによる自己責任を根拠に正当化
される。したがって，手続保障が及んでいた前訴の口頭弁論終結時が
基準時となり，後訴では，当該基準時の判断に矛盾する主張は排斥さ
れ（遮断効），また，その判断に拘束される。
3(1) 本件では，前訴の訴訟物は，売買契約に基づく本件絵画の引渡請
求権であるから，この点に既判力が生じる。もっとも，「２００
万円の支払を受けるのと引換えに」という部分は，執行の条件を明示

● 出題趣旨によれば，本問は申立拘
束原則と弁論主義の双方の観点から
検討することが求められていたとこ
ろ，本答案は弁論主義の観点からの
記述を欠いている。もっとも，採点
実感によれば，弁論主義の観点から
の検討を正面から論じた答案はほと
んどなかったため，再現答案①同様，
この点を落としてもあまり差はつか
なかったものと思われる。

● 再現答案①とほぼ同様の論述であ
る。多くの受験生が本答案や再現答
案①のような論述をしているものと
推察されるため，設問2小問(2)のう
ち，220万円の引換給付判決をする
場合に関する論述では，受験生の間
であまり差が開かなかったのではな
いかと考えられる。

● 本答案も，「Xの合理的意思に反
する」としているが，再現答案①に
おけるコメントと同様，180万円と
の引換給付判決はXの主張する代金
額との引換えよりXに有利となるも
のであるから，Xの合理的意思に反
するとの論述には疑問の余地があ
る。

● 設問3では，114条１項の指摘や
「主文に包含するもの」の意義，前
訴と後訴の訴訟物の明示等が論述の
出発点となるものと考えられるとこ
ろ，本答案は，これらの点について
概ね示すことができているが，後訴
の訴訟物についても明示できるとな
お良かった。

● 出題趣旨によれば，引換給付の旨
が判決主文に掲げられていることの
趣旨につき，強制執行との関係を示
す必要があるところ，本答案はこの

する趣旨にすぎないから，当該部分に既判力は生じない。

　そうすると，本件絵画について贈与を主張することは許されないというべきである。なぜなら，同一物について，売買契約と贈与契約が同時に成立することはありえず，前訴の判断に矛盾するといえるからである。

　したがって，後訴において，裁判所は売買契約の成否に関して改めて審理・判断することはできない。

(2)　代金額について，上述したように２００万円の支払部分に既判力は生じないから，１５０万円であるとして争うことができるとも思える。

　しかし，前訴のＸには，金額を争う点についても手続保障が及んでいたといえるし，Ｙとしては，紛争が解決したとの期待を抱いているといえる。

　したがって，Ｘは，信義則上（２条）代金額に関して争うことができないというべきである。

4　以上より，後訴では，前訴判決に沿って，直ちに請求認容判決を下すべきである。

以　上

点に配慮できている。

●　本答案は，前訴の訴訟物が売買契約に基づく本件絵画の引渡請求権であるとしながら，説得的な理由を述べることなく，判決理由中の判断である売買契約の成立について既判力が生じることを前提としてしまっている。この点で，本答案は既判力に関する理解が不正確である。

●　売買契約の代金額について，信義則を用いて，既判力以外の理由でＸが後訴で争えなくなるか否かについて検討している点は出題趣旨に合致する。もっとも，信義則等の一般条項の適用に際しては，具体的な事情の検討が極めて重要であり，本答案は，その具体的な事情の検討がほとんどできていない点で，不適切である。

► MEMO ─────────────────────────────

設問1

1(1)　Y代理人AとXとの間で本件絵画の売買契約が締結されたとの事実を，本件訴訟の判決の基礎とすることができるか否かについては，同事実に弁論主義の第1テーゼが適用されるか否かが問題となる。

(2)　弁論主義の第1テーゼとは，裁判所は，当事者の主張しない事実を判決の基礎に採用してはならないとする原則であり，訴訟活動における私的自治の表れである。

(3)　同原則が適用される事実とは，実体法上の権利の発生・消滅・変更にかかる構成要件に該当する事実である主要事実に限ると解する。主要事実の存否を推認させる間接事実や，他の証拠の証明力の評価に関わる補助事実についてまで同原則を及ぼすと，裁判所の自由な心証形成（民事訴訟法（以下，略）247条）を妨げるからである。

2　代理人による売買契約の締結は，本人への契約効果の帰属という法律効果の発生に関わる主要事実であると解する（民法99条）。したがって，当事者の主張を待たずに判決の基礎に採用することはできない。

判例は，売買契約が締結されたという結論に変わりはないとして採用が可能との判断をしているが，当事者の予測可能性を奪い不当である。

3　以上より，本件訴訟においてY代理人AとXとの間で契約が締結されたとの事実を直ちに判決の基礎に採用することはできない。

設問2(1)

1　本件訴訟の訴訟物

訴訟の判断の対象となる訴訟物は，実体法の根拠ごとに認められる請求権であり（旧訴訟物理論），本件訴訟の訴訟物は，贈与契約（民法549条）に基づく本件絵画の引渡請求権である。

2　Yの主張の位置づけ

Xの主張する請求原因事実である贈与契約と，両立しない売買契約の事実を挙げて否認する，理由付き否認にあたる。

3　必要となる申立て・主張

(1)　Xからの申立て

売買契約（民法555条）に基づく本件絵画の引渡請求権は，贈与契約に基づく請求権とは別個の訴訟物になる。

いかなる訴訟物を訴訟の判断対象にするかは，訴訟の開始，維持，終了を当事者の意思に委ねられることから（処分権主義），甲から本件絵画の売買契約の成立という請求原因の追加を申し立てることが必要である。

(2)　Yからの主張

引換給付判決がなされるためには，被告から，同時履行の抗弁（民法533条）が主張される必要がある。

抗弁は請求原因と両立する事実で請求を妨げる事実であり，Yから同時履行の抗弁が主張されることによって裁判所は設問の判決をすることができる。

設問2(2)

● 主張原則（第1テーゼ）が問題となることを示すことができている。

● 自由心証主義との関係は，間接事実にまで主張原則を及ぼすことの当否を論ずる際の根拠となるものであって，主要事実に主張原則が妥当することの根拠となるものではない。

● 出題趣旨によれば，代理の主要事実は何かを明らかにすることが求められていたが，本答案は十分に示していない。

● 判例（最判昭33.7.8／百選［第5版］〔47〕）に言及した上で，自己の立場から考察することができている。

● 出題趣旨によれば，AがYの代理人として契約を締結した旨を述べたにもかかわらず，当事者がこれを問題としなかったという事情の下で，主張原則との関係の検討を求められていたが，本答案はこの点を十分検討できていない。

● 出題趣旨によれば，当該Yの主張につき，Xの主位的な請求原因又は主張（贈与）との関係と，Xの予備的な請求原因又は主張（売買）との関係の検討が求められていたところ，本答案は後者の検討を欠いている。

● 出題趣旨によれば，申立拘束原則（246），引渡請求を追加的に併合する訴えの変更（143），同時履行の抗弁の主張等への言及が求められていたところ，本答案は簡潔ながらこれらの点に言及できている。

1　それぞれ，「Yは，Xから１８０万円の支払を受けるのと引換え
　に，Xに対し，本件絵画を引き渡せ」，「Yは，Xから２２０万円の
　支払を受けるのと引換えに，Xに対し，本件絵画を引き渡せ」との判
　決をすることになる。
2(1)　裁判所は，当事者が申し立てていない事項について判決すること
　　ができないとされている（２４６条）。これは，訴訟の対象の範囲
　　の決定を当事者に委ねる処分権主義の表れであり，その範囲で判決
　　がなされることについて当事者の予測可能性を保護する機能を有す
　　る。

● Yの予測可能性を害しないかがより問題となると思われるが，この点への言及がない。

　(2)　この考えによると，Xが２００万円までの代金額を認めている以
　　上，その金額を下回る１８０万円との引換給付は原告Xの予測の範
　　囲内であり，処分権主義に反しない。
　(3)　一方，２２０万円との引換給付は，Xの予測金額を上回り，許さ
　　れないとも考えられる。
　　　しかし，原告Xが求めているのは，目的物たる本件絵画の引渡
　　しであり，代金支払との引換給付判決は，たとえその額が予測を
　　上回ったとしても，引渡請求に対する一部認容判決として，原告
　　Xの訴えの範囲内であるといえる。
　　　また，原告Xとしては，２２０万円の代金が不服であれば，こ
　　れを支払わず本件絵画の引渡しをあきらめるという選択肢もあ
　　り，予測可能性を一方的に奪われているわけではない。
3　よって，いずれの判決も処分権主義に反することがなく，裁判所は
　上記２つの判決をすることができる。

● 請求の趣旨は単純に本件絵画の引渡しを求めるものであることに言及できており，出題趣旨に合致する。

● Xの立場しか考慮できておらず，Yの立場に言及できていない点で検討として著しく不十分であり，他の受験生との差が大きく開いたものと推察される。

設問3
1　既判力の範囲
　(1)　１１４条１項は，「主文に包含するものに限り」既判力が生じる
　　と規定している。これは，主文に記載される訴訟物の有無，前訴で
　　いえば，本件絵画の引渡請求権があることに既判力が生じることに
　　なる。
　(2)　したがって，本件絵画の売買契約が成立したとの事実は，判決理
　　由中の判断に過ぎず，既判力が生じないため，後訴においてその拘
　　束を受けない。
　　　引換給付については，履行の条件を定めたもので，訴訟物につ
　　いての判断ではないため，既判力の範囲に含まれない。
　(3)　よって，後訴において売買契約の成否及び代金額について改めて
　　審理・判断を求めることができるようにも思える。
2　争点効の肯定と信義則
　(1)　しかし，後訴において売買契約の成否及び代金額について改めて
　　審理・判断を許すと，前訴の訴訟資源を無駄にし，紛争の蒸し返し
　　を許すことになる。
　(2)　これを防ぐために，争点効という特殊の効力を認める立場があ
　　る。
　　　すなわち，判決理由中の判断のうち，主要な争点として当事者
　　が実際に争い，裁判所がその存否について判断を下したものに
　　は，後訴における拘束力を認めるものである。
　(3)　しかしながら，既判力に準じる強力な拘束力を明文の規定なく認

● 既判力の客観的範囲について的確に論じることができている。

● 出題趣旨によれば，前訴及び後訴の訴訟物を明らかにして前訴判決の既判力が及ぶか否かを論ずることが求められていたところ，本答案は，後訴の訴訟物につき言及がない。

● 出題趣旨によれば，引換給付の旨が判決主文に掲げられていることの趣旨につき，強制執行との関係を示す必要があるが，本答案はこの点を十分に示せていない。

● 出題趣旨によれば，本問では，既判力以外の理由で，Xが本件絵画の売買契約の成否及びその代金額を後訴で争えなくなるか否かにつき検討することを求めていたところ，本答

平成29年・司法

めることは妥当でない。
　　　前訴と矛盾する主張については，訴訟上の禁反言として信義則
　　（2条）上制限されることがあるとするのが妥当である。
3　審理・判断の可否
⑴　以上を前提に本件Xの主張を検討する。
　　　XY間の本件絵画の売買契約の成立は，前訴においてXが本件
　　絵画の引渡しを求めるため予備的請求原因として追加したもので
　　ある。
　　　したがって，これを覆す主張は信義則上許されない。
⑵　代金額についても，Xが自ら200万円を超えないと主張し，そ
　　れが引換給付の金額として認定されたものである。その上限を後訴
　　において50万円引き下げることは，自己の前訴における主張と矛
　　盾し，相手方Yの手続保障も害することになる。したがって，この
　　主張も信義則上許されない。
⑶　よって，いずれの事実についても，後訴において審理・判断する
　　ことはできない。
　　　　　　　　　　　　　　　　　　　　　　　　　　　　以　上

案は争点効と信義則という2つの手
段につき検討することができてい
る。

● 　出題趣旨によれば，信義則を適用
　するに当たっては，前訴で認定され
　た200万円という代金額は，予備的
　請求であるもののX自身の主張額で
　あるといった事情のみならず，Yは
　既判力のある判断を得たければ，前
　訴において反訴を提起することがで
　きたこと等の反対事情をも考慮する
　ことが求められていた。

▶ MEMO

第1 〔設問1〕について

1 Yの代理人AとXとの間で契約が締結されたとの心証が得られたとして, その事実を本件訴訟の判決の基礎とすることができるのかにつき検討する。

2 この点, 法は当事者の主張していない事実を裁判の基礎としてはならないという原則である, 弁論主義の第一テーゼを採用している。そして, ここでの事実は単に, 証拠調べ手続において顕出されたのでは足りず, 当事者により, 弁論において主張されなければならない（証拠資料と訴訟資料の峻別）。また, ここでの事実とは, 主要事実のことであると解される。

3 これを本件についてみるに, 代理人が法律行為を行ったという事実は, 代理における主要事実（＝要件事実）であり, これを判決の基礎とするためには, 上記原理に基づき, 当事者が口頭弁論においてその旨の主張をしなければならない。しかしながら, 本件訴訟においては, Aの証人尋問においてAが「この売買契約はAがYの代理人としてXと締結したものである。」と述べたにとどまり, AがYの代理人であったか否かについては両当事者とも問題にしていない。

4 そうすると, 直ちに, Yの代理人AとXとの間で契約が締結されたという事実を判決の基礎とすることは, 弁論主義の第一テーゼに反して許されず, 一方当事者が弁論の中においてその事実を主張しない限りは, その事実を本件訴訟の判決の基礎とすることはできない。

第2 〔設問2〕について

1 小問(1)について

(1) 本件の訴訟物
  実体法における適用条文ごとに訴訟物が異なるとする旧訴訟物理論を前提とすると, 本件の訴訟物は贈与契約（民法５４９条）に基づく本件絵画の引渡請求権1個となる。

(2) Xの主張の法的な意味合い
  Xは, 第1回口頭弁論期日に「仮にこの取引が売買であり, 本件絵画の時価相当額が代金額であるとしても, その額は２００万円にすぎない。」と主張しているところ, 本件絵画を手に入れたい原告Xの合理的意思解釈としては, この主張は, 裁判所が贈与の心証を抱かなかった場合に備えての予備的請求であると解する。

(3) Yの主張の法的な意味合い
  Yは「本件絵画をXに時価相当額で売却し, その額は３００万円である。」と主張しているところ, これは, 上記のXの予備的請求の請求原因事実との関係では, 同時履行の抗弁権（民法５３３条）を意味するものと解する。

(4) 各当事者から少なくともどのような申立てや主張がされれば引換給付判決をなし得るかについて
  ア まず, 本件の訴訟物は冒頭でも述べた通り, 贈与契約に基づくものであるから, このままで, 売買を前提とした引換給付判決をすることは, 訴訟物逸脱認定になってしまうため許されない。したがって, これを行うためには, Xから, 売買契約（民法５５５条）に基づく本件絵画の引渡請求を予備的請求として

● なぜ,「主要事実のことである」と言えるのか, その理由を明確に示す必要がある。

● 出題趣旨によれば, 代理の主要事実は何かを明らかにすることが求められていたが, 本答案は十分に示せていない。

● 出題趣旨によれば, AがYの代理人として契約を締結した旨を述べたにもかかわらず, 当事者がこれを問題としなかったという事情の下で, 主張原則との関係の検討を求められていたが, 本答案は, 訴訟資料と証拠資料の峻別というキーワードを「2」において摘示しており, 一応検討することができている。

● 本件の訴訟物を示せており, 問いに答えられている。もっとも, 出題趣旨によれば,「裁判所は, 当事者が申し立てていない事項について, 判決をすることができない」という申立拘束原則（246）の指摘が求められていたところ, 本答案はこの点を欠いている。

● 出題趣旨によれば, 当該Yの主張につき, Xの予備的な請求原因又は主張（売買）との関係のみならず, Xの主位的な請求原因又は主張（贈与）との関係の検討を求められていたところ, 本答案は後者の検討を欠いている。

追加する旨の訴えの変更（民事訴訟法（以下民訴法）143条）の申立てがなされる必要がある。
　イ　次に，Yについてであるが，Yのこの主張は，同時履行の抗弁権と位置付けられるところ，これは権利抗弁であるため，これを裁判所が認定するためには，Yによる口頭弁論においての権利主張が必要になる。
　ウ　以上のような申立て，主張が各当事者からなされれば「Yは，Xから２００万円の支払を受けるのと引換えに，Xに対し，本件絵画を引き渡せ。」との判決をすることができる。
２　小問(2)
　(1)　本件絵画の時価相当額が２２０万円と評価される場合について
　　この場合には，一部認容判決をすることが当事者の合理的意思に合致するものと考えられることから，「Yは，Xから２２０万円の支払を受けるのと引換えに，Xに対し，本件絵画を引き渡せ。」との判決をすることになる。
　(2)　１８０万円と評価される場合について
　　この場合において，１８０万円との引換給付判決をすることは，原告の請求以上のことを認容してしまうこととなるから，処分権主義（民訴法２４６条）に反し，することができない。したがって，この場合には「Yは，Xから２００万円の支払を受けるのと引換えに，Xに対し，本件絵画を引き渡せ。」との判決をすることになる。
第３　〔設問３〕について

１　まず，既判力（民訴法１１４条１項）とは，確定判決における後訴への通用力を表し，これは「主文に包含するもの」，すなわち訴訟物についてのみ生じると解する。
２　たしかに，前訴の訴訟物は売買契約に基づく引渡請求権であり，後訴の訴訟物たる売買代金支払請求権とは異なることから，既判力による遮断効が生じることはない。しかし，引換給付判決の趣旨は，代金の支払と引換えに物の引渡しを請求できるというものであるから，売買契約の成立およびその代金額については，前訴での中心的な争点となっているといえる。そうすると，これらを後訴において争うことは，紛争の不当な蒸し返しにつながり，信義則（民訴法２条）に反し許されないと考える。
３　したがって，後訴において，ＸＹ間の本件絵画の売買契約の成否及びその代金額に関して改めて審理判断することはできない。
　　　　　　　　　　　　　　　　　　　　　　　　　　　以　上

● 出題趣旨によれば，本問において裁判所が引換給付判決をするには，Xから予備的請求として売買契約に基づく本件絵画の引渡請求を追加的に併合する訴えの変更（143）の申立てと，Yから権利抗弁である同時履行の抗弁権の主張が明確にされることが必要であるところ，本答案はこのことを示せており，出題趣旨に合致する。

● 出題趣旨によれば，この点は申立拘束原則と弁論主義の双方から検討することが求められていたが，本答案はいずれからの検討もできていない。また，本答案は，規範定立及びそれに至る思考プロセスが省略されており（再現答案①②と対比），仮にK・Tさんが正しくこの問題を理解していたとしても，それが採点者に伝わらないような不適切な論述となってしまっている。

● 114条１項の指摘，「主文に包含するもの」の意義，前訴と後訴の訴訟物の明示等が要求されていたところ，本答案は簡潔ながらこれらを示すことができている。

● 出題趣旨によれば，引換給付の旨が判決主文に掲げられていることの趣旨につき，強制執行との関係を示す必要があるが，本答案はこの点を示せていない。

● 信義則等の一般条項の適用に際しては，具体的な事情の検討が極めて重要であるところ，本答案は，出題趣旨で述べられているような具体的事情を拾うことが十分にできていない。

平成29年・司法

平成30年

問題文

[民事系科目]

〔第3問〕（配点：１００〔〔設問１〕から〔設問３〕までの配点の割合は，４０：３０：３０〕）

　次の文章を読んで，後記の〔設問１〕から〔設問３〕までに答えなさい。

　なお，損害賠償債務の履行遅滞による損害金（いわゆる遅延損害金）の請求については問題にしないものとする。

　また，本問に現れる場所のうち，甲市は甲地方裁判所（以下「甲地裁」という。）の管轄区域内に，乙市は乙地方裁判所（以下「乙地裁」という。）の管轄区域内にそれぞれ所在している。解答に当たっては，甲地裁及び乙地裁のいずれもが本問に現れる訴えの土地管轄及び事物管轄を有することを前提にすること。

【事　例】

　Ａ，Ｂ及びＣはいずれも自然人であり，ＡとＣは甲市内に住所を有し，Ｂは個人タクシー事業者で，乙市内に住所兼営業所を有する。

　Ａは，乙市内でＢが運転するタクシーに乗客として乗車していたところ，ＢのタクシーとＣが運転する自動車とが衝突する事故（以下「本件事故」という。）が起こり，これによって負傷した。

　Ａは，本件事故後直ちに乙市内で応急措置を受けた後，Ｄ法人が甲市内に開設する病院に入院して治療を受け，退院後もこの病院に通院して治療を受けた（以下，この病院を「Ｄ病院」といい，Ｄ法人を「Ｄ」という。）。

　以上の事実については，Ａ，Ｂ及びＣの相互間に争いがない。

　Ａの負傷について症状が固定した後，Ａは，弁護士Ｌ１を代理人として，Ｂ及びＣと損害賠償について話合いをした。その中で，Ｂは「ＢとＣの過失によって本件事故が発生した」との認識を示したが，Ｃは「本件事故は専らＢの過失によって発生したものであり，Ｃには過失がないのでＣは損害賠償責任を負わない」と主張した。また，損害の額について，Ａは，４００万円を下回らないと主張したが，ＢとＣはいずれも，「ＡがＤに支払ったと主張する治療費が負傷との関係で高額過ぎるし，本件事故によってＡが主張するような後遺症が生ずるはずがないので，損害額はせいぜい１５０万円である」と主張したため，話合いがつかない状況であった。

　そこで，Ｂは，訴訟で解決するしかないと考え，弁護士Ｌ２に債務不存在確認訴訟を委任することにした。これを受けたＬ２は，Ｂの訴訟代理人として，Ｂを原告，Ａを被告として次のような内容の訴状を乙地裁に提出して訴えを提起した（以下「Ｂの訴え」という。）。

　①請求の趣旨：「本件事故に係るＢのＡに対する不法行為に基づく損害賠償債務は１５０万円を超えないことを確認する」との判決を求める。

②請求の原因の要旨：本件事故はBとCによるAに対する共同不法行為に当たるが，本件事故によって発生したAの損害の金額は，高く見積もっても１５０万円である。ところが，Aは損害額が４００万円を下回らないと主張して譲歩しようとしない。よって，Bは，Aとの間で，本件事故に係る不法行為に基づく損害賠償債務が１５０万円を超えないことの確認を求める。

Aは，この訴状の副本等の送達を受けたため，Ｌ１に，Bの訴えに対応するとともに，Aを原告として，B及びCに対して４００万円の損害賠償を請求する訴えを提起することを委任した。

以下は，Aの委任を受けた弁護士Ｌ１と司法修習生Ｐとの間の会話である。

Ｌ１：BはBの過失を争っていませんが，CはCの過失を争っています。Aの損害額については，入院及び通院中の治療費その他の費用，これらの期間の逸失利益，後遺症による逸失利益及び慰謝料等が考えられます。治療費等の領収証，後遺症についての医師の診断書，Aの年収の資料等もありますので，損害額については，４００万円を主張することができると考えています。

Ｐ：そうすると，Bの主張する１５０万円の損害というのは低すぎますので，AからBに対して４００万円の支払を求めていくことになりそうですし，Cは自ら賠償をする気が全くないようですから，Cに対してもBと連帯して４００万円を支払うよう求めていくのがよいですね。Aが起こす訴えの訴訟物は，不法行為に基づく損害賠償請求権でよいでしょうか。

Ｌ１：訴訟物に関しては，ＡＢ間では債務不履行に基づく損害賠償請求権も想定できますが，BとCの共同不法行為を前提に，不法行為に基づく損害賠償請求権のみを主張することにしましょう。訴えを起こす裁判所としては，甲地裁と乙地裁が考えられます。また，AはCをも被告として訴えを提起することになりますので，BとCを共同被告として訴えを提起することを検討すべきです。

Ｐ：Bの訴えが既に提起されて訴状がAに送達されたこととの関係で，Aが提起する訴えの適法性については検討を要するのではないでしょうか。

Ｌ１：そのとおりです。では，まず，AがBを被告として乙地裁に訴えを提起する場合に，訴えが適法といえるか，また，その場合に，Aは，CをもBと共同被告とすることができるか。いずれも適法であるとの方向で立論を工夫してください。これらを「課題(1)」とします。

Ｐ：分かりました。

Ｌ１：しかし，AとCは甲市に住んでいて私の事務所も甲市にあるので，費用や時間の点から，甲地裁に訴えを提起して訴訟追行ができるかも考えておきたいところです。AがBとCを共同被告とする訴えを甲地裁に提起する場合に，この訴えが適法といえるか。これも，この訴えが

適法であるという方向で，説得力のある立論をしてください。これを「課題(2)」とします。

P：分かりました。

L1：これらの課題に答えるためには，まず，Bの訴えの訴訟物を明示して，それが，Aが起こそうとしている訴えの適法性にどのように関わってくるのかを考える必要があります。

〔設問1〕

あなたが司法修習生Pであるとして，L1から与えられた課題(1)及び課題(2)に答えなさい。

【事　例（続き）】

弁護士L1は，Aと相談した上，原告Aの訴訟代理人として，B及びCを被告とし，本件事故がBとCの共同不法行為であると主張して，不法行為に基づく損害賠償請求権に基づき４００万円の支払を求める訴え（以下「Aの訴え」という。）を甲地裁に提起し，その訴状の副本等はB及びCに送達された。

その後に乙地裁で開かれたBの訴えについての第1回口頭弁論期日において，Bの訴訟代理人L2は，Bの訴えを取り下げる旨を陳述し，Aの訴訟代理人として同期日に出頭したL1は，この訴え取下げに同意する旨陳述した。

そこで，その後，本件事故については，甲地裁において，Aの訴えのみが審理の対象となった。

Aの訴えについての審理の過程で，Bは，「Bの過失によって本件事故が発生したことを争わないが，Cにも過失がある。また，Aに生じた損害額は１５０万円以下である」と主張し，Cは「本件事故は専らBの過失によって生じたものであって，Cに過失はない。仮にCが責任を負うとしても，Aに生じた損害額は１５０万円以下である」と主張した。

Aの訴訟代理人L1は，B及びCとの間で争いのある損害額を証明するため，D病院での治療費等の領収証，Aの後遺症に関するD病院の医師作成の診断書及びD病院での診療記録の写しを書証として提出した。

以下は，Bの訴訟代理人L2と司法修習生Qとの間の会話である。

L2：私の経験からすると，Aの負傷の程度に照らして，４００万円という損害額は不当に多額であると感じられるのです。Aが，既にあった症状の治療を本件事故の機会に乗じて受けているのではないか，また，診断書にある後遺症も本件事故とは無関係な症状ではないかとの疑いがあります。

Q：不法行為と因果関係がある損害の額の証明責任はAにあるのですから，Bとしてはそれを真偽不明に追い込めば足りるのではないですか。

L2：本件の場合は，Aは，主張に見合った領収証や診断書を提出しています。また，一定の診

療記録もＤ病院で謄写して提出しており，それらによって証明が十分であるとの姿勢を見せています。しかし，私は，まだ，Ｄ病院でのＡの診療記録の全部が提出されたわけではないと考えています。Ｂとしては，Ｄ病院での診療記録全体に基づいて，本件事故と治療及び後遺症との因果関係を争いたいところです。Ｄに診療記録の提出を求めていく方法はどのようなものが考えられますか。

Ｑ：文書送付嘱託の申立てをすることが考えられます。

Ｌ２：実務的にはそのとおりです。そのほかには，どのような方法が考えられますか。

Ｑ：文書提出命令の申立ても一つの方法だと考えられます。

Ｌ２：そうですね。では，文書提出命令の申立てについても考えてみましょう。私がＢの訴訟代理人としてＡの診療記録について所持者をＤとして文書提出命令を申し立てるとして，予想されるＤからの反論を念頭に置きながら，Ｄに文書提出義務があるとする説得力のある立論をしてください。これを課題とします。文書提出義務の存否に関する民事訴訟法の条文に即して具体的に考えてください。診療記録には患者Ａに関する情報が記載されていますので，そのことをどう考えるべきか，よく検討する必要があります。

〔設問２〕

あなたが司法修習生Ｑであるとして，Ｌ２から与えられた課題に答えなさい。

【事 例（続き）】

Ａの訴えについて審理した結果，裁判所は，本件事故はＢの過失によって発生したもので，Ｃの過失を認めることはできず，また，Ａに発生した損害額は２５０万円であると判断し，「Ｂは，Ａに対し，２５０万円を支払え。ＡのＢに対するその余の請求及びＡのＣに対する請求を棄却する。」という主文の判決をした（訴訟費用の負担及び仮執行宣言に関する部分は問題としない。）。

Ｂは，ＡのＢに対する請求が２５０万円の限度で認容されたことには納得ができたので，これに対して不服を申し立てるつもりはなかったが，ＡのＣに対する請求が全部棄却されたことには不満を抱いた。しかし，Ａは，Ｂに対してもＣに対しても控訴を提起するつもりはないとのことであった。

そこで，Ｌ２は，Ｂの訴訟代理人として，ＢがＡを補助するために参加する旨の申出をするとともに，Ａを控訴人，Ｃを被控訴人として，「ＡのＣに対する請求を棄却する判決を取り消し，ＡのＣに対する請求のうち２５０万円が認容されるべきである」と主張して，控訴期間内に控訴を提起した。

控訴裁判所である丙高等裁判所（以下「丙高裁」という。）は，Ｌ２の補助参加申出書と控訴

状を含む訴訟記録について甲地裁から送付を受け，Cに控訴状の副本等を送達した。

　Cは，Bによる補助参加に異議を述べ，この控訴は不適法であると主張した。Cは，控訴を不適法であるとする理由として，(ア)第一審で補助参加をしていなかったBがAのために控訴をすることはできないこと，及び，(イ)Bにはこの訴訟への補助参加が許されないので控訴をすることもできないことという二つの理由を挙げ，そのいずれにしても控訴は不適法であると主張している。

〔設問3〕

　Cの主張(ア)及び(イ)のそれぞれの当否を検討し，丙高裁の受訴裁判所がこの控訴の適法性についてどのように判断すべきかを論じなさい。

MEMO

出題趣旨

【民事系科目】
〔第3問〕

　本問は，Aが，Bが運転するタクシーとCが運転する自動車との衝突事故（本件事故）によって負傷したという事例を基本的な題材として，①BがAを被告として１５０万円を超える損害賠償債務の不存在確認の訴えを提起し，その訴訟が係属した後，AがB及びCを被告として提起する損害賠償請求の訴えが適法であるとする立論をすること（設問1），②Aを原告，B及びCを被告とする損害賠償請求訴訟において，Bが，病院開設者である法人Dを所持者としてAの診療記録について文書提出命令を申し立てた場合に，Dに文書提出義務があるとする立論をすること（設問2），③当該訴訟の第一審判決においてAのCに対する請求が棄却された場合に，Bが，Aのために補助参加の申出をするとともに，Aを控訴人，Cを被控訴人として提起した控訴が適法かどうかを論ずること（設問3）をそれぞれ求めるものである。

　なお，甲地裁及び乙地裁が本問に現れる訴えの土地管轄及び事物管轄を有することは解答の前提にするよう問題文に明記しているので，これらの管轄の有無を論ずる必要はない。

　設問1では，まず，Bが既にAを被告として１５０万円を超える損害賠償債務の不存在確認の訴えを提起し，訴状がAに送達されて訴訟係属が生じていることとの関係で，AがBに対して４００万円の支払を求める訴えの適法性が問題となる。そして，AのBに対する訴えの適法性に関しては，民事訴訟法第１４２条の重複起訴の禁止との関係を重複起訴禁止の趣旨を踏まえて論じなければならず，その前提として，Bの訴えの訴訟物を明示する必要がある。

　Bの訴えの訴訟物は，例えば，判例による訴訟物の捉え方を踏まえると，本件事故に係るBのAに対する不法行為に基づく損害賠償債務のうち１５０万円を超える部分と解することとなり，AのBに対する４００万円の支払請求の訴えのうち１５０万円を超える部分については，事件の同一性（当事者と訴訟物の同一性）が認められるので，重複起訴の禁止との関係が問題となる。また，Bの訴えの訴訟物について，Bが義務を自認している１５０万円の部分をも含むと解する考え方に立つと，AのBに対する４００万円の支払請求の訴えの全部について重複起訴の禁止との関係が問題となる。訴訟物の捉え方については，複数の考え方があり得るところであり，どの立場に立つかによって評価に差がつくわけではないが，いずれにせよ，Bの訴えの訴訟物は，設問1を考える上で当然に明示する必要がある。

　そして，設問1で重複起訴の禁止との関係を論ずる際には，Aがその訴えを提起する裁判所が，Bの訴えに係る訴訟が係属している裁判所（乙地裁）であるのか，それ以外の裁判所（甲地裁）であるのかという課題(1)と課題(2)の違いを意識しつつ検討を進める必要がある。

　設問1の課題(1)では，まず，Aが乙地裁にBを被告とする訴えを提起することが適法であることを論ずる必要があり，金銭債務不存在確認の訴えの被告は原告に対してその金銭の支払を求める反訴を提起することができ，これによると重複起訴の禁止の規定に抵触しないこと（そもそも同条が禁止する「更に訴えを提起すること」に当たらないと考えられること，又は「更に訴えを提起すること」には当たるが，重複起訴禁止の趣旨に反しないので適法と考えられること）を指

摘することが求められる。

　設問1の課題(1)では、これに加えて、Aが、乙地裁において、CをBとの共同被告として損害賠償請求の訴えを適法に提起できることを論ずる必要がある。これについては、共同訴訟の一般的要件（同法第38条前段）を満たすことを指摘すべきであるのはもちろんであるが、そのほかに、上記のようにAがBに対する反訴を提起する場合、この反訴請求と併合して本訴原告以外の者であるCに対する請求に係る訴えを提起できるかを検討する必要がある。すなわち、Bに対する反訴請求と本訴原告ではないCに対する請求とを併合して訴えを提起することを許せば、法が定めていない主観的追加的併合を認めることになるが、それでよいかという問題が存在するので、この問題を意識しつつ、それが許されるとの立論をすることが求められる。他方、Aが、Bの訴えに対する反訴ではなく、別訴として、BとCを共同被告とする訴えを乙地裁に提起することも考えられるところ、この場合には主観的追加的併合の許否という問題は生じないが、前記の重複起訴の禁止の問題との関係で、Aが受訴裁判所に口頭弁論の併合を求め、口頭弁論が併合されることにより重複起訴禁止の趣旨に反しなくなることを指摘して、訴えの適法性を理由づけることが望まれる。

　また、金銭債務不存在確認の訴えの被告が原告に対してその金銭の支払を求める反訴を提起した場合には、その確認の訴えについて確認の利益が認められなくなる旨の判例（最高裁判所平成16年3月25日第一小法廷判決・民集58巻3号753頁）の趣旨を意識しつつ、AがBに対する給付の訴えを提起することにより、Bの訴えについては確認の利益がなくなることを指摘して、重複起訴禁止の趣旨に反せず適法であるとする解答も、一応の評価ができるところである。

　次に、設問1の課題(2)は、Aが、甲地裁において、BとCに対する訴えを提起する場合であってもそれが適法であるとする立論をすることを求めている。課題(1)と異なり、反訴によることはできず、また、官署としての裁判所を異にするため直ちに口頭弁論を併合することもできない。そこで、本件でAが甲地裁にBとCを共同被告とする訴えを提起する場合、Bの訴えに係る訴訟が係属する裁判所とは別の裁判所に提起する別訴であっても、これを適法と認めるべき必要性及び重複起訴の禁止の趣旨が妥当しないとする理由を示すことにより、Aの訴えが適法であることを述べることになる。そこでは、債務不存在確認訴訟と給付訴訟とでは得られる判決の効果に違いがあること（給付判決には執行力が認められる。）、Bの訴えの訴訟物が150万円を超える部分のみであると解する見解に立つ場合には、Aの訴えの訴訟物のうちBの訴えの訴訟物となっていない150万円については訴訟物の重なりがないこと、Bが自己に有利な管轄裁判所に消極的確認の訴えを提起することにより、Aが甲地裁で訴えを提起できるはずの地位を損なうこと、本件では、Aの訴えの提起がBの訴えについての第1回口頭弁論期日前の時点でされており、Bの訴えについて審理が進んでいる状態ではないことなどの諸事情を考慮に入れて論ずることが期待される。

　設問2では、Aの診療記録について所持者Dが文書提出義務を負うかどうかが問題となり、同法第220条の規定に即して文書提出義務を肯定する立論をすることが求められる。同条の規定のうち根拠として検討する必要があるのは、一般的な文書提出義務を定めた同条第4号である。本問では、除外事由としての同号ハ・第197条第1項第2号（医師の守秘義務に係る文書）への該当性が問題となり、医師の守秘義務によって保護されているのが訴訟の当事者であるAについての情報であることがDの文書提出義務に影響するのではないかという点を考慮に入れ、文書

の所持者が当該訴訟の当事者に対して負う守秘義務が問題となった場合の判例（最高裁判所平成
１９年１２月１１日第三小法廷決定・民集６１巻９号３３６４頁）の趣旨等をも考慮して，除外
事由に当たらないことの理由を示すことが必要となる。

　そのほかに，同法第２２０条第３号前段の利益文書を根拠とする立論をすることにも一定の評
価が可能であるところ，Ａの診療記録についてＡの相手方当事者であるＢの利益のために作成さ
れたといえるか，同条第４号の除外事由の適用又は類推適用がないか（それがあるとすると，除
外事由に該当しないか）等の問題点について，提出義務を肯定する方向で論ずることが求められ
る。

　なお，同号ニ（いわゆる自己利用文書）の該当性も一応問題になり得るが，一般に診療記録が
各種の事項に関して証拠方法となり得ること等を踏まえると，専ら所持者の利用に供するための
文書とは解することができないので，自己利用文書の該当性を論ずる必要はない。

　設問３では，主張(ｱ)との関係で，第一審で補助参加をしていなかったＢがＡのために控訴をす
ることの可否について，主張(ｲ)との関係で，補助参加の利益（同法第４２条参照）について，そ
れぞれ論じ，Ｂの控訴が適法か否かの結論を示す必要がある。

　前者に関しては，第一審で補助参加をしていなかった者も，補助参加の申出とともに被参加人
のために控訴ができるとするのが同法第４３条第２項及び第４５条第１項から導かれる適切な解
釈である。後者の補助参加の利益の有無に関しては，考え方が分かれ得るところであり，最高裁
判所昭和５１年３月３０日第三小法廷判決・裁判集民事１１７号３２３頁の趣旨等をも意識しつ
つ，自らの考え方を述べることが求められる。

採点実感

1 出題の趣旨等

民事系科目第3問は，民事訴訟法分野からの出題であり，出題の趣旨は，既に公表されている「平成30年司法試験論文式試験出題趣旨【民事系科目】〔第3問〕」のとおりである。

本問においては，例年と同様，受験者が，①民事訴訟の基礎的な原理，原則や概念を正しく理解し，基礎的な知識を習得しているか，②それらを前提として，設問で問われていることを的確に把握し，それに正面から答えているか，③抽象論に終始せず，設問の事案に即して具体的に掘り下げた考察をしているかといった点を評価することを狙いとしている。

2 採点方針

答案の採点に当たっては，基本的に，上記①から③までの観点を重視するものとしている。

本年においても，問題文中の登場人物の発言等において，受験者が検討し，解答すべき事項が具体的に示されている。そのため，答案の作成に当たっては，問題文において示されている検討すべき事項を適切に吟味し，そこに含まれている論点を論理的に整理した上で，論述すべき順序や相互の関係も考慮することが必要である。そして，事前に準備していた論証パターンをそのまま答案用紙に書き出したり，理由を述べることなく結論のみを記載したりするのではなく，提示された問題意識や事案の具体的な内容を踏まえつつ，論理的で一貫した思考の下で端的に検討結果を表現しなければならない。採点に当たっては，受験者がこのような意識を持っているかどうかという点についても留意している。

3 採点実感等

(1) 全体を通じて

本年の問題では，例年同様，具体的な事案を提示し，登場人物の発言等において受験者が検討すべき事項を明らかにした上で，訴訟物，重複起訴の禁止，文書提出命令，補助参加等の民事訴訟の基礎的な概念や仕組みに対する受験生の理解を問うとともに，事案への当てはめを適切に行うことができるかどうかを試している。

設問3について，時間が不足していたことに起因するものと推測される大雑把な内容や体裁の答案が一定数見られたものの，全体としては，時間内に論述が完成していない答案はほとんどなかった。しかし，後記(2)イで指摘するもののように，検討すべき事項の理解を誤り，自分が知っている論点や論証パターンに引き付けて，検討すべき事項とは関係や必要がない論述を展開する答案や，検討すべき事項自体には気が付いているものの，問題文で示されている事案への当てはめによる検討が不十分であって，抽象論に終始する答案も散見された。また，そもそも訴訟物の理解ができていないなど，基礎的な部分の理解の不足をうかがわせる答案も少なくなかった。

なお，条文を引用することが当然であるにもかかわらず，条文の引用をしない答案や，条番号の引用を誤る答案も一定数見られた。法律解釈における実定法の条文の重要性は，改めて指摘するまでもない。また，判読が困難な乱雑な文字や略字を用いるなど，第三者が読むことに対する

意識が十分ではない答案や，法令上の用語を誤っている答案，日本語として違和感のある表現のある答案も一定数見られた。改めて注意を促したい。

(2) 設問1について

ア 課題(1)の採点実感

設問1では，まず，課題(1)として，Bが乙地裁に対しAを被告として150万円を超える損害賠償債務の不存在確認の訴え（Bの訴え）を提起し，その訴訟が係属した後，Aが乙地裁に対しB及びCを被告として提起する損害賠償請求の訴え（Aの訴え）が適法であることの立論をすることが求められている。

そして，課題(1)では，その前提として，Bの訴えの訴訟物を明示することが求められているが，これを「損害賠償債務の不存在」や「損害賠償債務の不存在確認請求権」とするなど，正確な理解を欠く答案が少なくなかった。また，訴訟物が審判の対象となる権利関係であることを前提とする答案であっても，Bの訴えにおいて確認の対象とされていない150万円以下の部分が訴訟物となるかどうかについて，意識がされていないものが一定数見られた。訴訟物は，民事訴訟における基礎的な概念であるにもかかわらず，理解がこのような状況であることについては残念であった。

課題(1)では，次に，Aの訴えが先行するBの訴えとの関係で重複起訴の禁止（民事訴訟法第142条）に抵触するのではないかという点を検討する必要がある。多くの答案は，Aの訴えが重複起訴の禁止に抵触するのではないかとの問題意識を指摘することができていたが，その検討が十分にされた答案は多くはなかった。ここでは，まず，Bの訴えの訴状副本がAに送達されており，事件が裁判所に係属していることを指摘する必要があるが，明確にこの点を指摘する答案はわずかであった。次に，重複起訴の禁止の趣旨を踏まえつつ，同条の「更に訴えを提起」の意義について，事件が同一であること，すなわち，当事者と訴訟物がそれぞれ同一であることを意味することを指摘する必要がある。このうち，当事者が同一であることについては，多くの答案が指摘することができていた。しかし，Aの訴えがBのほかCも被告とするものであることを理由として，当事者が同一ではないとするなど，重複起訴の禁止の趣旨を正しく理解していないことがうかがわれる答案も少ないながらあった。また，訴訟物については，Bの訴えにおいて確認の対象とされていない150万円以下の部分が訴訟物とはならないことを前提とする場合には，Bの訴えの訴訟物とAの訴えの訴訟物とは，一部のみが重なるものであることを指摘する必要があるが，このような金額の差異についてまで意識がされた答案は一定数にとどまり，訴訟物が同一であると指摘するにとどまる答案が多かった。他方で，このような金額の差異を意識しながら，それのみを理由として，訴訟物が異なるので重複起訴の禁止に反しないとする答案も一定数あったが，訴訟物に重なりがあることを無視すべきではない。「事件が同一」の意義には，その前提とする訴訟物の捉え方を含め，複数の考え方があり，特定の考え方を採らなければ評価されないということではないが，いずれの考え方を採るにせよ，自身の考え方を論理的かつ説得的に論述しなければならない。

そして，課題(1)では，以上に述べた検討を踏まえ，Aの訴えが反訴として提起されれば，同条の更に提起された訴えに当たらず，又は重複起訴の禁止の趣旨に抵触しないことから適法となることを論ずることが求められるが，この点を指摘する答案は一定数にとどまった。また，Aが別訴としてAの訴えを提起した上で，Bの訴えとの間で弁論の併合がされることにより，

重複起訴の禁止の趣旨に抵触しないとの答案が一定数あったが，反訴として提起すれば裁判所に併合審理を求めることができ，これによって重複起訴の禁止の趣旨に抵触しない帰結を導けるにもかかわらず，その方法によらずに，なぜ別訴とすべきであるのかという点を論ずる答案はほとんどなく，全体として反訴についての理解が不足していると思われた。他方で，相当数の答案は，Ａが反訴としてＡの訴えを提起すべきであるのか，別訴として提起すべきであるのかという点を論ずることなく，Ａの訴えが提起されれば，Ｂの訴えは確認の利益が失われて却下されることとなることのみを指摘して，Ａの訴えが重複起訴の禁止に抵触しないとしていた。債務不存在確認の訴えに対する反訴として給付の訴えが提起された場合には，本訴である債務不存在確認の訴えの確認の利益が失われることは判例（最高裁平成１６年３月２５日第一小法廷判決・民集５８巻３号７５３頁）の示すところであり，このような答案は，別訴として給付の訴えが提起された場合であっても，反訴の場合と同様に，先行する債務不存在確認の訴えの確認の利益が失われると理解しているものと思われる。しかし，Ａの訴え提起がＢの訴えに係る第１回口頭弁論期日の前にされることなどの本問の事案の特徴に一切言及せず，一般論としてそのように述べるのみでは，債務不存在確認の訴えに係る訴訟の審理が一定程度進んでいても，同一の訴訟物に係る給付の訴えを別訴として提起することが常に適法であるとの考え方を前提にするものと評せざるを得ず，このような答案に対する評価は相対的に低くなった。また，Ａの訴えが反訴として提起され，又は別訴として提起された後にＢの訴えとの間で弁論の併合がされることにより，重複起訴の禁止に抵触しないとする答案であっても，更に確認の利益についても言及するものに対しては一定の評価がされるところであり，実際にも多くの答案がその結論を述べていた。もっとも，Ｂの訴えの確認の利益について触れるこれらの答案の中には，判例の考え方を意識しているのかどうかが明確でない答案も散見された。判例の事案や射程を検討することなく，安易に判例を引用することは厳に慎まれるべきであるが，引用すべき判例を正しく引用することは実務家に求められる重要な素養であることを理解する必要がある。また，この点については，定型的な論証パターンを書き写しているだけではないかと思われる答案も少なくなかった。

　さらに，課題(1)では，ＡがＢのみならずＣをも被告としてＡの訴えの提起することの可否について検討する必要がある。ここでは，まず，共同訴訟（同法第３８条前段）の要件を充足することを検討する必要があり，ほとんどの答案がこの点を検討していた。もっとも，同条の前段と後段のいずれを問題とするのかが不明確な答案，同条後段の要件を検討する答案，具体的な事案への当てはめが乱雑又は不十分な答案なども一定数あった。

　また，Ａが反訴としてＢに対する訴えを提起する場合には，これと併合して本訴原告以外の者であるＣに対する訴えを提起することができるかという問題を検討する必要がある。これを許容する場合には，法定外の主観的追加的併合を許容することとなるため，例えば，本件では，本訴であるＢの訴えに係る訴訟について第１回口頭弁論期日前であって，Ｃが審理の最初の段階から手続に関与することができ，その手続的な利益は保護され得ることなど，これを許容することにより害されるおそれのあるＣの利益に配慮した論述が求められる。他方で，法定外の主観的追加的併合が許容されないとした上で，Ａの訴えが反訴としてではなく別訴として提起されれば，Ｂの訴えとの弁論の併合は，裁判所の審査を経ることとなることから，このような問題は生じないとすることも考えられる。いずれの結論であっても，事案に即した的確な

論述がされているものは高く評価されるが，法定外の主観的追加的併合の当否についての出題趣旨を正しく理解している答案自体が極めて少数であり，ほとんどの答案がこの点に関する問題意識を有してはいなかった。

イ　課題(2)の採点実感

　　設問1では，次に，課題(2)として，Bが乙地裁にBの訴えを提起し，その訴訟が係属した後，Aが甲地裁にAの訴えを提起することについて，それが適法であることの立論をすることが求められている。ここでは，Aの訴えがBの訴えの係属する裁判所と異なる官署としての裁判所に提起されることから，課題(1)の場合とは異なって，Aが反訴によることができず，また，Bの訴えとの間で，直ちには弁論の併合を求めることができない。そこで，ここでの問題は，以上のような状況の下で重複起訴の禁止との関係をどのように考えるかという点にある。そして，ここでは，給付訴訟により得られる判決は，債務不存在確認訴訟により得られる判決とは異なり，執行力が認められること，Bの訴えの訴訟物が150万円を超える部分のみであると解する見解に立つ場合には，Aの訴えの訴訟物のうちBの訴えの訴訟物となっていない150万円については訴訟物の重なりがないこと，Bが自己に有利な管轄裁判所に消極的確認の訴えを提起することにより，Aが甲地裁にAの訴えを提起することができるはずの地位を損なうこと，Aの訴えの提起がBの訴えについての第1回口頭弁論期日前の時点でされており，Bの訴えについて審理が進んでいる状態ではないことなどの諸事情を考慮に入れて論ずることが期待される。しかし，上記のような課題(2)の出題趣旨を正しく理解した答案自体が少なく，更に的確にこれを論ずる答案はごく少数であった。これに対し，課題(2)の出題趣旨を甲地裁の管轄の有無と誤解し，甲地裁がAの訴えの管轄を有することを論ずる答案が相当数あった。そもそも，甲地裁及び乙地裁のいずれもが本問に現れる訴えの土地管轄及び事物管轄を有することを前提とすることは問題文中に指示されているところであり，このように出題趣旨を正しく理解せず，無益な論述をするだけの答案の評価は低いものとなった。

ウ　設問1のまとめ

　　設問1のうち，課題(1)については，多くの答案が出題趣旨を正しく理解していたが，課題(2)については，出題趣旨とは異なった点の論述をする答案が多かった。「優秀」に該当する答案は，課題(1)及び課題(2)のいずれについても，出題趣旨を正しく理解した上で，上記の検討事項について，バランス良く，過不足のない論述をするものである。特に，法定外の主観的追加的併合の当否について，問題の所在に気が付いているのみならず，的確な論述をしている答案がこれに当たる。また，「良好」に該当する答案は，例えば，課題(1)及び課題(2)のいずれについても，出題趣旨をおおむね正しく理解しているが，課題(1)では，反訴についての論述がなく，弁論の併合がされることにより，重複起訴の禁止の趣旨に抵触しないとするものや，課題(2)では，Aの訴えが乙地裁に提起される場合と甲地裁に提起される場合との差異を理解しているが，その論述が「優秀」と比較すると不十分である答案などである。「一応の水準」に該当する答案は，例えば，課題(1)の出題趣旨をおおむね正しく理解しているものの，重複起訴の禁止との関係では，Aの訴えが提起されることによりBの訴えの確認の利益が失われることのみを指摘するものなどである。これらに対し，課題(1)の出題趣旨をおおむね理解しているが，当事者や訴訟物が同一ではないことなどを理由として重複起訴の禁止の趣旨が及ばないとするものや，そもそも課題(1)や課題(2)の出題趣旨を理解しないものなど，総じて基礎的事項の理解が不

足している答案は「不良」と評価される。

(3) 設問2について

ア　設問2の採点実感

設問2では，Aの診療記録について，所持者であるDの文書提出義務を肯定する立論をすることが求められている。

ここでは，Aの診療記録について，一般的な文書提出義務及びその除外事由について規定する民事訴訟法第220条第4号のうちハの「第197条第1項第2号に規定する事実…で，黙秘の義務が免除されていないものが記載されている文書」（秘密文書）への該当性の有無について検討する必要がある。その際，金融機関が民事訴訟において訴訟外の第三者として開示を求められた顧客情報について，当該顧客自身が当該民事訴訟の当事者として開示義務を負う場合には，当該顧客情報は，金融機関がこれにつき職業の秘密として保護に値する独自の利益を有するときは別として，同法第197条第1項第3号にいう職業の秘密として保護されないとした判例（最高裁平成19年12月11日第三小法廷決定・民集61巻9号3364頁）の趣旨を踏まえた上で，個々の顧客との間で商慣習上又は契約上の守秘義務が認められるにすぎない金融機関が負う守秘義務とその職業自体から守秘義務を負うことが求められる医師が負う守秘義務との同質性の有無についても考慮を加えることが求められる。そして，多くの答案は，Aの診療記録が秘密文書に該当するかどうかとの問題意識をもってDが文書提出義務を負うとの立論をしていたが，A自身がAの訴えに係る訴訟の当事者として開示義務を負うかどうかという観点から，医師の黙秘の義務について検討した答案はごく少数であり，そのうち，上記判例の趣旨をこの場面にも及ぼすことができるかどうかを明確に論じた答案はほとんどなかった。

Aの診療記録が秘密文書に該当するのではないかとの問題意識をもって検討する答案の多くは，診療記録に記載された情報について，D病院の医師が職務上知り得た事実であって，Aのプライバシーに属する事柄であり，本来的には黙秘すべきものであることを指摘した上で，諸事情を踏まえた利益考量によって，この事案では，Aの情報が医師の守秘義務によって保護されないとして，Dの文書提出義務を肯定するものである。このうち，医師の守秘義務によって保護される情報がAの訴えに係る訴訟の当事者であるAに関するものであり，Aは当該情報につき医師の守秘義務により保護される正当な利益を有するかどうかという観点から説得的に論じた答案や，Aが当該訴訟の手続において既に診療記録の一部を提出していることを指摘した上で，Aが当該情報の保護の全部の利益を放棄し，又はAが守秘義務を主張して診療記録が秘密文書に当たるとすることが不公正であるという観点から説得的に論じた答案は一定数見られ，これらについては，A自身がAの訴えに係る訴訟の当事者として開示義務を負うかどうかという観点から検討したものに準じて，相応の評価がされた。これらに対し，Aが当該訴訟の当事者であることや，Aが当該訴訟の手続において既に診療記録の一部を提出していることを指摘しながらも，これらの事情から直ちにDの文書提出義務を肯定する答案も散見されたが，このような論述が短絡的なものであることは否定し難く，その評価は相対的に低いものであった。このほか，Aが当該訴訟の当事者であることや，Aが当該訴訟の手続において既に診療記録の一部を提出していることを全く考慮せず，証拠としての必要性や重要性，真実発見の重要性，Aが立証責任を負うことなどの抽象論のみにより結論を導く答案も一定数あった。このよ

うに具体的な事案への当てはめをするという姿勢に欠ける答案についてはより低い評価となった。

また，同法第２２０条第４号ハは，秘密文書に該当するための要件として，「黙秘の義務が免除されていないもの」としている。そこで，ここでは，Ａの情報が医師の守秘義務によって保護されないことから，医師の黙秘の義務が及ばないこと，あるいは，医師が「黙秘の義務が免除されていないもの」には該当しないこと，すなわち，医師が黙秘の義務を免除されていることに当たることを論ずる必要がある。Ａの診療記録が秘密文書に当たるかどうかを検討した答案のうち，この点についても明確に論じたものは少なくなかったものの，この点について触れないまま，Ｄの文書提出義務を肯定した答案も，散見された。法律解釈における実定法の条文の重要性はいうまでもないところであり，常日頃からどの条文のどの文言がどのように問題であるのかということを意識しつつ検討する姿勢が重要であることを強調しておきたい。

以上は，Ａの診療記録が秘密文書に該当するかどうかを検討した答案に関するものであるが，Ａの診療記録が同条第３号前段の文書（利益文書）に該当するかどうかを検討した答案もあった。この場合には，診療記録の作成の目的に照らし，患者本人であるＡではなく，Ａの訴訟の相手方であるＢとの関係において，その利益のために作成されるものであることや，同条第１号から第３号までの提出義務と同条第４号の提出義務との関係について，説得的に論ずる必要があり，このような要求を満たす答案は，一定の評価がされる。なお，同条第３号等の「挙証者」がその文書によって立証しようとする事実（ここでは，損害の発生とその額）の立証責任を負うＡであるとする答案が散見された。しかし，ここでいう「挙証者」は，文書提出命令の申立てをしたＢを指すのであって，これをＡとすることは，明らかな誤りである。条文の基礎的な理解がおろそかになっているのではないかと懸念される一つの例であると思われるので，ここで紹介するとともに，注意を促したい。

このほか，Ａの診療記録が同条第４号ニの文書（自己利用文書）に当たるかどうかを検討した答案も一定数見られた。一般に，診療記録は，その性質に照らし，自己利用文書に当たるということはできないと考えられることから，自己利用文書に当たるかどうかのみを検討し，同号ハ・第１９７条第１項第２号を検討せずに結論を導いている答案については，出題趣旨の理解が不十分なものであるとして，その評価が低いものとならざるを得ない。そのうち，特にＡが既に診療記録の一部を提出していることを指摘しないままに，抽象的に不利益性を論ずる答案は，より低い評価となった。

なお，設問２を検討するに当たり，同法第２２０条が規定する各文書について網羅的に言及する答案が散見された。このような答案は，概して各文書への該当性の検討が不十分なものにとどまっており，その評価は低いものとならざるを得ない。的確に出題趣旨や事案の特性を分析して整理し，それに焦点を当てた答案を作成することができるかどうかということも，採点に当たっての評価の対象であることを強く意識する必要があろう。

イ　設問２のまとめ

「優秀」に該当する答案は，出題趣旨を正しく理解した上で，Ａ自身がＡの訴えに係る訴訟の当事者として開示義務を負うかどうかという観点から，同条第４号ハの「黙秘の義務が免除」の当てはめとして医師の黙秘の義務について検討するものがこれに当たる。「良好」に該当する答案は，Ａの診療記録が秘密文書に当たるかどうかという問題意識の下，ＡがＡの訴え

に係る訴訟の当事者であることや，Aが当該訴訟の手続において既に診療記録の一部を提出していることを指摘した上で，説得的に医師が黙秘の義務を負わないことを論ずるものがこれに当たる。また，Aの診療記録が利益文書に当たるかどうかを説得的に論ずるものもこれに当たるということができる。「一応の水準」に該当する答案は，Aの診療記録が秘密文書に当たるかどうかという問題意識を有し，AがAの訴えに係る訴訟の当事者であることや，Aが当該訴訟の手続において既に診療記録の一部を提出していることを指摘するものの，そのことから直ちにDが文書提出義務を負うとの結論を導くものや，Aが当該訴訟の手続において既に診療記録の一部を提出していることを踏まえて，相応の理由に基づいてAの診療記録が自己利用文書に当たらないと論ずるものなどである。これらに対し，事案の特性を意識することなく，抽象的にDの文書提出義務を論ずるにとどまるものなどは「不良」と評価される。

(4) 設問3について

ア 設問3の採点実感

設問3では，主張(ｱ)との関係で，第一審で補助参加をしていなかったBがAのために補助参加の申出をした上で控訴をすることの可否について，主張(ｲ)との関係で，Bが民事訴訟法第42条の「訴訟の結果について利害関係」を有するかどうか，すなわち補助参加の利益の有無について，それぞれ検討し，丙高裁としてBの控訴が適法かどうかの判断を示すことが求められている。

まず，主張(ｱ)に対しては，同法第43条第2項により，補助参加の申出は補助参加人としてすることができる訴訟行為とともにすることができること，同法第45条第1項本文により，補助参加人は控訴の提起をすることができることを指摘し，これらの規定により，Bは補助参加の申出とともに控訴の提起をすることができるとの論述をする必要がある。これは，確立した理解であると思われることから，以上の趣旨を端的に指摘すればそれで足りる。もっとも，以上の趣旨を過不足なく指摘した答案は少なく，特に同法第43条第2項について指摘する答案はわずかであった。これらがいずれも基礎的な条文であるにもかかわらず，その指摘が十分にされていないことは，上記の「挙証者」と同様に，条文の基礎的な理解がおろそかになっている一例であると思われる。また，多くの答案は，以上の趣旨の指摘に加え，又は以上の趣旨の指摘をせず，Bが控訴の提起をすることは，被参加人であるAの意思に抵触し，あるいは，補助参加の時における訴訟の程度に従いすることができないものに当たるのではないかといったことや，控訴の利益や審級の利益などを論じていた。しかし，これらに関する論述は，いずれも出題の趣旨とは関係のないものであり，全く必要がない。

次に，主張(ｲ)に対しては，補助参加の利益が法律上の利益でなければならないことを指摘するとともに，同法第42条の「訴訟の結果」の意義について明らかにした上で，自身が示した見解と整合する形で，Bが補助参加の利益を有するかどうかについて事案を踏まえた検討をする必要がある。そして，多くの答案は，主張(ｲ)が補助参加の利益を問うものであるとの出題趣旨を理解し，補助参加の利益が法律上の利益でなければならないことや「訴訟の結果」の意義についての論述をしていたが，Bが補助参加の利益を有するかどうかについて事案を踏まえた検討が十分にされたものは少なかった。ここでは，まず，ＡＣ間の訴訟の実体法上及び訴訟法上の効果がＢＣ間には及ばないということを指摘する必要がある。その上で，Bの補助参加の利益を肯定する場合には，そうであるにもかかわらず，ＡＣ間の訴訟の結果がＢＣ間の求償関

係に事実上影響を及ぼすことを丁寧に論述することが求められ，逆に，Bの補助参加の利益を否定する場合には，ＡＣ間の訴訟の結果に関わらず，Bは，別途，Ｃに対して求償することができ，求償をめぐる訴訟において必要な主張立証をする機会があることなどBの利益に配慮した論述が求められる。どちらの結論であっても，以上に述べた水準に達する答案であれば高く評価される。しかし，多くの答案は，ＢＣ間の求償関係に着目こそしているものの，ＡＣ間の訴訟の実体法上又は訴訟法上の効果が当然にＢＣ間の求償関係に及ぶかのような記述の下，簡素又は大雑把な当てはめに終始しており，中には，例えば，ＡがＣに勝訴することにより，Bが負う損害賠償債務が減少するなどといった実体法上の明らかな誤りを述べる答案も少なくなかった。また，「訴訟の結果」について，主文中の判断に限定されるとの考え方を採りつつ，ＢＣ間の過失の割合に影響を及ぼすとするものなど，自身の述べる考え方と整合しない論述を展開するものもあった。主張(イ)については，正確な理解と正確にそれを論述する能力が試されていたが，定型的な論証パターンや漠然とした理解をそのまま書き出したと思われる答案が多かった。

　　そして，設問３では，以上の主張(ア)及び主張(イ)に対する検討を踏まえ，丙高裁が控訴の適法性についてどのように判断すべきかを答える必要がある。しかし，この点まで明確に答えた答案は多くはなく，主張(ア)及び主張(イ)に対する検討の結果を述べるにとどまる答案も散見された。尋ねられていることに対して解答しなければ，評価されないことは当然である。

イ　設問３のまとめ

　　「優秀」に該当する答案は，出題趣旨を正しく理解した上で，主張(ア)について，過不足なく論述した上で，主張(イ)について，ＡＣ間の訴訟の実体法上及び訴訟法上の効果がＢＣ間には及ばないということを踏まえつつ，「訴訟の結果」についての見解と整合する形で，Bの補助参加の利益の有無を丁寧に論ずるものがこれに当たる。「良好」に該当する答案は，優秀に準ずる答案ではあるが，例えば，Bの補助参加の利益の有無についての検討の正確性が足りないものなどがこれに当たる。「一応の水準」に該当する答案は，主張(ア)について，必要のない論述もするものの，同法第４５条第１項の指摘などはされており，Bの補助参加の利益について，一応の論述はされていて，明確な誤りはないものなどがこれに当たる。これらに対し，主張(ア)について，必要のない論述に終始していたり，主張(イ)について，明らかな誤りを述べたりするものなど，基礎的な事項の理解が不足している答案は「不良」と評価される。

4　法科大学院に求めるもの

　本年の問題は，訴訟物，重複起訴の禁止，文書提出命令，補助参加等の民事訴訟の基礎的な概念や仕組みに対する受験生の理解を問うとともに，事案への当てはめを適切に行うことができるかどうかを問うものであった。これに対し，多くの答案において，一応の論述がされていたが，定型的な論証パターンをそのまま書き出したと思われる答案，出題趣旨とは関係のない論述や解答に必要のない論述をする答案，事案に即した検討が不十分であり，抽象論に終始する答案なども，残念ながら散見された。また，民事訴訟の極めて基礎的な事項への理解や基礎的な条文の理解が十分な水準に至っていないと思われる答案が少なくなかった。これらの結果は，受験生が民事訴訟の体系的理解と基礎的な知識の正確な取得のために体系書や条文を繰り返し精読するという地道な作業をおろそかにし，依然としていわゆる論点主義に陥っており，個別論点に対する解答の効率的な取得を

重視しているのではないかとの強い懸念を生じさせる。

　試験に合格するため，より効率的な学習の方法を模索すること自体は，誤りとはいえないが，法律実務家に求められる素養は，基本法制の体系的理解と基礎的な知識の正確な取得という地道な作業によってこそ涵養され得るものと思われる。法科大学院においては，このことが法科大学院生にも広く共有されるよう指導いただきたい。また，民事訴訟法は，現実の民事訴訟の手続の在り方のイメージがないままに学習を進めることは難しいと思われることから，実務をより見据えた指導の工夫も有益であろう。

　法学教育においては，基礎的な事項の正確な理解をし，具体的な事案に応じて論理的に展開する思考力の涵養こそが重要であると考えられる。このことは，例年，指摘されているところであるが，本年も，改めて強調しておきたい。

平成30年・司法

第1　設問1

1　課題(1)

(1)　AがBを被告として乙地裁に訴えを提起することは，重複起訴禁止との関係で適法といえるか。

ア　民事訴訟法（以下法名略）142条は，重複する訴えの提起を禁止しており，これに該当すると訴えが不適法却下される。同条の趣旨は，重複する訴えが提起されることによって，判決の矛盾抵触のおそれや被告の応訴の煩が生じ，裁判所にとっても訴訟不経済となるため，これらを防止することにある。そこで，142条にいう「裁判所に係属する事件」とは，事件に同一性がある場合，すなわち訴訟物及び当事者が同一の事件をいうと考える。このような事件を重ねて審理判断することは，上記142条が防止しようとした事態を生じさせてしまうからである。

イ　本件では，Bの訴えは，Aに対する債務不存在確認請求訴訟である。その訴訟物は，本件事故にかかる不法行為に基づく損害賠償請求権であり，当事者は，原告B，被告Aである。対して，AがBを被告として乙地裁に提起する訴えは，本件事故にかかる不法行為に基づく損害賠償請求である。両訴えを比較すれば，債務不存在確認請求は給付請求の反対形成であり，訴訟物が同一であるといえる。また，当事者も原被告が入れ替わっているが，同一である。したがって，両訴えは事件に同一性があり，142条の適用場面であるといえる。

ウ　もっとも，142条の適用場面であったとしても，直ちにAの訴えが不適法却下となるわけではない。その不適法却下とならない方法の

1つとして，AがAの訴えをBの訴えに対する反訴（146条）の方法によって行うことである。これによれば，審理判断が同一の裁判所でなされるため，判決の矛盾抵触，被告の応訴の煩，訴訟不経済はいずれも生じないといえるからである。また，仮にAが反訴として行わなかったとしても，裁判所に弁論の併合を申し立てる（152条）ことによって，不適法却下を回避することができると考える。この場合，債務不存在確認訴訟に対して，同一債権の給付訴訟は，執行力を得ることができる点でより優れており，訴え提起が後だったという理由のみで不適法とするには債権者の権利救済の機会を損なうといえるので，裁判所に併合強制義務が生じるものと考えるべきである。そして，実際に併合審理がなされるのであれば，やはり判決の矛盾抵触，被告の応訴の煩，訴訟不経済はいずれも生じないといえるのである。

エ　したがって，Aの訴えは，Aが上記のような方法による限り，142条との関係では適法である。

(2)　AはCをもBと共同被告とすることができるか。

ア　AのB及びCに対する訴えは，いずれも本件事故にかかる不法行為に基づく損害賠償請求であるから，両訴えにおいてB及びCを共同被告とするためには，通常共同訴訟（38条）の要件を満たす必要がある。両訴えの訴訟物は，いずれも不法行為に基づく損害賠償請求権であり，同請求権は，本件事故という「同一の事実上の原因に基づく」ものであるから，AのB及びCに対する訴えは，38条前段の要件を満たし，通常共同訴訟としてすることができる。

イ　そして，Bは乙市内に住所兼営業所を有しているため，乙地裁に普

● 出題趣旨によれば，課題(1)では，「重複起訴禁止の趣旨」を踏まえて論述することが求められているところ，本答案は，142条の趣旨を示して，重複訴訟に当たるか否かを論じており，出題趣旨に合致する。なお，事件の同一性については，通常，「更に訴えを提起」の解釈で示されるのが一般的である。

● 出題趣旨によれば，Bの訴えの訴訟物を明示する必要があるとしているところ，Bの訴えの訴訟物は，「本件事故に係るBのAに対する不法行為に基づく損害賠償債務のうち150万円を超える部分」である（出題趣旨参照）。この点，本答案は，単に「本件事故にかかる不法行為に基づく損害賠償請求権」としかしておらず，Bの訴えの訴訟物とAの訴えの訴訟物の一部のみが重なっていることを示すことができておらず，不十分だといえる。

● 本答案は，Aが反訴を提起することができること，及び反訴の提起によると142条に抵触しないことを的確に論述することができている。また，反訴提起のみならず，別訴提起の方法も採ることが可能であり，その場合であっても弁論の併合によって142条の趣旨に反しなくなること等も指摘することができており，出題趣旨に合致する。

● 出題趣旨によれば，反訴提起によってCに対する訴えも提起できるとした場合には，法定外の主観的追加的併合を認めることになるが，それでよいかという問題について検討することが求められていた。しかし，本答案に限らず，大多数の受験生がこの点に言及できていなかったため，この問題に言及できなくても，

通裁判籍による管轄を有している（４条１項）。また，Ｃは甲市内に居住しており，乙地裁に普通裁判籍による管轄を有していないが，本件事故は乙市内で生じており，不法行為地としての特別管轄（５条９号）を乙地裁に有している。したがって，管轄上の問題もない。

ウ　したがって，ＡはＣをもＢと共同被告とすることができる。

２　課題(2)

(1)　ＡがＢとＣを共同被告とする訴えを甲地裁に提起する場合，重複起訴禁止との関係で適法といえるか。

ア　この場合，やはり上記と同様，ＡのＢに対する訴えは，Ｂの訴えとの関係では，同一の事件にあたる。そして，Ａが甲地裁に提起する場合には，Ａは反訴の方法をとることはできないし，また弁論を併合するにしても，移送の手続を要し，手続が煩瑣であり迂遠である。

イ　ここで，Ｂの訴えは，Ａの訴え提起により，確認の利益を欠き不適法却下されると考える。すなわち，上述の通り，債務不存在確認請求は，同一債権の給付請求の反対形成であり，既判力はいずれの訴えについても同債権の存否の判断に生じる（１１４条１項）一方，給付訴訟では執行力も付与することができる点で，給付訴訟の方が紛争解決の手段としてより適切である。また，債務不存在確認請求は当該債権についての先制攻撃的性格を有しているところ，給付訴訟が提起されることでその役目は果たされることになる。したがって，債務不存在確認請求は同一債権の給付訴訟の提起により，確認の利益を欠くものとなると考えられる。なお，債務不存在確認請求訴訟が一定程度進行している場面であれば，その時点における訴訟状態を享受する当事者

の利益も考慮する必要があり，直ちに確認の利益を欠くといってよいか問題となるが，本件でのＢの訴えは未だ訴え提起段階にあり，Ｂに保護すべき訴訟状態は何ら生じていないのであるから，本件ではこれを考慮する必要がない。したがって，Ｂの訴えは，Ａの訴え提起を受けて確認の利益を欠き，不適法却下されるべきものであると考える。

ウ　そして，このようにＢの訴えが確認の利益を欠き不適法却下されるべきものであるため，その旨を甲地裁に陳述し，実際にＢの訴えが却下されるのを待つことによって，重複起訴状態を回避して，Ａの訴えの審理に入ることができる。よって，Ａの訴えは重複起訴禁止との関係で適法である。

(2)　Ｂ及びＣを被告として甲地裁に訴え提起することは適法か。

ア　この点，Ｃは甲市内に住所を有していることから，甲地裁に普通裁判管轄（４条１項）を有しているが，Ｂは甲地裁に普通裁判管轄も不法行為地としての特別裁判管轄（５条９号）も有していないため，不適法とならないか。

イ　ここで，７条は併合請求における管轄を定めており，併合請求は１つの請求について管轄権を有する裁判所に訴えを提起できるとする。本件では，Ｃが甲地裁に普通裁判管轄を有しているため，同条の適用により，Ａの訴えは適法である。Ｂ及びＣの共同被告の関係は上述の通り３８条前段であるから，７条但書も問題とならない。

ウ　よって，ＡがＢ及びＣを被告として甲地裁に訴えを提起することは適法である。

第２　設問２

大多数の受験生との間で差が開くことはなかったものと推察される。

●　本問では，「甲地裁及び乙地裁のいずれもが本問に現れる訴えの土地管轄及び事物管轄を有することを前提にすること」との指示があるため，管轄について言及する必要はなかった。

●　出題趣旨によれば，課題(2)では，反訴や弁論の併合等の手段をとることができないことを前提として，なおＡの別訴提起が適法である旨を論じることが求められていたところ，本答案は，この前提を指摘した上で，「債務不存在確認訴訟と給付訴訟とでは得られる判決の効果に違いがあること（給付判決には執行力が認められる。）」や「Ａの訴えの提起がＢの訴えについての第１回口頭弁論期日前の時点でされており，Ｂの訴えについて審理が進んでいる状態ではないこと」など，出題趣旨において言及されている事情を摘示し，具体的な検討を加えることができており，高く評価されたものと思われる。

●　法定外の主観的追加的併合の許否という問題は，別訴提起の場合には生じない（出題趣旨参照）。そのため，課題(2)では，共同訴訟の一般的要件（３８前段）を満たすことを指摘すれば十分と思われる。

1　２２０条は，文書提出義務を定めているところ，同条４号が掲げるものに該当しないとき，文書提出を拒むことができないとしていることから，文書の所持者に一般的な文書提出義務を負わせたうえ，これを拒否できる場合を定めているものである。そのため，拒否事由に該当しないことが示されれば，Ｄに文書提出義務を認めることができる。そして，ＤからはＡの診療記録について，２２０条４号ハ又はニについて反論が考えられるため，この点に絞って検討する。

2　２２０条４号ハ

(1)　２２０条４号ハが引用する１９７条１項２号は，「医師が職務上知り得た事実」を掲げるところ，Ａの診療記録は，Ｄが病院経営の上で職務上知り得た事実であることは明らかであるから，これに該当する。

(2)　そこで，Ａの診療記録について，Ｄに「黙秘の義務」があるかが問題となる。この点，Ａの診療記録はＡに関する情報，特に治療等に係るセンシティブな情報が記されているものと考えられることから，ＤはＡに対して守秘義務を負っているものと考えられる。もっとも，守秘義務を負っているからといって，直ちにこれが「黙秘の義務」にあたると考えるべきではない。というのも，守秘義務は当事者間での契約によって自由に発生させることができるものであって，これによって直ちに「黙秘の義務」として，文書提出義務を免れるとすることは，民事訴訟における真実発見という目的を阻害することとなり，妥当とはいえないからである。そして，民事訴訟における手続に従って文書を提出するものである以上，仮に守秘義務を負っていたとしても，当該文書の提出により直ちに守秘義務に反することとなると考えられるものではない。

(3)　したがって，ＤがＡに対して守秘義務を負っていたとしても，Ａの診療記録は２２０条４号ハに該当せず，ＤはこれによってＡの診療記録の提出を拒むことはできない。

3　２２０条４号ニ

(1)　２２０条４号ニは自己専利用文書を掲げる。ここで，自己専利用文書にあたるためには，①当該文書が専ら内部での利用のために作成されるものであって，外部に開示されることが予定されるものではなく（外部非開示性），②当該文書を開示することで個人のプライバシーや組織としての意思決定を侵害する等の著しい不利益を生ずるおそれがあり（不利益性），③開示すべき特段の事情の認められないものであることを要する。

(2)　ここで，Ａの診療記録は，ＤにおいてＡの診療方針等を定めるため，Ａに実施した診療を記録しておくものであって，上述の通りＡのセンシティブ情報が記録されているだけでなく，Ｄの今後のＡに対する診療方針の意思決定にかかわる文書である。しかし，診療記録は，場合によって，社会保障の申請や保険申込みの場面等で提出が求められうる文書であって，一定程度外部に開示されることが予定されているものである。また，本件ではＡは文書提出命令にかかる訴えの当事者であって，Ａの診療記録の一部はすでに証拠として提出している以上，Ａのプライバシー侵害はある程度軽減されるものといえ，著しい不利益とはいい難い。Ｄでの診療方針等の意思決定についても，Ａの訴えについてみれば，Ｄの診療方針等が直ちに問題となるものとは考えられず，Ａの診療記録を開示したとしてもＤの意思決定を害するとはいえず，やはり著しい不利

● 本答案は，１９７条１項２号及び２２０条４号ハの趣旨を考慮できていない。すなわち，２２０条４号ハは，１９７条１項２号により証言拒絶が認められる秘密について，これを書証提出の場面においても保護しようとする趣旨の規定である。そのため，民事訴訟における真実発見を強調して書証提出を認めようとする本答案の論述は，１９７条１項２号及び２２０条４号ハの趣旨に反するものといえる。

● 本答案の「守秘義務は当事者間での契約によって自由に発生させることができる」との論述は，判例（最判平19.12.11／百選［第４版］〔Ａ23〕）を意識したものと思われるが，医師の守秘義務は，金融機関の守秘義務と異なり，契約によって生じるものではなく医師という職業自体から生じるものであるから，本答案の論理展開は適切とはいえない。もっとも，判例を意識した論理展開ができている分，他の受験生との間で差を付けることができたものと思われる。

● 出題趣旨は，２２０条４号ニ（いわゆる自己利用文書）の該当性について，「一般に診療記録が各種の事項に関して証拠方法となり得ること等を踏まえると，専ら所持者の利用に供するための文書とは解することができないので，自己利用文書の該当性を論ずる必要はない」としている。本答案は，この点について約１頁にわたり論述しており，論点間の論述のバランスを失している。
　　もっとも，本答案は，診療記録の具体的な性質に言及したり，訴えの当事者であるＡが既に診療記録の一

益とはいえない。したがって，Aの診療記録は外部非開示性，不利益性を欠くものであって，自己専利用文書には当たらないと考えられる。
(3) したがって，Aの診療記録は２２０条４号ニに該当せず，Dはこれによって Aの診療記録の提出を拒むことはできない。
4 以上より，DはAの診療記録につき文書提出義務を負う。
第3 設問3
1 主張(ア)について
　４３条１項は，「補助参加の申出は，……補助参加により訴訟行為をすべき裁判所にしなければならない」としており，同条２項は，「補助参加の申出は，補助参加人としてすることができる訴訟行為とともにすることができる」としている。また，４５条１項は，補助参加人がすることができる訴訟行為について「上訴の提起」を掲げている。これらの条文構造からすれば，たとえ，第一審審判中において補助参加していなかったとしても，その判決後確定前であれば，未だ訴訟は終了したものではなく，上訴の提起とともに補助参加を申し出ることも可能である。
　本件では，確かに，Bは第一審審判中にAに補助参加をしていないが，判決確定までは未だ訴訟係属状態にあるといえるため，上訴の提起とともに補助参加を申し出ることは許されるものと考えられる。そして，Bは，控訴期間内に，補助参加の申出をするとともに控訴の提起を行っているため，このようなBの申出も許されるものである。
　よって，第一審で補助参加をしていなかったBがAのために控訴をすることはできないため，控訴は不適法であるとするCの主張(ア)は妥当ではない。

2 主張(イ)について
　４２条によれば，補助参加は，「訴訟の結果について利害関係を有する第三者」，すなわち，補助参加の利益を有する第三者がすることができる。補助参加の趣旨は，補助参加によって被参加人の訴訟活動を充実させるとともに，参加人が自らの将来の利益のために訴訟行為をすることができるようにして，紛争解決手段を充実させることにある。そこで，このような観点から，「訴訟の結果」とは，訴訟物の判断及びこれを導く重要な事実についての判断のことをいい，これにつき「利害関係を有する」とは，法律上の利害関係につき事実上の影響を与える関係にあることをいう。これにあたる者による補助参加は，被参加人の訴訟活動を充実させ，かつ参加人にとっても自らの将来の利益を図る関係にあるといえるからである。
　本件では，AのB及びCに対する訴えの訴訟物は，本件事故にかかる不法行為に基づく損害賠償請求権であるところ，両請求がいずれも認められた場合，B及びCによる共同不法行為が認定されることとなる。その場合，AのBに対する請求権とCに対する請求権はそれぞれ不真正連帯債務の関係にあることになるから，B及びCはいずれもAに対し全額賠償する義務を負うとともに，全額賠償した場合，その過失割合に従い求償関係が生じることになる。そうすると，Bにとって，AのCに対する請求権が認められるか認められないかという訴訟物の判断によって，BのCに対する求償権という法律上の利害関係につき，事実上，求償できるか否か，できるとして過失割合はいくらか，という影響を与えることになる。したがって，本件では，Bは補助参加の利益を有するものと

部を証拠として提出していることを指摘した上，具体的な検討を加えている点で，一定の評価を受けたものと思われる。

● 出題趣旨によれば，主張(ア)との関係においては，「第一審で補助参加をしていなかった者も，補助参加の申出とともに被参加人のために控訴ができる」とするのが，43条2項及び45条1項から導かれる適切な解釈であるところ，本答案は，43条2項及び45条1項を摘示した上で，上訴の提起とともにする補助参加の申出を認め，Bの申出を認めるべきであると論述しており，出題趣旨に合致する。

● 補助参加という制度の趣旨を明らかにした上で，「訴訟の結果」及び「利害関係」という文言の解釈を，簡潔かつ的確に論じることができている。

● 判例（最判昭51.3.30／百選［第5版］〔A32〕）は，共同訴訟人の1人が，求償権保全目的で，相手方当事者のために補助参加を申し立てた事案において，補助参加の利益を肯定している。本答案は，この判例に従い，AC間の訴訟の結果がBにも事実上影響することを説明しつつ，求償権への影響を理由として補助参加の利益を肯定しており，出題趣旨に合致する。

☆ 改正民法下では，連帯債務の絶対

平成30年・司法

して「訴訟の結果について利害関係を有する第三者」にあたると考えられる。なお、たしかに、Bが仮に補助参加が認められた場合でも、Cとの後訴では、BとCが敗訴責任を分担するわけではないため、その公平のための参加的効力（４６条）は働かないが、このような場合でも、補助参加が参加人の利益のための制度であることにかんがみれば、このことをもって、直ちに補助参加の利益を否定すべきものではない。

　　よって、Bにはこの訴訟への補助参加が許されないので控訴をすることもできないとするCの主張(イ)は、妥当でない。
3　以上より、Cの主張はいずれも妥当でないから、丙高裁はBの控訴を適法として、審理判断すべきである。

以　上

※　実際の答案は８頁以内におさまっています。

的効力事由が限定され、かつ、求償のルール（改正４４２等）が全ての連帯債務に適用されることから、（真正）連帯債務と不真正連帯債務の区別は無用のものと解されている。そのため、共同不法行為者が負担する損害賠償債務を不真正連帯債務と解する必要性はなくなった。

● 「丙高裁の受訴裁判所がこの控訴の適法性についてどのように判断すべきかを論じなさい」という設問の形式にあわせ、丙高裁がすべき判断の内容を示すことができている。

LEC東京リーガルマインド　司法試験＆予備試験　論文5年過去問　再現答案から出題趣旨を読み解く。民事訴訟法

▶ MEMO ─────────────────────

平成30年・司法

第1　設問1
1　課題(1)
(1)　AがBを被告として乙地裁に訴えを提起する場合に訴えを適法といえるかを検討する前提として，Bの訴えの訴訟物が問題となる。
　ア　Bの訴えは確認訴訟であるところ，確認訴訟は給付訴訟の裏返しであり，かつBの自認した150万円の部分は訴訟物を構成しない。
　イ　そのため，150万円を除いた部分の不法行為に基づく損害賠償請求権が訴訟物となる。
(2)　では，これを踏まえて乙地裁に訴えを提起できるか。Bの訴訟は訴状がAに送達され，二当事者対立構造が生じているところ，Aの訴えが二重起訴の禁止（142条）に反しないかが問題となる。
　ア　142条の趣旨は，既判力の矛盾抵触禁止，応訴の煩回避，訴訟不経済防止にある。かかる趣旨から，二重起訴とは，①当事者が同一で，②審判対象が同一であることをいうと考える。
　イ　本件では，Aの訴えとBの訴えは原告と被告が入れ替わっているものの，当事者は同一である（①）。そして，訴訟物のとらえ方は基準としての明確性，実体法との調和の見地から，旧訴訟物理論が妥当であるところ，上述のようにBの訴えの訴訟物は不法行為（709条）に基づく損害賠償請求権である。不法行為の根拠条文として710条もありうるが，身体損害も精神損害も被侵害法益と発生原因事実が同一であるから，709条と710条に分けず，709条ひとつで訴訟物を構成する。

これに対して，Aの訴えはCもともに訴えていることからも分かるように，共同不法行為（719条）に基づく請求である。しかし，共同不法行為であっても不法行為者が連帯して責任を負うにすぎず，あくまで訴訟物は不法行為（709条）に基づく損害賠償請求である。また，Bの訴えは150万円を除いた部分が訴訟物で，Aの訴えは400万円の損害賠償請求権が訴訟物であるが，その審判対象は重なる。そのため，Aの訴えとBの訴えは審判対象が同一といえる（②）。
　ウ　そのため，二重起訴には当たる。
　エ　しかし，確認訴訟は執行力がない点で給付訴訟に比べて紛争解決機能が劣るので，Aの給付の訴えが提起されたことでBの確認の訴えは確認の利益が欠くこととなり，訴え却下判決がされる。
　オ　そのため，二重起訴とはならず，Aは訴えを提起できる。
(3)　では，AはBCを共同被告とできるか。民訴法38条前段の要件を満たすか問題となる。
　ア　BCは同一の不法行為でAに損害を与えているから，「同一の事実上……の原因に基づく」といえる。
　イ　そのため，38条前段を満たす。
(4)　したがって，AのBCに対する乙地裁へ訴えの提起は認められる。
2　課題(2)
(1)　上述のように，BCを訴える際に38条前段で通常共同訴訟とな

● Bの訴えの訴訟物は，「本件事故に係るBのAに対する不法行為に基づく損害賠償債務のうち150万円を超える部分」である（出題趣旨参照）ところ，本答案は，この旨を論述することができており，出題趣旨に合致する。
　なお，本答案は，「確認訴訟は給付訴訟の裏返し」であるとしているが，債務不存在確認訴訟ならば給付訴訟の裏返しであると言い得ても，確認訴訟全般が給付訴訟の裏返しであるとはいえないから，かかる論述は不正確である。

● 本答案は，Bの訴えの訴訟物とAの訴えの訴訟物はその一部のみが重なることを指摘し，金額の差異を意識して論述している点で，出題趣旨・採点実感に合致する。
　なお，本問では，Cの請求の詳細（損害額における身体的損害と精神的損害の内訳等）は示されていないから，本答案のように，損害項目ごとに訴訟物が異なるかどうか（最判昭48.4.5／百選［第5版］〔74〕参照）を検討する必要はない。

● 出題趣旨によれば，課題(1)では，Aとしては①反訴を提起するか，又は②別訴を提起して口頭弁論の併合を求め，口頭弁論が併合されることにより，142条に抵触しないことを指摘することが求められていた（再現答案①参照）。本答案は，判例（最判平16.3.25／百選［第5版］〔29〕）を意識した論述がなされている点は一応評価できるものの，上記各指摘ができていない点で，再現答案①と比べれば低い評価となったものと考えられる。

● 出題趣旨によれば，課題(2)では，

る。そして，７条で，３８条前段による併合請求する際，一方の被
告の住所として管轄が肯定される場合は，数個の請求すべてをその
裁判所に提起できる。
(2) 本件では，共同被告の一人であるCの住所地として甲地裁に管轄
がある（4条）。
(3) したがって，AはBCを共同被告として甲地裁に訴えを提起でき
る。
第2　設問2
1　文書提出命令（２２３条）が出されるためには，その申立て（２２
１条５号）で提出義務を明らかにしなければならない。では，DにA
の診療記録の提出義務があるか。２２０条に文書提出義務が定められ
ているところ，Dからは4号各号の除外事由があると反論される。そ
こで，4号各号該当性を検討する。
2　まずイ，ロ，ホについては当然に認められない。
3　ニは，専ら自己が利用する目的で外部に開示する予定がなく，これ
が開示されると看過しがたい不利益が生じるものをいうところ，診療
記録は外部に開示する予定があるものであるから，これに当たらな
い。
4　そこで，ハについて見る。D病院の有する診療記録は「医師……職
務上知り得た事実」（１９７条1項2号）に形式的には当たる。もっ
とも，実質的にこれに当たるか。
(1) 実質的にこれに該当するかは，開示されることにより生じるAの
不利益と開示されないことによるBの不利益を比較衡量して決する

べきである。
(2) 本件では，たしかにAの情報が書かれた診療記録が開示されるこ
とでAのプライバシーが一定程度害されうる。しかし，Aの診断書
はすでにある程度出されていることから，Aのプライバシーが害さ
れる度合いは低い。一方，Bはかかる診療記録が提出されないこと
で敗訴して４００万円という高額の賠償をしなければならなくなり
うることから，提出されない不利益は極めて大きい。
(3) そのため，実質的に「医師……職務上知り得た事実」には当たら
ないと解すべきである。
(4) そのため，ハにも当たらない。
5　したがって，Dに文書提出義務が認められる。
第3　設問3
1　(ア)の当否
(1) Bは，補助参加して控訴申立てをしようとしている（４３条2
項，４５条）。これに対して，(ア)の主張は，第一審で参加して
いなかったBには不服（３０４条）を観念できないという趣旨と考
えられる。
(2) 基準としての明確性の見地から，申立ての範囲と判決を比べて，
前者が上回るときに不服申立てが認められると解するべきである。
(3) そして，Bは第一審で参加していないし，当然の補助参加も観念
できないのだから，不服がBには観念できない。また，訴訟の程度
からして，上訴はできないともいえる（４５条1項但書）。
(4) したがって，主張(ア)は正当といえる。

反訴や弁論の併合等の手段をとるこ
とができないことを前提として，な
おAの別訴提起が適法である旨を論
じることが求められていたところ，
本答案は，この問題点に気付くこと
ができず，再現答案①と比べて低い
評価がなされたものと思われる。

● 論点間の論述のバランスを考慮し
つつ，220条4号ニ該当性が問題と
ならないことを端的に論述できてい
る。

● 出題趣旨・採点実感によれば，設
問2では，医師の守秘義務によって
保護されているのが訴訟の当事者で
あるAについての情報であることが
Dの文書提出義務に影響するかどう
かという点が問題となり，「当該顧
客自身が当該民事訴訟の当事者とし
て開示義務を負う場合には，当該顧
客は上記顧客情報につき金融機関の
守秘義務により保護されるべき正当
な利益」を有しないとした判例（最
判平19.12.11／百選［第4版］〔A
23〕）の趣旨を踏まえて，除外事由
に当たらないことの理由を示すこと
が求められていた。本答案は，これ
らを明確に意識できてはいないが，
Aが既に診療記録の一部を提出して
いることと，Aの情報保護の利益と
を関連付けて検討できていることか
ら，一応の評価はなされたものと考
えられる。

● 主張(ア)では，43条2項及び45条
1項本文を指摘し，これらの規定に
より，Bは補助参加の申出とともに
控訴を提起できる旨を，端的に論述
すれば十分であった。しかし，本答
案は，主張(ア)の当否を検討するのに
全く必要のない控訴の利益に関する

平成30年・司法

2 (イ)の当否
(1) (イ)の主張は、Bに「訴訟の結果」に「利害関係」（42条）がないというものである。
(2) 「利害関係」とは、法的利益に事実上の影響が生じることをいう。そして、「訴訟の結果」とは主文のみならず、理由中の判断も含む。
(3) 本件では、理由中の判断で過失割合が示される可能性が高く、これにより、後のBC間での求償関係をめぐる訴訟に影響が出てくる。
(4) そのため、「訴訟の結果」に「利害関係」はある。
(5) したがって、(イ)は不当である。
3 結論
(イ)は不当だが、(ア)が認められる以上、控訴は不適法と判断すべきである。

以　上

論述に終始しており、出題趣旨に合致しない。

● 採点実感によれば、ＡＣ間の訴訟の実体法上・訴訟法上の効果がＢＣ間には及ばないことを指摘した上で、Ｂの補助参加の利益を肯定する場合には、ＡＣ間の訴訟の結果がＢＣ間の求償関係に「事実上」影響を及ぼすことを丁寧に論述することが求められていた。本答案は、この点について簡素に論じるのみであり、採点実感が求める丁寧な論述には遠く及ばず、高い評価は得られなかったものと思われる。

MEMO

第1　設問1

I　課題(1)

1　AがBを被告として乙地裁に訴えを提起することが適法か。

(1)　管轄の問題

　　被告であるBは乙市に居住している者であるから，乙地裁が管轄裁判所となる（民事訴訟法（以下略）4条1項）。また，不法行為に関する訴えは，「不法行為があった地」を管轄する裁判所が管轄裁判所となる（5条9号）ところ，本件事故は乙市内で起こっているので，この意味でも乙地裁が管轄裁判所となる。

　　よって，管轄裁判所の問題は生じず，この点では訴えは適法である。

● 本問では，「甲地裁及び乙地裁のいずれもが本問に現れる訴えの土地管轄及び事物管轄を有することを前提にすること」との指示があるため，管轄について言及する必要はなかった。

(2)　重複起訴の問題

　　既にBの訴えが提起されていることから，Aの訴えの提起が，重複起訴として142条に反しないか。

　ア　同条の趣旨は，重複起訴による矛盾判決の防止，被告の応訴の煩の回避，訴訟経済にある。かかる趣旨からすれば，「事件」とは，訴訟物を同一とする紛争をいうと考える。

　イ　Bの訴えは，不法行為に基づく損害賠償請求権の一部不存在確認請求である。債務の不存在確認請求は給付請求の裏返しであるから，Bの訴えの訴訟物は，給付請求と同一であり，不法行為に基づく損害賠償請求権である。

　　したがって，Aの訴えとBの訴えは訴訟物を同一とする紛争であるから，Aの訴えは，142条に反するのが原則である。

● 事件の同一性とは，訴訟物の同一性及び当事者の同一性をいうところ，本答案は，当事者の同一性について論ずることができていない。

● Bの訴えの訴訟物は，判例の考え方によれば，「本件事故に係るBのAに対する不法行為に基づく損害賠償債務のうち150万円を超える部分」である。

　ウ　もっとも，不法行為の被害者が，加害者に先んじて債務不存在確認の訴えを提起された場合，損害賠償請求の訴えを提起できないとすると，被害者にとって直ちに賠償金を得る手段を絶たれることとなり，被害者救済の観点から妥当性に欠ける。

　　そこで，このような場合，例外的に損害賠償請求の訴えの提起を適法とし，先行する債務不存在確認の訴えについては，訴えの利益を欠くとして不適法却下とするか，又は訴えの取下げを促すべきと考える。

　エ　本件においても，上記が妥当する。よって，Aの訴えの提起は適法である。

2　AはCをもBと共同被告とすることができるか。

(1)　前述の通り，AがBを被告として乙地裁に訴えを提起することは適法であるから，Bに対する訴えを乙地裁に併合提起することは，38条前段をみたす限り，適法である（7条本文，ただし書）。

(2)　AのBに対する訴え及びCに対する訴えは，本件事故というB及びCによる共同不法行為を前提とした不法行為に基づく損害賠償請求であるから，本件事故という共同不法行為は，「同一の事実上及び法律上の原因」といえる。したがって，「訴訟の目的である権利」が「同一の……原因に基づくとき」にあたる。

　　よって，38条前段を充足する。

　　したがって，CをもBと共同被告として訴えを提起することは適法である。

II　課題(2)

● 出題趣旨によれば，課題(1)では，Aとしては①反訴を提起するか，又は②別訴を提起して口頭弁論の併合を求め，口頭弁論が併合されることにより，142条に抵触しないことを指摘することが求められていた（再現答案①参照）。本答案は，142条に抵触しないためにはどうすべきかというアプローチではなく，被害者救済の観点という実質的な理由でAの訴えの提起（①反訴か②別訴提起かすらも不明）を適法としており，出題趣旨に合致しない。

1　Aが，BとCを共同被告とする訴えを甲地裁に提起することが適法
といえるか。
　　Bの訴えが，甲地裁とは別の乙地裁に提起され，既に係属してい
る。前述のとおり，両訴えは訴訟物が同一の訴えであるから，矛盾判
決の防止等の重複起訴禁止原則の趣旨が妥当し，更に管轄が異なるた
め，前述の例外措置も直ちに適用できない。よって，かかる訴え提起
は許されないのが原則である。
　　もっとも，被害者Aに加え，共同被告たるCや裁判に必要となるA
の治療に関する証拠を有するD病院は甲市に存するので，訴訟経済
上，甲地裁での訴訟追行が望ましい。
　　そこで，例外的に甲地裁での訴え提起が許されないか。
2　このような場合，必要的移送（19条1項本文）の類推適用ができ
ないか。その趣旨は，訴訟経済と当事者の公平にある。かかる趣旨か
らすれば，移送が訴訟経済に資するものといえ，かつ，当事者に公平
であるといえるならば，類推の基礎が認められる。そうであれば，1
9条1項を類推適用し，異なる地裁での訴え提起であっても適法と考
える。
3　これを本件についてみると，A，C及びD病院が甲市に存する以
上，甲地裁での訴訟追行が訴訟経済に資するといえる。また，甲地裁
は土地管轄を有するのだから，被害者たるAの便宜を図り，甲地裁で
の提起を認めることが当事者の公平といえる。
　　したがって，19条1項を類推適用し，Aの訴えは適法である。
第2　設問2

　Aの診療記録についてDに文書提出義務（220条）があるといえる
か。Dは，同条各号のいずれにも該当しないと反論すると考える。
1　同条1号ないし3号について
　　Dは訴訟当事者ではないから，1号は該当しない。BがDに対し
て，診療記録の引渡又は閲覧を求めることができるものではないか
ら，2号は該当しない。Aの診療記録は，Bの利益のために作成され
たものではなく，また，BとDとの間の法律関係について作成された
ものでもないから，3号も該当しない。
2　同条4号について
（1）　まず，本件は刑事事件ではないので196条は関係せず，イには
　　該当しない。公務員の職務とも関係しないから，ロにも該当しな
　　い。刑事事件又は少年事件ではないので，ホにも該当しない。
（2）　4号ハについて
　　　Aの診療記録は，「医師……が職務上知り得た事実」（197
　　条1項2号）といえる。そこで，「黙秘の義務」の意義が問題と
　　なる。
　　ア　4号ハの趣旨は，職業上高度の守秘義務を負う者が有する秘
　　　匿事項が開示されることによって，訴えとは関係しない点にお
　　　いて不必要なプライバシーの侵害が生じることを防止する点に
　　　ある。かかる趣旨からすれば，「黙秘の義務」とは，訴訟の争
　　　点とは関係しないプライバシー侵害発生の蓋然性を有する事項
　　　について認められると解する。
　　イ　これを本件についてみると，たしかにAの診療記録は，患者

● 　出題趣旨によれば，課題(2)では，
Bの訴訟が係属する裁判所とは別の
裁判所に提起する別訴であっても，
これを適法と認めるべき必要性と，
重複起訴の禁止の趣旨が妥当しない
とする理由を示すことにより，Aの
訴えが適法であることを述べること
が期待されていた。
　　この点，本答案は，甲地裁への訴
えの提起を適法と認めるべき必要性
について，一部ではあるが言及でき
ている。しかし，その後は必要的移
送の論述に終始しており，出題趣旨
に合致しない。

● 　本答案は，Dの文書提出義務の有
無を検討するに当たり，220条各号
が規定する各文書について網羅的に
検討を加えているが，設問2では
220条4号ハ・197条1項2号への
該当性が最も問題となるのであり，
それ以外についての検討は特に求め
られていない。本答案のような論述
の仕方は，採点実感でも指摘されて
いるように，主要な論点に関する論
述が不十分となりやすく，答案政策
上も望ましくない。

● 　設問2では，医師の守秘義務に
よって保護されているのが訴訟の当
事者であるAについての情報である
ことがDの文書提出義務に影響する
のではないかということや，Aが当
該訴訟の手続において既に診療記録
の一部を提出していること，判例（最
決平19.12.11／百選［第4版］〔A

としてのＡに関する情報が記載されているのだから、これが開示されるとＡのプライバシー侵害を生じさせるおそれはある。しかし、Ａの訴えにおいては、Ａに生じた治療費が争点となっているのだから、かかる診療記録は争点に関係しないとはいえない。

　　よって、Ａの診療記録の開示について「黙秘の義務」が「免除されていない」とはいえないので、４号ハには該当しない。

(3)　４号ニについて

　　Ａの診療記録は、自己利用文書として、４号ニに該当しないか。

　ア　自己利用文書とは、外部への開示を予定せずに作成されたものであって、開示すると団体の意思決定を害したり対象者のプライバシーを著しく侵害するものであり、その他特段の事情のないものをいう。

　イ　診療記録は、患者の病状と診療の記録を記載したものであって、患者は転院があり得る以上、その際はかかる記録は転院先に開示されるのだから、外部への開示を予定せずに作成されたとはいえない。

　　よって、自己利用文書とはいえず、４号ニに該当しない。

(4)　したがって、４号イないしホのいずれにも該当しない。

3　以上より、４号が充足されるので、文書の所持者たるＤ病院に文書提出義務が認められる。

第3　設問3

1　主張(ア)について

(1)　(ア)の主張は、第一審にて補助参加（４２条）していなかった者が、控訴を提起することはできないとの主張である。補助参加の申出の時期及び申出とともになしえる訴訟行為が問題となる。

(2)　補助参加の趣旨は、被参加人の訴訟追行に参加人が協力することによって訴訟を勝利に導き、紛争の統一的解決を図る点にある。かかる趣旨からすれば、「補助参加の申出」（４３条１項）は、訴訟が確定するまでの間であればいつでも行うことができると考える。また、同２項によれば、参加人は加の申出とともに訴訟行為をすることができ、かかる訴訟行為には「上訴の提起」も含まれる（４５条１項本文）。

(3)　Ａの訴えは、第一審判決がなされた段階にすぎず、未だ控訴期間内であるから、訴訟が確定されているとはいえず、Ｂは補助参加の申出は行うことができる。そして、申出が可能である以上、かかる申出とともに、Ｂは控訴をすることができる。

　　よって、(ア)の主張は不当である。

2　主張(イ)について

(1)　(イ)の主張は、そもそもＢは補助参加が許されないので、控訴ができないとの主張である。Ｂが「訴訟の結果」について「利害関係」（４２条）を有するといえるか問題となる。

(2)　補助参加の趣旨は、前述の他、参加人は自己独自の法律上の利益を確保し得、また、被参加人は参加人に敗訴責任を分担せしめ得る点にある。かかる趣旨からすれば、「訴訟の結果」とは、判決主文

23]）の趣旨等について論述することが求められていたが、本答案は、Ａの診療記録が争点に関係する文書であるか否かを論じるだけであり、出題趣旨に合致しない。

● 出題趣旨によれば、220条４号ニの該当性を検討する必要はなかった。検討するにしても、再現答案②のように、端的にＡの診療記録が自己利用文書に該当しないことを論述すれば十分と思われる。

● 主張(ア)では、43条２項及び45条１項本文を指摘し、これらの規定により、Ｂは補助参加の申出とともに控訴を提起できる旨を、端的に論述すれば十分であった。本答案は、43条２項及び45条１項を摘示した上で、補助参加の申出とともに控訴を提起できる旨を論述しており、出題趣旨に合致する。

● 補助参加という制度の趣旨を明らかにした上で、「訴訟の結果」及び「利害関係」という文言の解釈を、簡潔かつ的確に論じることができている。

に加えて，判決理由中の判断も含まれると考える。そして，「利害関係」とは，私法・公法上の法的地位又は法的利益に影響を及ぼす場合をいう。

(3)　ＡＣ間の第一審の判決主文は「ＡのＣに対する請求を棄却する」とのものであり，ＡのＣに対する不法行為に基づく損害賠償請求権が不存在との判断であった。そして，その理由中の判断は，Ｃに過失がないとのものである。Ｃに過失があれば，ＢとＣはＡに対して共同不法行為責任を負い，２５０万円を共同で負担することになる。一方，Ｃに過失がないとなれば，Ｂは２５０万円を単独で負わなければならず，かかる責任は法律上の利益といえる。したがって，Ｂは，Ｃに過失がないという「訴訟の結果」に対して，損害賠償責任の分担という「利害関係」を有するといえる。

　　よって，Ｂに補助参加は認められるので，(イ)の主張は不当である。

3　丙高裁の判断について

(1)　では，丙高裁は，控訴を適法とすべきか。被参加人たるＡに控訴提起のつもりがないことから，４５条２項に反しないか問題となる。

(2)　同項の趣旨は，訴訟の主体たる被参加人の意思の尊重にある。かかる趣旨からすれば，被参加人が控訴を望まないにもかかわらず，参加人が控訴をすることは「被参加人の訴訟行為と抵触する」といえる。

(3)　Ａは，第一審判決に満足し，Ｂに対してもＣに対しても控訴をするつもりはないのだから，それにもかかわらずＢが補助参加をして控訴をすることをＡは望んでいないといえ，「被参加人の訴訟行為と抵触する」といえる。

以　上

● 本答案は，判例（最判昭51.3.30／百選［第5版］〔A32〕）を意識した論述ができており，出題趣旨に合致する。

● 本問のように，原告が控訴をしないという消極的な態度をとっていることをもって，「被参加人の訴訟行為と抵触する」場合に該当すると解した場合，主張(ア)との関係で，控訴提起とともに補助参加の申出をすることを認めた意義が失われる。判例（最判昭46.6.29等）も，「補助参加人のなした控訴の申立が被参加人の意思に反するものであっても，その申立の以前に被参加人が相手方と不控訴の合意をなし，または控訴権を放棄していたなどの事由の認められないかぎり，右控訴の申立は，被参加人の訴訟行為に牴触するものといえず，したがって，無効とはならない」としている。

　判例の立場と異なる結論を採る場合には，少なくとも上記判例の立場に言及した上で，合理的な理由を付して論理展開する必要があるが，本答案はこれらが不十分である。

第1　設問1
1　課題(1)
(1) 訴えが適法といえるか。
　ア　既にBのAに対する訴えが送達されたことにより，訴訟が係属しているところ，AがBに対し訴えを提起することは重複訴訟禁止（142条）に当たらないか。
　　　142条の趣旨は，i訴訟経済に反すること，ii相手方の応訴の煩の防止，iii判決の矛盾接触の回避にある。そこで，重複訴訟に当たるかは，①当事者の同一性，②訴訟物の同一性によって判断する。
　　　両訴訟は，当事者をともにAとBとするものである（①）。そして，BがAに対し提起した訴えは，債務不存在確認訴訟であるところ，その訴訟物は，AのBに対する不法行為に基づく損害賠償請求権である。そして，AのBに対する訴えも，AのBに対する不法行為に基づく損害賠償請求であるから，訴訟物も同一である（②）。
　　　したがって，142条に反し，Aの訴えは却下されるようにも思える。
　イ　もっとも，債務不存在確認訴訟は，消極的確認の訴えであるところ，同一権利について給付訴訟が提起された場合は，訴訟選択の適正を失い，訴えの利益が消滅することになる。Bの債務不存在確認訴訟は，Aが同一権利について給付訴訟を提起した時点で，訴えの利益が消滅し，訴え却下になる。

　　　そこで，上記の重複訴訟にはあたらないことになる。
　　　よって，Aの訴えは適法である。
(2) Aは，CをもBとの共同被告とすることができるか。
　　　共同訴訟は，「訴訟の目的である権利……が，……同一の事実上……の原因に基づくとき」（38条前段）に認められるところ，AのBに対する不法行為に基づく損害賠償請求と，AのCに対する不法行為に基づく損害賠償請求は，同じ本件事故によって発生したものであるから，これにあたる。
　　　また，AのCとBに対する債権は，共同不法行為に基づく損害賠償請求権（719条）であるところ，これは不真正連帯債務と解されるから，「訴訟の目的である……義務が数人について共通」ともいえる。
　　　よって，AはCをもBと共同被告とすることができる。
2　課題(2)
(1) 普通裁判籍は被告の普通裁判籍の所在地を管轄する裁判所に属するところ（4条1項），Bの住所は乙市内にあるため，Bに関する訴えの裁判籍は，乙地裁にある。
　　　加えて，不法行為に関する訴えは，不法行為があった地に裁判管轄があるところ（5条9号），本件事故があったのは乙市内であるから，やはりBに対する訴えは，乙地裁にあると思える。
(2) もっとも，AのBに対する訴えは，AのCに対する訴えと共同訴訟であり，上述したように38条前段の関係にある。そうすると，7条本文，ただし書の適用により，Cへの請求について管轄権を有

● 採点実感は，本問で重複訴訟の禁止を論じるに当たっては，まず，「Bの訴えの訴状副本がAに送達されており，事件が裁判所に係属していることを指摘する必要がある」としており，本答案は，この点を指摘できている。

● 本答案は，A及びBの訴えの訴訟物を「AのBに対する不法行為に基づく損害賠償請求権」としかしておらず，Bの訴えの訴訟物とAの訴えの訴訟物の一部のみが重なっていることを示すことができていない点で，不十分である（再現答案②参照）。

● 出題趣旨によれば，課題(1)では，Aとしては①反訴を提起するか，又は②別訴を提起して口頭弁論の併合を求め，口頭弁論が併合されることにより，142条に抵触しないことを指摘することが求められていた（再現答案①参照）。本答案は，判例（最判平16.3.25／百選［第5版］〔29〕）を意識した論述がなされている点は一応評価できるものの，上記各指摘ができていない点，及び上記判例は「反訴」が提起された事案であるが，本問事案の特徴に一切言及せずに上記判例の射程が及ぶような論述をしている点で，不適切である。

☆ 改正民法下では，共同不法行為者が負担する損害賠償債務を不真正連帯債務と解する必要性はなくなった（再現答案①コメント参照）。

● 出題趣旨によれば，課題(2)では，Bの訴訟が係属する裁判所とは別の裁判所に提起する別訴であっても，これを適法と認めるべき必要性と，重複起訴の禁止の趣旨が妥当しないとする理由を示すことにより，Aの訴えが適法である旨を述べることが期待されていた。
　　この点，本答案は，上記出題趣旨が期待する問題点に気付くこと

する裁判所にその訴えを提起することができる。そして，Cの住所
は，甲市内にあるため，普通裁判籍として甲地裁がある（４条１
項）。したがって，AはBに対する訴えについても甲地裁に訴えを
提起することができる。

(3) また，管轄が複数存在する場合，申立て又は職権で当事者間の公
平を図るため，他の裁判籍に移送されることがあり得る（１７
条）。しかし，本件訴訟において，AとCの両名が甲市内に住所を
有し，Aの弁護人の事務所も甲市内にあるところ，当事者の一人で
あるBだけのために乙地裁に移送されることは考えにくい。

(4) よって，AがBとCを共同被告とする訴えを甲地裁に提起するこ
とは適法である。

第２　設問２

1　D病院でのAの診療記録は，２２０条１号から３号該当文書ではな
いため，４号該当性が問題となる。具体的には，４号ハに該当しない
か検討する。

2　まず，Dは「医師……の職にある者」であり，診断書は診断中にそ
の内容を記載したものであるから，「職務上知り得た事実」である。
では，「黙秘すべきもの」といえるか。

ア　ここで，文書提出命令の趣旨は，武器対等を実現し，当事者
の実質的対等を図ることにある。そして，文章提出命令を一般
化した２２０条４号の趣旨から，「黙秘すべきもの」の意義に
ついては限定的に解釈するべきである。そこで，同文言に該当
するかは，ⅰ当該技術の有する社会的価値が下落しこれによる

活動が困難になるもの，または，ⅱ当該職業に深刻な影響を与
え，以後その追行が困難となるものをいうものと解する。

イ　確かに，一般的に診断書の内容は個人の上記の情報等が記載
されプライバシーに関わるものであり，これを開示すれば患者
との信頼関係が崩れ今後の業務に影響を生じるものである。

もっとも，２２０条４号がイからホの該当事由を除き一般的
に文書提出命令の対象にした趣旨が，上記した当事者の公平を
図ることにあるとすると，訴訟の当事者に関する診察情報は，
提出命令に応じても職業に深刻な影響を与えないと解するべき
である。なぜなら，当事者となっている者の秘密は，本来法廷
で明らかにされるべきものであるから，新たなプライバシー侵
害はないからである。

ウ　したがって，D病院でのAの診療記録は「黙秘すべきもの」
にあたらない。

3　よって，２２０条４号ハの除外事由にはあたらず，同４号柱書に基
づき，Dには文書提出義務があるといえる。

第３　設問３

1　(ア)に関して

(1) まず，控訴審において補助参加することができるか問題となる。
補助参加について，明文上控訴審での補助参加を禁止している
規定はない（４２条から４６条参照）。また，控訴審において補
助参加したとしても相手方の審級の利益を害することもない。
したがって，控訴審においても補助参加できる。

ができていない上に，「甲地裁及び
乙地裁のいずれもが本問に現れる
訴えの土地管轄及び事物管轄を有
することを前提にすること」との
問題文の指示を正しく理解せず，
言及する必要のない管轄や移送の
論述に終始しているため，低い評
価になったものと思われる。

●　「医師……の職にある者」「職務上
知り得た事実」は，197条１項２号
の文言であるため，同号を引用すべ
きである。

●　本答案の「ⅰ当該技術の有する社
会的価値が下落しこれによる活動が
困難になるもの，または，ⅱ当該職
業に深刻な影響を与え，以後その追
行が困難となるものをいう」との規
範は，判例（最決平12.3.10／百選
［第５版］〔A24〕）と同趣旨の規範
であるが，上記判例は，197条１項
３号（技術又は職業の秘密に関する
事項）の該当性が争点となった事案
である。そのため，本問事案と異な
る事案の判例を引用してAの診療記
録の220条４号ハ・197条１項２号
該当性を検討しても，適用すべき条
文と規範とが噛み合っていない以
上，評価としては低くならざるを得
ないと考えられる。

●　主張(ア)では，43条２項及び45条
１項本文を指摘し，これらの規定に
より，Bは補助参加の申出とともに
控訴を提起できる旨を，端的に論述
すれば十分であった。本答案は，
45条１項は指摘できているが，43

(2) では，BがAのために控訴することができるか。

　控訴をするためには，控訴の利益が必要となる。控訴の利益は，当事者の申立てと判決を比較して，後者が前者に及ばない場合に認められる。

　Aの申立てはBとCの共同不法行為を理由とした４００万円の損害賠償請求であるところ，判決はBに対する２５０万円の請求を認めたに過ぎず，後者は前者に及ばないから，Aについて控訴の利益は認められる。

　そして，補助参加人は「上訴の提起」をすることができる（４５条１項）から，Bは補助参加した場合，Aのために控訴することとができる。

(3) よって，第一審で補助参加していなかったBがAのために控訴することはでき，(ｱ)の主張は適当ではない。

2　(ｲ)に関して

(1) Bには，訴訟への補助参加が許され，控訴をすることができる。以下説明する。

(2) 補助参加が認められるためには，①「訴訟の結果」，②「について」，③「利害関係」（４２条），すなわち補助参加の利益が必要となる。

　「訴訟の結果」とは，通常，訴訟物に対する判断をいうところ，Cの不法行為が認められることは，Aの訴えである不法行為に基づく損害賠償請求権という訴訟物に関わるため，Bは訴訟物の判断について利害関係を有するといえる（①）。

　「利害関係」とは，単なる事実上の利益では足りず，私法上又は公法上の法的地位又は法的利益に影響を及ぼすおそれがある場合をいう。また，影響は，事実上の影響を示すものである。

　BとCは，共同不法行為に基づく損害賠償請求（７１９条）の共同被告であるところ，共同不法行為者間は不真正連帯債務関係にあり，自己の分を超えた額について求償権を有する。したがって，Cに不法行為が認められれば，BはCに対し求償権を有するという法律上の利害関係を有する（③）。

　①と③の間の相当因果関係は否定されない（②）。

(3) したがって，(ｲ)は不当である。

3　よって，丙高裁の受訴裁判所は，Bの控訴を適法と判断すべきである。

以　上

● 条２項を指摘できておらず，不十分な論述といえる。

● 主張(ｱ)の当否を検討するに当たり，控訴の利益の有無を論じる必要は全くない。

● 「訴訟の結果」「利害関係」の意義について明らかにしている点は，採点実感に沿うものであるが，再現答案①のように，補助参加という制度の趣旨を踏まえた解釈ができれば，より説得的であった。

● 本答案は，判例（最判昭51.3.30／百選［第５版］〔Ａ32〕）を意識した論述ができており，出題趣旨に合致する。

☆　共同不法行為者間での求償関係について，改正民法下では，各自の過失割合に応じた負担部分を超えて賠償したかどうかにかかわらず，各自の負担部分に応じた額について求償することができる（改正719，442Ⅰ）と解されている。もっとも，各自の負担部分を超えて賠償をした場合に限り求償できるとする見解（最判昭63.7.1／百選Ⅱ［第８版］〔97〕参照）も存在する。

令和元年

［民事系科目］

〔**第3問**〕（配点：１００［〔**設問1**〕から〔**設問3**〕までの配点の割合は，３５：４０：２５］）
　次の文章を読んで，後記の〔**設問1**〕から〔**設問3**〕までに答えなさい。

【事　例】
　Ｘは，Ａ県Ａ市（以下「Ａ市」という。）に住む会社員であり，夫と３人の小学生の子供がいる。Ｘ一家はキャンプ好きのアクティブな一家である。Ｙは，自動車製造会社であるＳ社の系列会社であり，Ｓ社の製造するワゴン車等をキャンピングカーに改造して販売している。Ｙは，本店がＢ県Ｂ市（以下「Ｂ市」という。）にあり，全国各地に支店を有する。
　Ｘは，ある日，Ａ市内にあるＹのＡ支店において，Ｙとの間で，甲というシリーズ名の新車のキャンピングカーを４００万円で買うとの売買契約（以下「本件契約」という。）を締結し，４００万円を支払った。Ｘは，本件契約を締結する際，ＹのＡ支店の従業員から，甲シリーズのキャンピングカーは，耐荷重１８０ｋｇの上段ベッドシステムがリビング部の上に設置されており，成人男性で言えばリビング部に３名，上段ベッドに２名の合計５名が就寝可能であるという仕様（以下「本件仕様」という。）を有しているとの説明を受けた。また，本件契約の対象となるキャンピングカーが本件仕様を有することは，本件契約の契約書にも明記されていた。
　本件契約の契約書は，Ｙが用意したものであり，そこには他に「本件契約に関する一切の紛争は，Ｂ地方裁判所を第一審の管轄裁判所とする」との定め（以下「本件定め」という。）が記載されていた。Ｂ地方裁判所は，Ｙの本店があるＢ市を管轄する裁判所である。
　Ｘは，本件契約に定められた納入日にキャンピングカーの引渡しを受けた（以下，Ｘが引渡しを受けたキャンピングカーを「本件車両」という。）。引渡しを受けた当日，Ｘの子供３人が本件車両の上段ベッドに乗ったところ，この上段ベッドシステムと車本体の接合部分が破損して上段ベッドが落下した（以下，この事件を「本件事故」という。）。幸い３人の子供にけがはなかったが，本件事故により５名が就寝可能なキャンピングカーとして本件車両を利用することが不可能になった。ＸがＹに本件車両の引取りと本件車両の代わりに本件仕様を有する別のキャンピングカーの引渡しを要求したところ，ＹのＡ支店の従業員は，子供が上段ベッド上で激しく動き過ぎたために仕様上の想定を超えた負荷が掛かり上段ベッドが落下したのではないかなどと主張し，これに応じなかった。そのため，Ｘは，以後，本件車両を自宅車庫にて保管している。
　Ｘの委任を受けた弁護士Ｌは，Ｘの訴訟代理人として，Ｘを原告，Ｙを被告とし，履行遅滞による本件契約の解除に基づく原状回復義務の履行として支払済みの代金４００万円の返還を求める訴えを，Ａ市を管轄するＡ地方裁判所に提起し（以下，この訴えに係る訴訟を「本件訴訟」という。），訴状において以下の①から⑦までの事実を主張した。

① XがYとの間で，本件仕様を有するキャンピングカーを目的物とする本件契約を締結した事実
② XがYに対して本件契約に基づき４００万円を支払った事実
③ YがXに対して本件契約の履行として本件車両を引き渡した事実
④ 本件事故が起きた事実
⑤ 本件車両が本件仕様を有していなかった事実
⑥ XがYに対して本件仕様を有するキャンピングカーを引き渡すように催告をし，それから相当期間が経過したので本件契約を解除する旨の意思表示をした事実
⑦ Xが自宅車庫に本件車両を保管している事実

Yは，本案について弁論する前に，A地方裁判所に対し，本件定めによりB地方裁判所のみが管轄裁判所となるとして，民事訴訟法第１６条第１項に基づき，本件訴訟をB地方裁判所に移送するよう申し立てた。

なお，Xの居住地，Lの事務所，YのA支店及びA地方裁判所は，いずれもA市中心部にあり，Yの本店及びB地方裁判所は，いずれもB市中心部にある。A市中心部とB市中心部との間の距離は，約６００ｋｍであり，新幹線，在来線等の公共交通機関を乗り継いで約４時間掛かる。

以下は，Lと司法修習生Pとの間の会話である。
L：Yの移送申立てに対して反論をする必要がありますが，反論にはどのような理由が考えられますか。
P：Yは，本件定めがA地方裁判所を本件契約に関する紛争の管轄裁判所から排除することを内容とすると解釈しているようですが，本件定めがそのような内容の定めではないという理由が考えられます。
L：そうですね。そこで，Yの解釈の根拠も踏まえつつ，本件定めの内容についてYの解釈とは別の解釈を採るべきだとの立論を考えてください。これを課題(1)とします。ところで，本件定めの内容についてのYの解釈を前提とすると，民事訴訟法第１６条第１項が適用され，Xとしては，本件訴訟の移送を受け入れなければならないのでしょうか。
P：Xとしては何とかしてA地方裁判所での審理を求めたいところだと思います。
L：そうですね。本件定めの内容についてのYの解釈を前提とするとしても，本件訴訟はA地方裁判所で審理されるべきであるとの立論を考えてください。これを課題(2)とします。本件の事例に即して検討することを心掛けてください。

〔設問１〕

　あなたが司法修習生Ｐであるとして，Ｌから与えられた課題(1)及び課題(2)について答えなさい。

【事　例（続き）】

　Ｙの移送申立てが却下され，本件訴訟はＡ地方裁判所で審理されることになった。本件訴訟の第１回口頭弁論期日においてＬが訴状を陳述したところ，Ｙは，上記①から⑦までの事実のうち⑤の事実以外の事実を認める陳述をする一方，上記⑤の事実に関しては，本件仕様を有する本件車両を引き渡したと主張した。

　その後に行われた今後の訴訟方針についての打合せの際，Ｌは，Ｘから，本件事故が起きたときに落下した上段ベッドの下敷きになりＸが夫から結婚１０周年の記念にもらった時価１５０万円の腕時計が損壊したこと（以下「本件損壊事実」という。），損壊した腕時計をＸがメーカー修理に持ち込んだところ修理費用として１００万円を請求され支払ったことを告げられた。Ｘがこれまで本件損壊事実を告げなかった理由について，ＬがＸに尋ねたところ，メーカー保証により腕時計については無償修理ができると考えていたためであるとのことであった。そこで，Ｌは，本件訴訟において，Ｘの訴訟代理人として，Ｘを原告，Ｙを被告とし，本件契約の債務不履行に基づく損害賠償請求として１００万円の支払を求める請求を追加し，⑧本件損壊事実及び⑨Ｘが腕時計の修理費として１００万円を支払った事実を追加主張した。

　Ｙの訴訟代理人は，１００万円という高額の請求が後から追加されたことでＸの主張する本件事故の発生経緯に疑いの目を向けるようになった。そこで，Ｙの訴訟代理人は，その後に開かれた口頭弁論期日において④の事実に関する従前の認否を撤回し，④及び⑧の事実を否認し，⑨の事実に対し不知との陳述をした。これに対し，Ｌは，Ｙが④の事実に対する認否を撤回することは裁判上の自白の撤回に当たり，許されない旨異議を述べた。

　以下は，本件訴訟を担当する裁判官Ｊと司法修習生Ｑとの間の会話である。

Ｊ：本件訴訟では，Ｘが訴えの変更をして請求を追加していますね。このように訴えが追加的に変更された場合に，元の請求の訴訟資料と追加された請求の訴訟資料はどのような関係に立ちますか。

Ｑ：元の請求についての訴訟資料は，特に援用がなくとも追加された請求についての訴訟資料になると理解しています。

Ｊ：元の請求の訴訟資料と追加された請求の訴訟資料の関係については異なる理解もあり得るかもしれませんが，ここではあなたの理解を前提としましょう。Ｌの述べるとおり，Ｙは，④の事実を認める旨の陳述を自由に撤回することができなくなっているのでしょうか。

Ｑ：裁判上の自白の成立要件に照らして検討してみる必要があると思います。

J：そのとおりですね。裁判上の自白の成立により，Yが④の事実を認める旨の陳述を自由に撤回することができなくなっているかどうか，検討してみてください。これを課題とします。本件では，元の請求及び追加された請求のそれぞれにおける④の事実の位置付けを考慮する必要がありますね。その上で，Xが訴えの変更をした後にYが認否の撤回をした点が影響するかどうかも考えてみましょう。なお，自由に撤回することができないとしても，例えば事実に反することを証明した場合など一定の事由があれば，撤回が許される場合がありますが，ここではその事由があるかどうかまでは検討する必要がありません。

〔設問2〕
　あなたが司法修習生Qであるとして，Jから与えられた課題について答えなさい。

【事　例（続き）】
　本件訴訟の争点整理手続が行われている間，Lは，Yの元従業員から，同じくYの元従業員でYにおいてワゴン車をキャンピングカーに改造するための設計に携わっていたTが，甲シリーズのキャンピングカーの仕様について疑問を口にしていたことがあるとの情報を得た。
　LがTを訪ねたところ，Tの妻Zが応対し，Lに対し，以下の㋐から㋒までの事情を述べた。
　㋐　Tは，Yにおいてワゴン車をキャンピングカーに改造するための設計に携わっていたが，先日，死亡した。Tの相続人はZだけである。
　㋑　Tは，生前日記を作成していた。その日記は，今はZが保管しており，そこには，要約すると，甲シリーズのキャンピングカーには上段ベッドシステム部分に設計上の無理があり，その旨を上司に進言したが取り合ってもらえなかった，という内容の記載がある（以下，この日記のうち，この内容が記載されている箇所を「本件日記」という。）。
　㋒　Zとしては，本件日記の詳しい内容はプライバシーに関わるから言えないし，その内容を直接見せたり証拠として提供したりすることもできない。

　そこで，Lは，Zを所持者として本件日記についての文書提出命令を申し立てた。その申立書には，上記㋐から㋒までの事情が記載されていた。

　以下は，Jと司法修習生Rとの間の会話である。
J：あなたには，Zが本件日記の文書提出義務を負うかどうかを判断する際にどのような観点からどのような事項を考慮すべきかを検討してもらいます。文書提出義務の根拠条文に照らして検討する必要がありますが，申立書に記載されているもの以外の事情を仮定する必要はありません。また，文書提出義務の有無についての結論までは示す必要がありません。これを課題と

します。

R：本件日記に書かれている内容がキャンピングカーの上段ベッドシステム部分に係る設計上の
ミスということなので，民事訴訟法第１９７条第１項第３号の「技術又は職業の秘密」に該当
する可能性を考える必要はないでしょうか。

J：ここでは「技術又は職業の秘密」に該当する事柄が記載してあることまで考える必要はあり
ません。今回の検討ではその点は除外して考えましょう。

〔設問３〕

　あなたが司法修習生Ｒであるとして，Ｊから与えられた課題について答えなさい。

▶ MEMO

【民事系科目】

〔第3問〕

　本問は，会社員Xが，全国展開している業者Yから購入したキャンピングカーが契約どおりの仕様を有していなかったことを理由として，履行遅滞による売買契約の解除に基づく原状回復としての売買代金の返還と債務不履行に基づく損害賠償をYに求めるという事案を題材として，①管轄に関する合意が存在し，それを専属的管轄合意と解釈した場合には管轄を有しないことになる裁判所に訴えを提起したことを前提に，民事訴訟法（以下「法」という。）第16条第1項による移送をすべきではないとの立論をすること（設問1），②原告が主張する特定の事実を認める旨の被告の陳述が裁判上の自白に該当して自由に撤回することができなくなるかを検討すること（設問2），③作成者が死亡しその相続人が所持するに至った日記を対象とする文書提出義務の成否を判断するためにどのような観点からどのような事項を考慮すべきかを検討すること（設問3），を求めるものである。

　まず，〔設問1〕の課題(1)は，管轄合意の解釈の在り方を問うものである。本件定めのような管轄合意には，特定の裁判所を管轄裁判所から排除する専属的管轄合意と特定の裁判所を管轄裁判所に付け加える付加的管轄合意があるが，Yは，本件定めを専属的管轄合意と解釈していると考えられることから，本件定めを付加的管轄合意として解釈すべきだという議論を適切な論拠を示しつつ展開することが求められる。

　このような論拠としては，Yが本件定めを作成するに当たり，本件定めが専属的管轄合意であることを明記し得たのにしていないのであるから，専属的管轄合意と理解するのが合理的であるとはいえないことや，本件定めは，Y側から提起する債務不存在確認の訴えなどB地方裁判所の法定管轄に属しない場合にもB地方裁判所が管轄裁判所となることを基礎付けるものであり，これを付加的管轄合意と解釈することに合理性がないとはいえないこと，といったものが考えられる。

　この他本件定めを付加的管轄合意として理解すべきとする論拠は，複数考えられ得るが，説得力をもって以上のような論拠を適切に展開し，本件定めを付加的管轄合意として理解すべきことを結論付けることが，課題(1)との関係では求められる。

　次に，〔設問1〕の課題(2)は，本件定めを専属的管轄合意と解釈することを前提としても，管轄違いによる移送（法第16条第1項）をすべきではないとする立論を求めるものである。

　このような立論としては，仮にB地方裁判所に本件訴訟が係属したとしてもB地方裁判所がA地方裁判所に法第17条に基づく移送をするための要件を満たす場合には，A地方裁判所として移送をせずに自庁処理をすることが認められる，というものが考えられる。また，その根拠としては，法第17条の要件を満たす場合には，仮にA地方裁判所からB地方裁判所に対し管轄違いによる移送をしてもB地方裁判所からA地方裁判所に同条による移送がされることが考えられることから，そのような迂遠な処理をするまでもなく，法第17条の類推適用によりA地方裁判所で自庁処理をすることが適切と考えられること，場面は異なるが法第16条第2項が管轄違いの

場合の自庁処理を認めていることなどが挙げられる。

　そこで，課題(2)との関係では，以上のような立論をした上で，本件がA地方裁判所の法定管轄に属することを指摘しつつ，法第17条の要件が満たされることを本件事案に即して示していくことが求められる。

　〔設問2〕は，問題文中の④の事実を認める旨のYの陳述が裁判上の自白に該当して撤回制限効が生じているかどうかを問うものである。ここでは，裁判上の自白の成立要件に照らした検討が求められる。

　一般に裁判上の自白の成立要件は，(1)口頭弁論又は弁論準備手続における弁論としての陳述であること，(2)相手方の主張と一致する陳述であること，(3)事実についての陳述であること，(4)自己に不利益な陳述であること，であるとされるが，本問では(1)と(2)の要件を満たすことは明らかであり，(3)と(4)の検討が中心となる。

　(3)の要件との関係では，この要件を満たす「事実」について，主要事実に限定されるとする見解と間接事実も含まれるとする見解があり，このうち，後者に属する見解では，これを重要な間接事実に限るとする見解から広く間接事実一般を含むとするものまで様々なものがある。解答に際しては，まず以上のうちのいかなる立場に立つかを論拠を示して明らかにする必要がある。

　さらに，とりわけ主要事実限定説や重要な間接事実限定説では，④の事実が訴訟物との関係でいかなる位置付けを有する事実であるかにより(3)の要件の成否が異なってくることから，元の請求と追加された請求における訴訟物との関係での④の事実の位置付けを要件事実の考え方を踏まえて整理した上で，自説に当てはめることが求められる。

　また，Xが新請求を追加したのは，Yが④の事実を認める旨の陳述をした後，それを撤回する前である。このような事実経過からは，例えば元の請求との関係で自白は成立しないが追加された請求との関係では自白が成立すると考える立場では，Xが新請求を追加する前は自由にできた陳述の撤回が新請求の追加により制限されてよいか，また，元の請求との関係でも追加された請求との関係でも自白が成立すると考える立場では，これらが異なる請求であることから，元の請求との関係で成立した自白の効力を追加された請求との関係でもそのまま維持してよいか，といった疑問が喚起される。設問で示されたJの問題意識に照らし，こういった点についても検討することが求められる。

　(4)の要件については，相手方が証明責任を負う事実の存在を認める場合に限りこの要件を満たすとする見解，認める旨の陳述をした当事者の敗訴可能性を基礎付ける事実であればこの要件を満たすとする見解，不利益要件は必要ないとする見解などが主張されており，(3)の要件に関する自説との整合性に留意しながら，いずれの立場に立つかを明らかにする必要がある。

　〔設問3〕は，文書提出義務の有無を判断するに当たって考慮すべき観点や事項を問うものである。本件の文書は日記であるので，法第220条第4号ニの自己利用文書の該当性の判断に当たり考慮すべき観点等について検討する必要がある。

　判例（最高裁判所平成11年11月12日第二小法廷決定・民集53巻8号1787頁ほか）によれば法第220条第4号ニの自己利用文書該当性の要件は，(i)内部文書性（「専ら内部の者の利用に供する目的で作成され，外部の者に開示することが予定されていない文書であること」），(ii)不利益性（「開示されると個人のプライバシーが侵害されたり個人又は団体の自由な意思形成が阻害されたりするなど，開示によって所持者の側に看過し難い不利益が生ずるおそれがあると認

められること」），(ⅲ)特段の事情の不存在であるとされており，独自に適切な要件を考案して設定するのでない限りは，これに即して考慮すべき観点と事項を抽出することが求められる。

そして，本件日記は，日記である以上専らTが自らの利用に供する目的で作成し，Tも外部の者に開示することは予定していなかったと考えられる。また，Zは死亡したTの妻であり，Tの相続人として日記を所持するに至ったものであって，Zも外部の者に開示することを予定していない。そこで，(ⅰ)の内部文書性の要件が満たされると判断されることとなると考えられる。

もっとも，(ⅱ)(ⅲ)との関係では問題が生じ得る。(ⅱ)の不利益として問題となるのは，通常の場合には，作成者であるところの所持者のプライバシーの侵害であるが，本件では作成者は死亡し，作成者と異なる者が本件日記を所持するに至っている。そのため，本件日記については，(a)保護されるべきプライバシーの主体が現在の文書の所持者と同一ではなく，(b)その主体が死亡しており要保護性を欠くに至っていると評価をすることも可能であるとして，(ⅱ)の要件が満たされないとも考えられる。もっとも，(a)(b)から本件では(ⅱ)にいう不利益は生じないと即断することも早計である。なぜなら(ⅱ)で保護される利益には文書作成の自由に対する利益も含まれると考えられるところ，本件のような事案で安易に本件日記の開示を認めると，死亡後に開示対象になることを恐れ，日記作成に対する萎縮効果を生みかねないからである。ここでは，破綻した信用組合の貸出稟議書の提出義務が問題となった最高裁判所平成１３年１２月７日第二小法廷決定・民集５５巻７号１４１１頁の考え方も参考となろう。なお，上記の問題は(ⅱ)の不利益性に係る問題といえるが，この判例からも分かるとおり，(ⅲ)の特段の事情の問題として整理することも可能であり，いずれの要件の問題として扱っても，評価に差異はない。

そこで，本設問に対する解答としては，法第２２０条第４号ニの自己利用文書の要件として不利益性が要求されること，その不利益性としては本件日記との関係ではまず所持者のプライバシーが問題となること，自己利用文書該当性で問題となる不利益性として文書作成に対する萎縮効果も考慮されるべきことなどといった観点から，本件日記にはTのプライバシーに属する事柄が書いてあること，当該プライバシーの帰属主体であるTと現在の所持者であるZが異なっていること，プライバシーの帰属主体であるTが死亡していること，本件でZに対し文書提出義務を認めると将来の日記作成に対する一般的な萎縮効果を生むおそれがあることなどを指摘して論ずることが期待される。なお上記で「観点」に位置付けた内容を「考慮すべき事項」に位置付けたり，あるいはその逆であったりしていても，論理的に筋の通った答案になっている限りは，問題ない。

採点実感

1 出題の趣旨等

民事系科目第3問は，民事訴訟法分野からの出題であり，出題の趣旨は，既に公表されている「令和元年司法試験論文式試験出題の趣旨【民事系科目】〔第3問〕」のとおりである。

本問においては，例年と同様，受験者が，①民事訴訟の基礎的な原理，原則や概念を正しく理解し，これらに関する知識を習得しているか，②それらを前提として，設問で問われていることを的確に把握し，それに正面から答えているか，③抽象論に終始せず，設問の事案に即して具体的に掘り下げた考察をしているかといった点を評価することを狙いとしている。

2 採点方針

答案の採点に当たっては，基本的に，上記①から③までの観点を重視するものとしている。

本年においても，問題文中の登場人物の発言等において，受験者が検討し，解答すべき事項が具体的に示されている。そのため，答案の作成に当たっては，問題文において示されている検討すべき事項を適切に吟味し，そこに含まれている論点を論理的に整理した上で，論述すべき順序や相互の関係も考慮することが必要である。そして，事前に準備していた論証パターンをそのまま答案用紙に書き出したり，理由を述べることなく結論のみを記載したりするのではなく，提示された問題意識や事案の具体的な内容を踏まえつつ，論理的で一貫した思考の下で端的に検討結果を表現しなければならない。採点に当たっては，受験者がこのような意識を持っているかどうかという点についても留意している。

3 採点実感等

(1) 全体を通じて

本年の問題では，例年同様，具体的な事案を提示し，登場人物の発言等において受験者が検討すべき事項を明らかにした上で，管轄合意，移送，裁判上の自白，自己利用文書等の民事訴訟の基礎的な概念や仕組みに対する受験者の理解を問うとともに，事案への当てはめを適切に行うことができるかどうかを試している。

設問3について，時間が不足していたことに起因するものと推測される大雑把な内容や体裁の答案が一定数見られたものの，全体としては，時間内に論述が完成していない答案は少数にとどまった。しかし，検討すべき事項の理解を誤り，検討すべき事項とは関係がない論述を展開する答案や，検討すべき事項自体は正しく理解しているものの，問題文で示されている事案への当てはめが不十分であって，抽象論に終始する答案も散見された。また，そもそも裁判上の自白の理解が十分にはできていないなど，基礎的な部分の理解不足をうかがわせる答案も少なくなかった。

なお，条文を引用することが当然であるにもかかわらず，条文の引用をしない答案や，条番号の引用を誤る答案も一定数見られた。法律解釈における実定法の条文の重要性は，改めて指摘するまでもない。また，判読が困難な乱雑な文字や略字を用いるなど，第三者が読むことに対する

意識が十分ではない答案や，法令上の用語を誤っている答案，日本語として違和感のある表現のある答案も一定数見られた。これらについては，例年，指摘されているところであるが，本年においても，改めて注意を促したい。

(2) 設問1について

ア 課題(1)の採点実感

設問1では，まず，課題(1)として，XがYと交わした契約書中にある管轄の合意（本件定め）について，「A地方裁判所を本件契約に関する紛争の管轄裁判所から排除することを内容とする」というYの解釈とは別の解釈を採るべきであると立論することが求められている。

管轄の合意については，一般に，特定の裁判所のみに管轄を生じさせて他の裁判所の管轄を排除することを内容とする専属的管轄合意と法定管轄に付加して特定の裁判所にも管轄を生じさせる付加的管轄合意とがあるとされている。そのため，本件定めについても，これが専属的管轄合意であれば，Xの訴えがB地方裁判所のみの管轄に属することとなり，これが付加的管轄合意であれば，Xの訴えが法定管轄裁判所の管轄にもなお属することから，後記のとおり法定管轄裁判所の一つであるA地方裁判所の管轄にも属することとなる。そこで，課題(1)は，本件定めについて，専属的管轄合意であるとするYの解釈に対し，付加的管轄合意であるとする解釈を立論することが求められていると言い換えることができる。しかし，「専属的管轄合意」，「付加的管轄合意」という語を用いることなく，「A地方裁判所を本件契約に関する紛争の管轄裁判所から排除することを内容とする」という問題文の表現をそのまま引用して論述する答案が多かった。また，これらの語を用いていない答案においては，本件定めがどのような内容の合意であるのかという点を検討することなく，単に「A地方裁判所を本件契約に関する紛争の管轄裁判所から排除することを内容とするものではない」とし，それに代わる解釈を示さないままのものが散見された。これらを含め，管轄合意における専属的管轄合意と付加的管轄合意の区別を理解していないことから問題の所在を的確に把握することができていない答案が相当数に上った。

課題(1)では，本件定めが専属的管轄合意であるとするYの解釈の根拠も踏まえつつ，これが付加的管轄合意であるとのX側の解釈を採るべきことを示す必要がある。そして，Yの上記解釈の根拠としては，本件契約に関する紛争は複数の裁判所の法定管轄に属するにもかかわらず，本件定めはそれを一つに絞るものであるから，これを専属的管轄合意と解釈することが当事者の合理的意思に合致するというものが考えられる。また，これに対する反論となり，かつ，本件定めが付加的管轄合意であるとする解釈の根拠となるものとしては，例えば，本件契約の契約書は，Yが用意したものであることを踏まえ，本件定めの文言を「B地方裁判所のみ」とするなど，Yにおいて本件定めが専属的管轄合意であることをより明確にすることができたにもかかわらず，そのようにはしていないことや，Yから提起する債務不存在確認の訴えなどB地方裁判所の法定管轄に属しない場合もあり，本件定めは，そのような場合もB地方裁判所を管轄裁判所とするものであって，これを付加的管轄合意と解釈することに合理性がないとはいえないことなどが考えられる。しかし，これらのそれぞれの解釈の根拠がかみ合うよう適切に論ずる答案は，ほとんどなかった。特に，本件定めが専属的管轄合意であるとするYの解釈の根拠について，適切にこれを示した答案は少なく，そのため，本件定めを付加的管轄合意と解釈すべきであるとの結論を示す答案であっても，Yの解釈の根拠を踏まえることなく，一方的

な根拠を指摘するだけの答案が多かった。このような答案であっても，例えば，上記のもののほか，全国に展開する事業者であるＹに対して，Ｘは一消費者であり，消費者契約法第１０条の趣旨に鑑みても，Ｘに不利とならないように解釈すべきであることなど本件定めを付加的管轄合意と解釈すべき根拠として適切なものを指摘している限りは，相応の評価がされるが，「Ｙの解釈」すなわち「本件定めが専属的管轄合意であるとする解釈」の根拠も踏まえつつという問題文の求めに的確に応じたものとまではいえないことについて，留意する必要があろう。

　以上に対し，本件定めの「本件契約に関する一切の紛争」という文言に着目しつつ，Ｘが提起した訴えがこれに当たらないとする答案も一定数見られた。しかし，このような解釈は，その文言に照らし，無理がある。また，民事訴訟法（以下「法」という。）の規定の解釈のみを示してＡ地方裁判所が管轄裁判所から排除されないとの結論を導く答案も少ないながら見られたが，論理の飛躍があるとともに，合意の解釈と法令の解釈を混同するものである。このほか，本件定めについて，公序良俗に反するとしたり，法第１１条第２項の「一定の法律関係」に関するものではないとしたりするなどして，本件定めの効力を否定するものも少なからず見られたが，このような答案は，その妥当性自体が疑わしいことはさておくとしても，「別の解釈」を示すという問題文の出題趣旨を正しく理解しないものであり，評価されない。

イ　課題(2)の採点実感

　設問１では，次に，課題(2)として，本件定めを専属的管轄合意と解釈することを前提としつつ，管轄違いを理由とするＢ地方裁判所への移送をすべきではないとする立論をすることが求められている。

　ここでは，専属管轄であっても，それが法第１１条による管轄合意によるものである場合には，移送の制限がされないこと（法第２０条第１項）を前提として指摘した上で，法第１７条の類推適用によって，Ｙの移送申立てを却下し，そのままＡ地方裁判所において審理されるべきであるとの立論をすることが期待される。また，このような類推適用の根拠としては，仮にＡ地方裁判所からＢ地方裁判所に対し管轄違いによる移送をしても，法第１７条の要件を満たす場合には，Ｂ地方裁判所からＡ地方裁判所に同条による移送がされることが考えられることから，そのような迂遠な処理をするまでもなく，法第１７条の類推適用によりＡ地方裁判所で自庁処理をすることが適切と考えられることや，場面は異なるが法第１６条第２項が管轄違いの場合の自庁処理を認めていることなどが挙げられる。法第１７条に言及する答案は相当数あったが，以上の趣旨を過不足なく述べる答案は少なく，法第１７条が直接に適用されるとする答案や，Ａ地方裁判所からＢ地方裁判所に移送されることを前提にＢ地方裁判所からＡ地方裁判所に再移送されるべきであると論ずる答案が散見された。前者は明らかな誤りであり，後者は問題文と異なる事実を前提とするものであることから，これらの答案の評価は，相対的に低いものとせざるを得ない。

　また，法第１７条の類推適用を論ずるに当たっては，Ｘの訴えがＡ地方裁判所の管轄に属することを論ずる必要がある。Ｘの訴えは，法第５条第１号又は第５号により，Ａ地方裁判所の管轄に属することとなるが，この点を正しく指摘する答案は多くはなく，Ａ地方裁判所の管轄に属することの根拠として，問題文ではＹのＡ支店がＹの主たる営業所であるという事実関係が全く示されていないにもかかわらず法第４条第４項を挙げる答案や，国際裁判管轄の管轄原因を定める法第３条の３を挙げる答案，法第５条第１号を引きながら本件車両の引渡義務の履

行地について論ずる答案も一定数見られた。これらは，明確な誤りであり，条文の基礎的な理解がおろそかになっているのではないかと懸念される一つの例であるので，ここで紹介するとともに，注意を促したい。

そして，課題(2)では，以上を踏まえ，法第１７条の要件に本問題の事案を当てはめる必要がある。多くの答案においては，考慮すべき事実に着目することができていたが，条文に応じて適切に事実の整理や評価を行うものは少なく，問題文中の事実に意味付けを加えないまま羅列して結論を示すだけの答案など大雑把な当てはめのものが多かった。

このほか，例えば，法第１９条第１項の類推適用など他の条文を根拠として論ずるものがあったが，説得的に説明がされていれば，相応の評価を受ける。

これに対し，具体的な条文によらず，信義則等を根拠とするもの，衡平や管轄の理念を根拠とするものなども少なからずあったが，このうち，前者は具体的な条文を検討することなく一般条項を根拠としている点で低い評価となり，後者は更に抽象的な概念を根拠としている点でより低い評価となる。

ウ　設問１のまとめ

設問１は，設問２及び設問３と比較し，出題の趣旨を適切に捉えた論述をする答案は少なかった。このような傾向は，特に，課題(1)に強く見られる。

「優秀」に該当する答案は，課題(1)及び課題(2)のいずれについても，出題趣旨を正しく理解した上で，上記の検討事項について，過不足のない論述をするものである。また，「良好」に該当する答案は，例えば，課題(1)及び課題(2)のいずれについても，出題趣旨をおおむね正しく理解しているが，例えば，課題(1)では，本件定めを付加的管轄合意と解釈すべき根拠を指摘するにとどまるものや，課題(2)では，法第１７条の類推適用を論ずるものの，その当てはめに更なる工夫や改善の余地があるものなどである。「一応の水準」に該当する答案は，例えば，課題(2)の出題趣旨をおおむね正しく理解しているものの，法第１７条の当てはめが大雑把なものなどである。これに対し，課題(1)や課題(2)の出題趣旨を理解しないものなど，総じて基礎的事項の理解が不足している答案は「不良」と評価される。

(3)　設問２について

ア　設問２の採点実感

設問２では，問題文中の④の事実を認める旨のＹの陳述が裁判上の自白に該当して撤回制限効が生じているかどうかの検討が求められている。

ここでは，問題文中のＱの発言で示されているように，裁判上の自白の成立要件について検討する必要がある。裁判上の自白の成立要件は，一般に，(1)口頭弁論又は弁論準備手続における弁論としての陳述であること，(2)相手方の主張と一致する陳述であること，(3)事実についての陳述であること，(4)自己に不利益な陳述であることであるとされる。裁判上の自白の成立要件は，ほとんどの答案において論じられていたが，以上の要件が不足なく正確に示された答案は少数であり，相当数の答案は，上記の要件の一部を欠くなど不正確なものを述べるものであった。裁判上の自白は，民事訴訟における基礎的な概念であるにもかかわらず，理解がこのような状況であることは残念であった。

そして，設問２では，このうち(3)及び(4)の要件について主に検討することが必要となる。なお，(1)及び(2)の要件が満たされることは明らかであり，そのこともあってか，これらの要件が

満たされることについて触れた答案は少なかった。要件が満たされたことが示されなければ，効果の発生を論証したとはいえないので，注意を喚起したい。

　まず，(3)の要件については，ここでいう「事実」の意義について検討する必要がある。この点については，主要事実がこれに当たるとする答案が大半であり，その根拠について単に「自由心証主義との関係」とするのみなど説明として不十分なものもみられたが，相当数の答案が根拠をもって自説を示すことができていた。

　その上で，元の請求と追加された請求のそれぞれにおいての④の事実の位置付けを検討し，自説に当てはめる必要がある。主張立証責任の配分については，様々な見解があり得ようが，元の請求（履行遅滞による本件契約の解除に基づく原状回復請求）においては，実務上は，被告が抗弁として契約に基づく債務を履行した事実を主張立証しなければならないと理解されることが多いものと思われる。この理解に立脚する場合には，④の事実は，Yが本件契約に基づく債務を履行していないことを推認させる間接事実となり，抗弁事実の積極否認の理由となる事実となるが，このような的確な理解を示した答案はごく少数であり，多くの答案は，Yが履行していないことを請求原因事実と位置付けた上で，④の事実が間接事実であるとするものであった。他方で，追加された請求（本件契約の債務不履行に基づく損害賠償請求）においては，④の事実が債務不履行と損害の発生の因果関係に当たり，主要事実となると考えられるところであり，答案においても，このような理解を示すものが多かった。これに対し，それぞれの請求について，請求原因事実と考えるものを列挙した上で，④の事実は主要事実に当たるとする答案や，そのどれにも当たらないということのみから間接事実に当たるとする答案が一定程度見られたが，このような答案は，説明の点で不十分なものといわざるを得ず，相対的に評価は低いものとなる。このほか，(3)の要件の「事実」の意義について検討することなく，④の事実が(4)の要件の不利益性を満たすかどうかという検討のみをする答案も一定数あった。このような答案は，(3)の要件について明確に論じてないことなどから，間接事実などについて自白が成立しない理由を十分に論証することができていないため，低い評価となる。

　次に，(4)の要件については，多くの答案がいわゆる証明責任説を採っていたが，具体的な根拠を示さずに間接事実の証明責任（立証責任）を検討する答案や「主張責任」と表現する答案など，正しい理解がされていないとうかがわれる答案も一定数あった。

　そして，以上のように，多数の答案が採用した見解による場合には，④の事実を認める旨のYの陳述は，当初は，間接事実を認めるものにすぎず，いつでも撤回することができたにもかかわらず，Yが関知し得ない訴えの追加という偶然の事情によって，裁判上の自白が成立し，撤回することができないものとなるのではないかという問題意識に基づく検討を進めることが必要となる。ここでは，例えば，Yが自白を撤回することができるとする場合には，訴えの変更が原告のみの意思によってされ，その要件が満たされる限り，被告がこれを拒み得ないことから，Yが自白を撤回することができないとすると，Xが一方的に自己に有利な状況を作出することを許容することを意味して不当であることや，訴えの変更自体は正当な訴訟行為であるとしても，Xが本来有していた信頼の範囲を超え，Yに不測の損害を与えることなどを指摘して論ずることが期待される。他方で，Yが自白を撤回することができないとする場合には，Yが一度は事実として認めている以上その事実について自白が成立するとしても不当ではなく，追加された請求との関係でも，請求の基礎に変更がないという前提の下では，Yとしては，X

が有する信頼を甘受すべきであって、Xの信頼は保護されるべきであることなどを指摘して論ずることが期待される。撤回の可否について、どちらの結論であっても、評価に差異はないが、いずれであっても、当事者双方の利益状況を十分に踏まえつつ、裁判上の自白の意義や訴えの変更において被告に保障される手続の内容に照らして論理的に検討する必要がある。もっとも、この点についての問題意識自体は示している答案も一定数存在したものの、その点について説得的かつ適切な議論を展開した答案は必ずしも多くはなく、例えば、裁判上の自白の意義などを踏まえずに利益衡量のみから結論を導く答案や、争点が変わったから撤回が可能とする答案、単に追加された請求の関係で裁判上の自白は成立しないとする答案なども散見された。このような答案は、評価されない。

　以上に対し、裁判上の自白が成立する事実の意義や、④の事実の位置付けについて上記のものと異なる理解をした場合であっても、そのことから直ちに低い評価を受けるわけではないが、それぞれについて、整合性をもって説得的に自分の見解を示すことが求められる。また、例えば、元の請求と追加された請求とのいずれにおいても裁判上の自白が成立するとする場合であっても、請求が異なるにもかかわらず、追加された請求について、元の請求において成立した裁判上の自白の効力を及ぼしてよいかという問題意識を持って検討することが期待される。

　このほか、設問2においては、問題文で示された訴訟物とは異なる訴訟物について検討を加えるもの、問題文では検討する必要がないとされているにもかかわらず、「事実に反することを証明した場合など一定の事由」の有無を検討するもの、元の請求における④の事実の位置付けや自白の成否についての検討はしているが、追加された請求における④の事実の位置付けや自白の成否についての検討はしていないものもそれぞれ少ないながらあった。しかし、これらは、問題文に反するものであることから、評価されない。また、訴えの変更について詳細に論ずる答案もあったが、そのような論述は、出題の趣旨に照らし、必要がない。

イ　設問2のまとめ

　設問2については、設問1及び設問3と比較すると相対的には充実した内容の答案が多かった。

　「優秀」に該当する答案は、出題趣旨を正しく理解した上で、アにおいて述べたところを適切に論述するものである。特に、④の事実を認める旨のYの陳述の撤回の可否について、的確な問題意識をもって十分に論ずるものがこれに当たる。「良好」に該当する答案は、「優秀」に該当する答案に準ずるものではあるが、例えば、元の請求及び追加された請求における④の事実の位置付けは的確であり、本問題の事案の特殊性自体に由来する問題意識の認識はある程度示すことができているものの、その具体的根拠の検討において不十分さが残るものがこれに当たる。「一応の水準」に該当する答案は、元の請求及び追加された請求における④の事実の位置付けは一応的確であるが、本問題の事案の特殊性に由来する問題自体の認識ができていないものがこれに当たる。これらに対し、裁判上の自白の意義や④の事実の位置付けなどの理解に乏しいものは「不良」と評価される。

(4)　設問3について

ア　設問3の採点実感

　設問3では、死亡したTの日記をその相続人であるZが所持する場合における文書提出義務

の有無を判断するに当たり考慮すべき観点や事項を検討することが求められている。

　日記は，法第２２０条第４号ニに規定する文書（いわゆる自己利用文書）の典型例であるとされている。そこで，設問３では，Ｔの日記が自己利用文書に当たるかという検討を進め，その際に問題となる事項などを指摘することが求められることとなり，相当数の答案が自己利用文書についての検討をすることができていた。

　設問３では，まず，どのような文書であれば，自己利用文書に当たるのかという要件を検討する必要がある。この点について，最高裁平成１１年１１月１２日第二小法廷決定・民集５３巻８号１７８７頁は，文書の作成目的，記載内容，所持者の所持に至る経緯その他の事情からして，専ら内部の者の利用に供する目的で作成され，外部に開示することが予定されていない文書（内部文書性）で，開示されると個人のプライバシーが阻害されるなど開示によって所持者の側に看過し難い不利益が生ずるおそれがある（不利益性）ものは，特段の事情がない限り，自己利用文書に当たるとしている。そして，この要件によるべきことを指摘する答案は少なくなかったものの，その中には，この要件とは内容や表現が若干異なっており，この要件を提示したいという趣旨であれば不正確と考えられるものも散見された。もっとも，この要件に必ずよらなければならないというものではなく，適切な要件が示される限りは他の要件であっても，相応の評価がされる。これに対し，どのような要件を満たせば自己利用文書に当たるのかという点について全く示すことなく未整理のまま検討を進める答案も一定数見られた。このような答案の評価は，低いものとなる。

　そして，本件日記は，日記という文書の性質上，Ｔが自らの利用に供する目的で作成し，外部の者に開示することを予定していなかったと考えられる。Ｚは，死亡したＴの妻であり，Ｔの相続人として日記を所持するに至ったことをも踏まえると，内部文書性の要件は満たされるものと考えられ，多くの答案が内部文書性は肯定していた。

　他方で，不利益性又は特段の事情の有無については，一般的には日記との関係で所持者のプライバシーが問題となり得ること，不利益性として文書作成に対する萎縮効果も考慮されるべきことなどといった観点から，本件日記にはＴのプライバシーに属する事柄が書いてあること，プライバシーの帰属主体であるＴと現在の所持者であるＺが異なっていること，プライバシーの帰属主体であるＴが死亡していること，Ｔが死亡しているとしても，文書提出命令が将来の日記作成に対する一般的な萎縮効果を生まないとは直ちにいえないことなど本問題の事案の特殊性を指摘して論ずることが期待される。このうち，将来の日記作成に対する一般的な萎縮効果を指摘する答案は，ごく少数であったが，その余の点については，多くの数の答案が指摘していた。もっとも，これらの事項について，上記の要件におけるこれらの事項の論理的な位置付けを体系的に整理して述べるものは，一定数にとどまった。

　以上は，最高裁決定で示された要件に基づき論述する例を示すものであるが，これと異なる要件に基づくものであっても，上記の点が自身の提示する要件の中で体系的に整理されて論述されていれば，相応の評価を受ける。

　これに対し，自己利用文書に触れるとともに，又は自己利用文書に触れることなく，他の文書について検討する答案も少なくなかった。しかし，ここでは，問題文であらかじめ排除されたものを除き，自己利用文書以外の文書への該当性を論ずる意味は乏しい。したがって，他の文書について論じた場合であっても，評価されない。

このほか，文書提出命令の申立ての審理手続について述べる答案も少数ながらあったが，この点も，出題趣旨とは関係がないことから，論述する必要はない。

イ　設問3のまとめ

「優秀」に該当する答案は，出題趣旨を正しく理解し，自己利用文書についての適切な要件の下で，体系的にZが死亡したTの日記を所持するという本問題の特殊性を整理し，論述するものがこれに当たる。「良好」に該当する答案は，「優秀」に該当する答案に準ずるものではあるが，例えば，体系的な論述という点でなお足りない面があるものがこれに当たる。「一応の水準」に該当する答案は，おおむね本問題の特殊性を把握することができているものの，要件との関係での整理が不十分なものなどがこれに当たる。これらに対し，自己利用文書以外の文書や審理手続など必要のない論述に終始するものなどは，「不良」と評価される。

4　法科大学院に求めるもの

本年の問題に対しては，多くの答案において，一応の論述がされていたが，定型的な論証パターンをそのまま書き出したと思われる答案，出題趣旨とは関係のない論述をする答案，事案に即した検討が不十分であり，抽象論に終始する答案なども，残念ながら散見された。また，民事訴訟の極めて基礎的な事項への理解や基礎的な条文の理解が十分な水準に至っていないと思われる答案も一定数あった。これらの結果は，受験者が民事訴訟の体系的理解と基礎的な知識の正確な取得のために体系書や条文を繰り返し精読するという地道な作業をおろそかにし，依然としていわゆる論点主義に陥っており，個別論点に対する解答の効率的な取得を重視しているのではないかとの強い懸念を生じさせる。このような懸念は，定型的な論証パターンが数多く準備されていると推測されるいわゆる「典型論点」とされる裁判上の自白を題材とする設問2についてはある程度の記述ができている答案が大多数であった反面，設問1については基礎的な事項の理解すらおぼつかない答案が多くあったことによっても裏付けることができる。条文の趣旨や判例，学説等の正確な理解を駆使して，設問2の④の事実の位置付けが変わった場合のように未だ論じられていないような新たな問題に対して，論理的に思考し，説得的な結論を提示する能力は，法律実務家に望まれるところであり，このような能力は，基本法制の体系的理解と基礎的な知識の正確な取得，論理的な思考の日々の訓練という地道な作業によってこそ涵養され得るものと思われる。また，このような論理的な思考の過程を適切に表現し，読み手に対して十分に伝えるための訓練も必要となろう。法科大学院においては，このことが法科大学院生にも広く共有されるよう指導していただきたい。

また，民事訴訟法の分野においては，理論と実務とは車の両輪であり，両者の理解を共に深めることが重要であるが，例えば，設問1のテーマである管轄は，実務上は重要な事柄であるにもかかわらず，十分な理解を示した答案は少なかったことに鑑みても，実務への理解が必ずしも十分に深められているとはいえないように思われる。現実の民事訴訟の手続の在り方のイメージがないままに学習を進めることは難しいと思われることから，法科大学院においては，理論と実務を架橋することをより意識した指導の工夫が必要となろう。

▶ MEMO

令和元年・司法

第1 設問1課題(1)

　Yは本件定めを専属的管轄の合意であると主張している。その根拠は、「一切の紛争は、B地方裁判所を第一審の管轄裁判所とする」という文言や、その他に管轄裁判所を認める旨の記載がないことであると考えられる。

　しかし、このような解釈は妥当ではない。専属的管轄の合意は、一方当事者にとって重大な不利益を課すものであるから、その成立は限定的に解するべきである。そこで、専属的管轄の合意が認められるのは、契約書等に明示的に示された場合に限られると考える。本件では、B地方裁判所のみを第一審の管轄裁判所とする文言はないから、専属的な管轄合意は認められず、本件定めはあくまで付加的な管轄を定めたものに過ぎないと考えるべきである。

第2 設問1課題(2)

　Xとしては、民事訴訟法（以下法令名略）17条による移送の申立てをし、本件訴訟はA地方裁判所で審理するべきであると主張する。

　同条による移送が認められる要件は、「訴訟の著しい遅滞を避け、又は当事者間の衡平を図るため必要がある」と認められることである。

　本件では、Yの本店の所在地はB市であるものの、XはA市に居住している。また、Xと実際に本件契約を締結したのは、YではなくA支店であり、証人として裁判所に出頭することとなるのは、A支店の従業員と考えられる。また、証拠物たる本件車両は、A市にあるXの自宅に保管されている。そして、Xの自宅及びA支店は、いずれもA市の中心部にあり、B地方裁判所のあるB市中心部との距離は約600kmであ

り、公共交通機関を乗り継いで約4時間かかる。当事者、証人、証拠物を、毎回約4時間かけて移動させることは困難である。他方、A地方裁判所を管轄裁判所とした場合には、このような大規模な移動は生じないから、訴訟の遅延は生じにくい。Yの本店の従業員がA地方裁判所に出頭するのであれば、同様の移動時間を要することになるが、YはA支店の従業員を代わりに出頭させることができるから、遅延は生じないし、このように解しても当事者の衡平は害されない。

　よって、A地方裁判所への移送の申立てが認められるべきであり、A地方裁判所において審理がなされるべきである。

第3 設問2

1 裁判上の自白とは、㋐口頭弁論又は弁論準備手続における、㋑相手方の主張と一致する㋒自己に不利益な㋓事実の陳述をいう。

　裁判上の自白がなされると、不要証効（179条）が生じる。また、弁論主義（裁判の基礎となる事実や証拠の収集及び提出を、当事者の権能及び責任に委ねる原則）の第2テーゼである、当事者間に争いのない事実については裁判所はそのまま判決の基礎にしなければならないという原則（自白法則）から、裁判所に対する拘束力が生じる。そして、この拘束力により、裁判上の自白が成立した場合、相手方当事者に、当該事実はそのまま認定されるという期待が生じる。この期待を保護するため、自白した当事者に撤回禁止効（当事者拘束力）が生じる。

　要件㋒について、自白には上記のような拘束力が生じ、裁判の進行や帰すうに影響するから、その基準の明確性が求められる。よって、

● 出題趣旨・採点実感によれば、課題(1)では、本件定めが専属的管轄合意であるとするYの解釈を示した上で、その根拠を踏まえることが求められていた。本答案は、「専属的管轄の合意」という用語を用いつつ、Yの解釈の根拠に言及できており、出題趣旨・採点実感に合致する適切な論述といえる。

● 「B地方裁判所のみを第一審の管轄裁判所とする文言はない」との論述は、付加的管轄合意の解釈の根拠として出題趣旨に例示されている「本件定めが専属的管轄合意であることを明記し得たのにしていない」ことを裏から示すものであり、出題趣旨に合致する。

● 本答案は、17条の要件の検討について、本問の事実を的確に摘示しつつ、具体的に評価を加えることができている点で、良い評価を得たものと思われる。もっとも、専属管轄の場合の移送の制限に関する20条は、専属的管轄合意による場合には適用されないことや、17条はあくまで「移送」を規定するものであり、本問では「自庁処理」の立論が求められているため、これをどのように考えるべきか（17条類推適用の可否）、という点について言及できていない点で、採点実感が期待する水準には到達していない（もっとも、本答案が「A」評価を得ていることからも明らかなように、採点実感が期待する水準に到達しなくても、「A」評価を得ることは可能である）。

● 裁判上の自白の意義について、成立要件が明確となる形で端的に論じられている。

● 要件㋒について、証明責任説（相手方が証明責任を負う事実を他の当事者が認める場合に要件が満たされ

自己に不利益とは相手方が証明責任を負う事実をいう。

要件㋔について、紛争解決の実効性確保のため、主要事実（権利の発生・変更・消滅という法的効果の発生を直接基礎づける事実）については上記拘束力を発生させる必要があるから、主要事実は裁判上の自白の対象となる。他方、主要事実の存否を推認させる間接事実や、証明力に関する補助事実について拘束力を認めると、自由心証主義（２４７条）に反することになる。よって、間接事実、補助事実については自白は成立しない。

2 元の請求（本件契約の解除に基づく原状回復請求）の場合

解除の要件事実は、契約の締結、契約の履行、解除原因、解除の意思表示である。解除原因としては履行遅滞があること、つまり、⑤⑥の事実が主張されていれば足り、④の事実は解除権の発生を基礎づけるために直接必要な事実ではなく、主要事実ではない。

よって、元の請求との関係では、④は自白の対象ではないから、Yはいまなお④の事実を自由に撤回することができる。

3 追加された請求（債務不履行に基づく損害賠償請求）の場合

(1) 損害賠償請求の場合、債務不履行と権利侵害や権利侵害と損害との間の因果関係が主要事実となる。そして、④の事実はこれらを立証するために必要とされる事実であり、損害賠償請求権の発生を直接基礎づける主要事実といえる。よって、④については自白の拘束力が生じており、Yは撤回できないとも思える。

(2) しかし、上述のように、当事者拘束力が生じる根拠は、相手方当事者の期待を保護するためである。そうすると、相手方当事者の期待を保護する必要がない場合には拘束力は生じないと解すべきである。

本件では、Xが訴えの変更をしたあとにYが認否の撤回をした点が問題となる。

この点Yは、元の請求であれば自由に撤回ができたにもかかわらず、後に請求が追加されたという偶然の事情によって撤回ができない状況に追い込まれる。このような状況はYにとって一方的に不利であり、Yの側になお撤回の機会を与えるのが当事者の公平にかなう。このような場合、拘束力に対する相手方当事者Xの期待は保護に値せず、当事者拘束力を認める趣旨が妥当しない。

よって、当事者拘束力は生じていないと解する。

4 以上により、Yは④を認める旨の陳述をなお自由に撤回することができる。

第4 設問3

1 本件日記が２２０条4号ニの自己利用文書に該当し、文書提出義務が否定されるのではないかが問題となる。

この点、同号ニに該当する要件は、①外部に公開されることが予定されていないこと（内部文書性）、②公開することによって重大な不利益が生じること（不利益性）、③特段の事情がないことである。

2 ①について

文書の性質や作成者の地位等を考慮する。日記は本来他人に見せることを予定していないものである。そして、作成者TはYの元従業員に過ぎず、日記の公開が予定されるような地位にあるわけではない。

るとする見解）に立つことを、理由を付して的確に論述できている。

● 要件㋑を満たす「事実」について、主要事実に限定されるとする見解に立つことを、理由を付して的確に論述できている。

● 「要件が満たされたことが示されなければ、効果の発生を論証したとはいえない」（採点実感参照）から、要件㋐㋑が問題なく充足されることについて、一行でも良いので触れておくべきである。

● 元の請求における④の事実は、採点実感によれば、Yの抗弁（Yが本件契約に基づく債務を履行した事実）の積極否認の理由となる事実（間接事実）として位置付けられる（詳細は、再現答案③コメント参照）。

● 追加された請求における④の事実は、債務不履行と損害の発生の因果関係に該当する事実（主要事実）として位置付けられる。本答案は、この点について論じられており、採点実感に合致する論述といえる。

● 新請求の追加前は自由にできた陳述の撤回が、新請求の追加というYの関知し得ない偶然の事情によって制限されてよいか、という問題意識を正確に示すことができており、出題趣旨に合致する。また、「Yにとって一方的に不利であり、Yの側になお撤回の機会を与えるのが当事者の公平にかなう」との論述は、採点実感に沿う的確な理由付けといえ、高く評価されたものと思われる。

● 判例（最決平11.11.12／百選［第5版］〔69〕）によれば、自己利用文書（220④ニ）該当性の要件は、①内部文書性、②不利益性、③特段の事情の不存在である。本答案は、当該判例に即して、3要件を正確に提示できており、出題趣旨に合致する。

令和元年・司法

そのため，①該当性が肯定される可能性が高い。

3　②について

　本件日記の作成者Tが既に死亡していることから，本件日記の公開によって直接の不利益を受けるのがその相続人であるZであることに注意すべきである。考慮すべき事情は，本件日記の公開によりZのプライバシー等の利益が侵害されるかどうかである。（イ）の記載から，本件日記にはキャンピングカーのシステムに設計上の無理があり，その旨を進言したが取り合ってもらえなかったという記載があるに過ぎない可能性が高いから，そもそもTのプライバシーを侵害する可能性は低く，これがZのプライバシーを侵害する可能性はさらに低いと考えられる。もっとも，TとYの関係など，具体的な事情を考慮すべきである。

4　③について

　自己利用文書と考えるべきでない特段の事情があるかどうかを検討する。これも文書の性質や作成者，保管状況等を考慮して判断する。

5　以上のような事情を考慮して，自己利用文書にあたるかどうかを判断することになる。

以　上

● 採点実感によれば，「『優秀』に該当する答案は，出題趣旨を正しく理解し，自己利用文書についての適切な要件の下で，体系的にZが死亡したTの日記を所持するという本問題の特殊性を整理し，論述するものがこれに当たる」としている。本答案も，自己利用文書の要件を正しく指摘した上で，②不利益性の要件において，Zが死亡したTの日記を所持しているという事情を踏まえて検討を行っていることから，「優秀」な論述に該当するものとして評価されたと推察される。

▶ **MEMO** —————————————————————————————

設問1
1　課題(1)
(1)　Yは，本件定めが，B地裁「を」第一審の管轄裁判所とするという表現を用いていることを根拠に，本件定めが専属的合意管轄を定めたものであると解釈する。

(2)　ただ，本件契約がXとA支店との間で，A市において締結され，代金支払も本件車両の引渡しも全てA市でなされることを考えれば，Yの本店が関係ない紛争が起きることも十分考えられる。そのような紛争においてはB地裁に訴えを提起すれば，両者のコストが増大するだけである。とすれば，どのような紛争でもB地裁のみを専属的な管轄裁判所とすることは，当事者の合理的意思に反する。ゆえに，本件定めは，B地裁以外に管轄を認めないことまでを意味するものではないと解するべきである。

(3)　そして，本件契約の目的物は不特定物であったから，引渡場所は債権者Xの自宅である（民法４８４条）。Xの自宅はA市にあるところ，A地裁には，義務履行地（民事訴訟法（以下法名省略）５条１号）として管轄が認められる。

2　課題(2)
(1)　１７条の趣旨は，移送しなければ訴訟が遅滞し，又は当事者間の不衡平となる場合に，それに対処するべく移送を認めるものである。かかる趣旨は，移送により訴訟が遅滞し，又は当事者間の不衡平が生じる場合に，これを避けるべく移送しないように申立てる場面にも妥当する。そこで，同条の類推適用により，移送しないこと

を申立てることができると解する。なお，本件定めが専属的合意管轄であっても，２０条１項かっこ書が，専属的合意管轄を，１７条の適用排除の対象から除いていることから，１７条の類推適用が可能であると解する。

(2)　本問で１７条類推適用による申立てが可能かを検討する。
ア　まず，当事者としては，XがA市，YがB市で偏りはない。
イ　ただ，人証であるA支店の担当者や，物証である本件車両，契約書などは，全てXの自宅やA支店，すなわちA市に存在している。
ウ　そしてA市とB市は６００キロメートル，時間にして４時間も離れている。
エ　上記の事情を併せて考えれば，B地裁に移送すれば，証拠調べ等に時間を要し訴訟が遅滞するし，Xに不必要に大きな負担を課すこととなり，当事者の衡平に反する。よって同条の申立ては認められる。

設問2
1　裁判上の自白とは
(1)　裁判上の自白とは，相手の主張する自己に不利益な事実を認めて争わない旨の，口頭弁論又は弁論準備手続における陳述をいう。自己に不利益な事実とは相手方が立証責任を負う事実を言い，当事者は自己が適用を主張する条文の要件事実について立証責任を負う。
(2)　裁判上の自白による拘束力の根拠は，当事者の意思尊重である。不可撤回効は，禁反言原則（２条）の下，審判排除効に対する当事

● 本答案は，「専属的管轄の合意」という用語を用いてYの解釈を示すことができている点は適切であるが，Yの解釈の根拠については正しく言及できていない（「を」という文言では付加的管轄合意の可能性を排除できない）。

● 出題趣旨によれば，課題(1)では，本件定めを付加的管轄合意として解釈すべきであるという議論の展開が求められていたが，本答案は，本件定めを専属的管轄合意と解すべきでないとの主張を展開するにとどまっており，再現答案①と比較しても不十分である。

● A地方裁判所に法定管轄が認められるかどうかについての検討は，課題(1)では求められていないから，余事記載である（課題(2)において検討すべきである）。なお，本件訴訟における「義務履行地」（５①）は，400万円の返還義務の履行地であるため，本件車両の引渡義務の履行地を検討している点は誤りである。

● 採点実感によれば，「法第11条による管轄合意によるものである場合には，移送の制限がされないこと（法第20条第１項）を前提として指摘した上で，法第17条の類推適用によって，Yの移送申立てを却下し，そのままA地方裁判所において審理されるべきであるとの立論をすることが期待される」とされているところ，本答案は，これらの点に適切に言及できており，採点実感に合致する秀でた論述といえる。一方，当てはめに関しては，再現答案①と比較して事実評価の充実度に差がついている。

● 裁判上の自白の意義が端的に論じられている。

● 証明責任説に立つ旨の論述がなされているが，理由が述べられておらず，不十分である。

者の信頼を保護し，不意打ちを防止するために生じる。この不可撤
回効が生じるのは，主要事実についてのみである。なぜなら，不意
打ち防止のためには，主要事実の認定についてのみ拘束力を認めれ
ば十分であるし，証拠と同様の働きをする間接事実や補助事実にま
で拘束力を認めれば，自由心証主義（２４７条）に反するからであ
る。ただ，抽象的要件との関係では，それを基礎づける具体的事実
が主要事実となると解する。なぜなら，抽象的要件は法的評価を伴
い，裁判官の専権事項に属するため，これについて審判を排除する
ことはかかる専権を害するからである。
2　旧請求・新請求における④の事実の位置づけ
（1）旧請求においては
　　④の事実は，⑤の事実を推認させる間接事実として位置づけら
れる。
（2）新請求においては
　　④の事実は，民法４１５条の「損害」の具体的事実であり，主要
事実として位置づけられる。
3　撤回の可否
（1）上記の通り，新請求の追加により④の事実は主要事実に位置づけ
られることとなったので，④の事実の存在について裁判上の自白が
成立し，Ｙは認否を撤回できないとも思える。
（2）ア　しかし，前述の通り，不可撤回効の根拠は相手方の信頼保護及
び禁反言原則にあるところ，撤回が相手方の不意打ちとならず，
禁反言ともならない場合には，不可撤回効は生じないと解する。

イ　本件でこれをみる。Ｙが④についての自白を撤回することに
なったのは，Ｘが新請求を提起したため，本件事故が疑わしく
なったからである。自らの請求変更に起因して自白が撤回され
るのだから，Ｘの不意打ちともならないし，異なる状況下で認
否が異なることをもって矛盾挙動ともいえない。よって上記の
場合と言え，不可撤回効は生じない。ゆえに，Ｙは④の事実を
認める陳述を撤回できる。
設問3
1　本問で，２２０条1，2，3号に該当しないのは明らかである。
2　4号についてみる。イロハホにあたらないのは明らかである。そこ
で，ニにあたるかを判断することになる。
（1）ニが自己利用文書について文書提出の一般的義務を否定したの
は，かかる文書が公開を予定していないがために，組織の意思決定
の過程や第三者のプライバシーに関する事項を含みやすく，公開に
より組織の自由な意思決定や，第三者のプライバシーを害するおそ
れがあるからである。そこで，自己利用文書にあたるというために
は，①当該文書が公開を予定しておらず，②意思決定の過程や第三
者のプライバシーを含み，③当事者と所持者が一体の関係にあるな
どの特段の事情がないことを要すると解する。
（2）本件でこれをみる。
ア　本件日記は，Ｔの日記の一部であるから，公開されることが
想定されていないと言え，①をみたす。
イ　そして，所持者ＺとＸが一体の関係にあるなどの事情もな

● 裁判上の自白の対象となる「事実」
は，主要事実に限定されるとする見
解に立つことを，理由を付して的確
に論述できている。

● 「抽象的要件との関係では」以下
の記述は，「過失」といった規範的
要件の要件事実をどう考えるかとい
う問題に対応するものと思われる
が，本問では規範的要件についての
自白が問題となっているわけではな
いので，余事記載である。

● 間接事実とは，主要事実の存否を
推認するのに役立つ事実をいう。し
たがって，何が間接事実に当たるか
は，主要事実が何であるかが定まら
ない限り確定されないが，本答案は，
⑤の事実が元の請求の主要事実に当
たることの説明を何も述べていな
い。そのため，④の事実が⑤の事実
の間接事実として位置付けられると
論じても，説得的な論理展開とはい
えない。
　また，追加された請求は，腕時計
の修理費として100万円を支払った
ことを損害とする損害賠償請求であ
り，問題文中の⑨の事実が「損害」
に当たるのであり，④の事実を「損
害」の主要事実として捉えるのは困
難である。採点実感によれば，追加
された請求における④の事実は，債
務不履行と損害の発生の因果関係に
該当する事実（主要事実）として位
置付けられる。

● 自己利用文書（220④ニ）の該当
性について，判例（最決平
11.11.12／百選［第5版］〔69〕）
を意識した規範が定立されている
が，「不利益性」の要件については
不正確なものとなっている。

い。
ウ ②について
　(ア)　まずは，Tの日記には，公開が予定されていないがゆえに，他人に読まれたくない内容が書かれていると思われる点を考慮すべきである。
　(イ)　そして本件日記部分を他と分離して提出することができるか否かも，検討する必要がある。
　(ウ)　また，Tはすでに死亡しており，プライバシーを保護する必要性がやや低下することも考慮すべきである。
以　上

● 　本件日記の自己利用文書該当性の判断において最も重要なポイントは，不利益性の要件が満たされるかどうかであるところ，本答案は，(ア)では，本件日記にTのプライバシーに属する事項が書いてあること，(ウ)では，プライバシーの帰属主体であるTが死亡していることをそれぞれ述べており，出題趣旨に合致する。なお，将来の日記作成に対する一般的な萎縮効果の可能性については，ほとんどの答案が言及できなかったため，これを指摘できなかったとしても，他の受験生との間で差が開くことはほとんどなかったものと思われる。

▶ MEMO

第1　設問1
1　課題(1)について
　(1)　Yの解釈の根拠について
　　　本件定めについて，YはA裁判所を本件契約に関する紛争の管轄裁判所から排除することを内容とする定めであると解している。これは専属管轄をB裁判所にするという解釈である。このような解釈をYが行ったのは本件定めの文言からB以外の裁判所で本件契約から生ずる訴訟を行わないという合意が読み取れるからである。
　(2)　別の解釈をとるべきという立論
　　　私はYとは別の解釈として，本件定めはBの専属管轄を定めたものではなく，Bも管轄裁判所として加える旨を定める合意であると考える。
　　　確かに，Yの主張する通り文言からは専属管轄の合意であるとも思える。しかし，本件契約の目的物はキャンピングカーである。キャンピングカーは通常購入後，特定の場所に置き続けるものではなく，これに乗り様々な場所に出かけ，そこで宿泊することを目的とした車である。そうであれば，トラブルが生じ訴訟となる場合もB以外のあらゆる場所が想定でき，B以外での訴訟を認めない合意が両当事者間でなされたと解するのは，妥当ではない。
2　課題(2)について
　(1)　XはYの解釈が妥当であるとしても，本件において，本件定めを

用いてBへの移送を申し立てるのは，権利の濫用であり認められないと主張する。このような主張が認められるかは，移送を行う必要性があるか，また移送を行うことにより当事者に不利益が生じないかという観点から判断する。
　(2)　本件において，本件事故が起きたのはB市であるといった事情はなく，仮にそうであっても本件車両内の事故であるため，現場検証等の面でB裁判所の方が都合がいいといった事情はない。また，訴訟当事者Xやその代理人Lは，そして実際に本件契約を行ったYのA支店はすべてA市内にあり，B市内にあるのはYの本店のみである。そうすると当事者の便宜という面でも，B裁判所で訴訟を行うメリットは薄い。したがって，移送の必要性は低いといえる。これに対し，A市中心部からB市中心部までは，約６００㎞の距離があり，新幹線等を乗り継いでも約４時間もの時間がかかる。そのため，XやLの時間的費用的負担は大きいといえ，十分な訴訟活動が行えない恐れすらある。したがって，不利益は大きい。
　(3)　よって，権利の濫用という主張は認められ，本件訴訟はA地方裁判所で審理されるべきである。
第2　設問2
1　裁判上の自白の成立により，Yが④の事実を撤回できなくなっているかについて
　(1)　自白の意義について
　　　公判又は公判準備手続における，相手方の主張と一致する自己に不利益な事実の陳述をいう。そして，弁論主義が私的自治の訴

● 本件定めについてのYの解釈について，「専属的管轄合意」という用語を用いることなく，問題文の表現をそのまま引用するにとどまっている（採点実感参照）。もっとも，Yの解釈の根拠については，当事者であるYの意思に着目できており，適切である。

● 「Bも管轄裁判所として加える旨を定める合意」との記述からすれば，本件定めが付加的管轄合意であるとのXの解釈を読み取ることはできているようである。ここでは，「付加的管轄合意」の用語を用いて説明できれば，より出題趣旨に合致する論述となった。

● 本答案は，具体的な条文（17条）を検討することなく，「権利の濫用」という一般条項を根拠として検討している点で，低い評価とされている（採点実感参照）。

● 本問の事実を多く摘示し，具体的な評価を逐一加えることができており，当てはめとしての充実度は，再現答案①に比べれば多少差はある（証人や証拠物がA市内にあることについて指摘できていない）ものの，良好な水準に到達しているものと思われる。しかし，判断枠組みとして設定されているのが17条の要件ではなく権利の濫用である時点で，やはり高く評価されることはないと推察される。

● 裁判上の自白の意義としては，「口頭弁論又は弁論準備手続」が正しく，

訟法上の反映であること及び裁判官の自由心証の保障（２４７
条）の観点から，上記の「事実」は主要事実を指すと解する。ま
た基準の明確性の観点から不利益とは，相手方が立証責任を負う
事実であることを指すと解する。
(2) 本件各請求における事実④の意味について
　ア　元の請求について
　　　元の請求は本件契約の債務不履行に基づく解除である。Ｘは
　　請求原因として債務不履行の主張をしなければならないとこ
　　ろ，当該主張における債務の内容は瑕疵のないキャンピングカ
　　ーを納品することである。ここで④本件事故が起きた事実とい
　　うのは，確かに本件車両が瑕疵のないキャンピングカーでなか
　　ったことを推認する間接事実とはなるものの，債務不履行を基
　　礎づける主要事実とはならない。
　　　したがって，自白は成立しない。
　イ　追加された請求について
　　　追加された請求は，債務不履行に基づく損害賠償請求であ
　　る。当該請求においてもＸは債務不履行の事実を主張しなけれ
　　ばならない。そして，この場合の債務の内容は契約当事者間に
　　生じる相手方の身体財産に損害を与えない義務への違反であ
　　る。この義務の内容との関係では，④の事実は本件事故が起き
　　るような車両を渡したことにより，まさに相手方の財産を侵害
　　するような義務違反が起きたことを示す事実であり，主要事実
　　となる。

　　　そのため，公判における相手方の主張と一致する自己に不利
　　益な事実の陳述をＹが行ったといえ，自白が成立する。
(3) よって，Ｙには自白が成立し，撤回が自由に行えなくなってい
　る。
2　訴えの変更が行われた点が撤回の可否に影響するか。
(1) 自白の撤回が原則として許されないのは，両当事者の主張の一致
　によってその点に裁判所拘束力が生じるため，これを信頼した相手
　方を保護するためである。そこで，訴えの変更によって，係争利益
　が大きく変更される場合に，相手方が追加した主張を当初からでき
　なかったことについて何らかの帰責性があれば，上記信頼は保護に
　値せず，撤回は例外的に自由になしうると解する。
(2) 本件において，当初の主張は契約関係を巻き戻す解除の主張で，
　Ｙにとっても大きな不利益が生じるものではなかった。これに対
　し，追加された１００万円という高額の損害賠償請求は，Ｙにとっ
　て大きな不利益をもたらすものである。そのため係争利益が大きく
　変更されるといえる。また，Ｘが当初から損害賠償請求を行わなか
　ったのは，腕時計について，メーカー保証により無償修理ができる
　と勘違いしていたためであり，これは自らの過失といえる。したが
　って，当初から主張しなかった点についての帰責性も認められる。
(3) よって，Ｘの自白への信頼は保護に値せず，Ｙは撤回をなしう
　る。
(4) 上記のような影響が考えうる。
第3　設問3

● 「公判又は公判準備手続」は誤りで
ある。

● 本答案は，「自由心証の保障の観
点」「基準の明確性の観点」といっ
たキーワードのみを並べているが，
これでは説明として不十分である
（採点実感参照）。

● 問題文中の⑤の事実は，履行遅滞
の実体法上の要件の１つである「債
務者が履行しないこと」を基礎付け
る事実であるところ，債務の履行（弁
済）は権利消滅原因であるため，債
務者の抗弁として位置付けられる。
したがって，本問では，Ｙが「本件
車両が本件仕様を有していた事実」
を抗弁として主張立証すべきことと
なり，本答案にいう「瑕疵のないキャ
ンピングカーを納品すること」は，
Ｙが抗弁として主張立証すべき事実
ということになる。そうすると，元
の請求における④の事実は，Ｙの抗
弁（Ｙが本件契約に基づく債務を履
行した事実）の積極否認の理由とな
る事実（間接事実）として位置付け
られるのが正しく，本答案のように，
請求原因事実の間接事実として位置
付けるのは正しくない（採点実感参
照）。

● 自白の撤回の際に問題となるの
は，当事者拘束力（不可撤回効）で
あって，裁判所拘束力ではない。

● Ｙに自白の撤回を認めるかどうか
を検討する際には，Ｘに生じていた
Ｙの自白に対する信頼を超えるほど
の不測の損害がＹに生じていたかど
うかに焦点を当てるべきである（採
点実感参照）。そして，Ｘの意思の
みによってなされる訴えの変更によ
りＹが自白を撤回できなくなること
は，Ｙにとって一方的に不利である
等と述べ，Ｙの不利益に着目してＹ
の自白の撤回を認める論述には，説
得力がある（再現答案①参照）。一方，
本答案は，追加された請求自体が高
額であるためにＹに不利益をもたら
すことや，Ｘが当初から損害賠償請
求を行わなかったのはＸの過失に基

1　どのような観点から検討すべきか
　　まず，該当性を検討すべき条文は２２０条４号ニの自己利用文書についての規定である。
　　そして，検討の観点は，①当該文書が外部開示を予定されていたものであるか，②文書の開示によって特定の業務に重大な影響が生じうるか，③その他特段の事情である。
2　どのような事項を考慮すべきか
　(1)　①について
　　まず，提出を求める文書が日記であるという事項を考慮すべきである。本件日記は日記という性質上他者にみられることを前提として作成されたものとはいえない。
　(2)　②について
　　次に本件日記には甲シリーズのキャンピングカーには設計上の無理があり，その旨を上司に進言したが取り合ってもらえなかったという記述があることを重視すべきである。このような事実が記載された文書が公開されれば，Ｙという会社の業務に影響がある可能性がある。
　(3)　③について
　　最後に特段の事情としては，本件日記を書いた者であるＴが既に亡くなっている点を考慮すべきである。この点は本人の尋問ができない以上，文書提出の必要性が大きいという事情でもあり，同時にプライバシーへの配慮から，提出を認めるべきではないという根拠にもなる。

　(4)　以上のような事項を考慮すべきである。
　　　　　　　　　　　　　　　　　　　　　　　　　　以　上

づくものであることを理由に，Ｙの撤回が認められる旨論述しているが，これらは自白の撤回ができなくなるというＹの不利益に直接関係しない事柄であり，説得力に欠ける。

●　本答案が掲げる②の要件は，判例（最決平11.11.12／百選［第5版]〔69〕）の要件と異なる。また，異なる理由について特に理由も述べられていない。この点，自己利用文書が一般提出義務から除外されている理由は，開示を強制されることで所持者の自由な活動が妨げられることを防止することにあるから，所持者の不利益を検討することが適切といえる。したがって，「特定の業務に重大な影響が生じうるか」という観点は，所持者の不利益と直接関係がないから，適切な要件とはいえない。

▶ **MEMO**

令和元年・司法

設問1
1　課題(1)について
(1)　Yの解釈について
　　Yは，本件定めが専属的管轄合意（民事訴訟法（以下，法令名省略）11条）にあたることを主張する。その根拠として，以下の事情を論ずると考えられる。
　　第一，本件定めが，文言上「一切の紛争」の管轄裁判所をB地方裁判所と定め，例外を認めていないこと。第二，YはB市に本店を構え，全国各地に支店を有する事業者であるところ，全国各地で紛争が生じた場合に，全国各地の裁判所で訴訟追行をすることは，Yの応訴負担を極めて重いものとすることから，このようなYの不利益からみて，本件定めにより専属的管轄合意を行うことにつき，合理性が認められること。第三，Yの本店はB市にあるところ，Yの事業にかかる紛争についての当事者や証拠等は，B市に偏在すると考えられるところ，訴訟の迅速化や，証拠資料の充実による公正裁判の実現等の公的利益にとっても，本件定めにより専属的管轄合意を行うことが合理的であること。
(2)　別の解釈について
　　本件定めは，専属的管轄合意に当たらない。その根拠として，以下の事情が挙げられる。
　　第一，本件定めが専属的管轄合意であるとすることは，Xが約600㎞離れたB地方裁判所で訴訟追行を強いられることとなることからみて，Xの応訴負担との関係上，不合理である。第二，

一般的にみて，証拠資料の充実のために，B地方裁判所での訴訟追行が合理的であるとしても，本件のように，特定の売買契約の目的物（本件車両）の性状が主要な争点となった場合，その目的物が重要な証拠となる場合がありえ，この場合，目的物の所在地を管轄する裁判所において，訴訟追行を認めることが，B地方裁判所での訴訟追行より，証拠資料の充実の観点からみて合理性を有する。
2　課題(2)について
(1)　本件定めが公序良俗に反すること
　　仮に本件定めが専属的管轄合意を定めたものであるとすると，Xは，遠隔地にあるB地方裁判所において訴訟追行を強いられることとなる。A市中心部とB市中心部との距離は約600㎞であり，移動には4時間程度かかるというのであるから，このような定めは，裁判を受ける権利を保障する憲法32条の精神に照らして許されず，公序良俗に反し無効であるというべきである（民法90条）。
(2)　A地方裁判所に管轄が認められること
　　本件訴訟は，財産権上の訴えであり，訴訟物たる原状回復請求権（民法545条1項）の義務履行地は，民法484条後段より，Xの住所（A市）である。したがって，5条1号より，A地方裁判所に，本件訴訟の管轄が認められる。A地方裁判所に管轄が認められる以上，16条1項による移送の申立ては認められない。

● 　本答案は，「専属的管轄合意」という用語を用いつつ，Yの解釈の根拠について，自分なりに考察して言及することができており，出題趣旨・採点実感に合致する適切な論述といえる。

● 　出題趣旨によれば，課題(1)では，本件定めを付加的管轄合意として解釈すべきであるという議論の展開が求められていたが，本答案は，本件定めを専属的管轄合意と解すべきでないとの主張を展開するにとどまっており，Yの解釈とは別の解釈を示すことができていない。これは，「専属的管轄合意と付加的管轄合意の区別を理解していないことから問題の所在を的確に把握することができていない答案」といえ，低い評価になったものと思われる（採点実感参照）。

● 　本答案は，具体的な条文（17条）を検討することなく，「公序良俗」という一般条項を根拠として検討している点で，再現答案③と同様，低く評価されたものと考えられる（採点実感参照）。

● 　本件がA地方裁判所の法定管轄（5①）に属することを指摘することはできている。なお，改正前民法484条後段は，平成29年民法改正により，484条1項後段となっている。

設問2
1　前提
　　自白とは，①口頭弁論又は弁論準備手続における②相手方の主張と一致した③自己に不利益な事実を④認める旨の陳述をいう。
　　自白には，証明不要効（１７９条），審判排除効，不可撤回効が認められるところ，不可撤回効は，審判排除効に対する相手方の信頼を保護する必要があることから，認められるものであり，審判排除効は，弁論主義にかかる自白原則として認められるものである。
　　弁論主義の対象事実は，自由心証主義（２４７条）に対する不当な制約を回避する必要があることから，主要事実に限られるものと解される。したがって，自白の審判排除効は，主要事実に限り認められると解される。そこで，事実④が，当初の請求及び変更後の請求との関係において，主要事実に当たるかが問題となる。
2　当初請求と事実④との関係について
　　当初請求の訴訟物は，解除に基づく原状回復請求権（民法５４５条１項）である。そして，Ｘは，解除権の発生原因として，民法５４１条に基づく主張を行っているところ，事実④は，Ｙが，本件仕様を備えたキャンピングカーを引き渡すという債務の本旨に従った履行をしていないことを基礎づける間接事実にすぎない。
3　変更後請求と事実④との関係について
　　変更後請求の訴訟物は，債務不履行に基づく損害賠償請求権（民法４１５条）である。
　　当初請求と同様，事実④は，Ｙの債務の本旨に従った履行がないこ

とを基礎づける間接事実にすぎない。
4　結論
　　したがって，事実④は，いずれの請求との関係でも主要事実に当たらないから，不可撤回効は及ばず，Ｙは事実④を認める旨の陳述を自由に撤回できる。
設問3
1　問題の所在
　　本件日記が，自己利用文書（２２０条４号ニ）に該当するかが問題となる。
　　自己利用文書とは，①専ら内部の者の利用に供する目的で作成され，外部の者への開示が予定されていない文書であって，②開示によって個人のプライバシーが侵害されたり，団体の自由な意思決定が阻害されたりするなど，開示によって所持者に著しい不利益が生ずるおそれがある文書のうち，③特段の事情のないものをいうと解される。
2　検討
　　本件日記は，Ｔが生前作成していたものであるところ，日記の性質上，専ら作成者Ｔの利用に供する目的で作成されたものであり，外部への開示を予定されていない文書であるといえる（①充足）。しかし，Ｔは既に死亡しており，本件日記が開示されたとしても，Ｔのプライバシーが侵害されるなど，開示によって所持者Ｚに著しい不利益が生ずるおそれがあるとはいえない（②不充足）。したがって，本件日記は自己利用文書には当たらない。

以　上

● 出題趣旨によれば，「③自己に不利益な」陳述という要件について，いかなる立場に立つかを明らかにすることが求められていたが，本答案はこの点について検討できていない。

● 本問では，自白を撤回できるか否かが問題となっているため，審判排除効ではなく，不可撤回効（撤回制限効）に言及すべきである。

● 元の請求における④の事実は，採点実感によれば，Ｙの抗弁（Ｙが本件契約に基づく債務を履行した事実）の積極否認の理由となる事実（間接事実）として位置付けられる（詳細は，再現答案③コメント参照）。

● 追加された請求における④の事実は，債務不履行と損害の発生の因果関係に該当する事実（主要事実）として位置付けられる。本答案は，特に理由を述べることもなく，安易に④の事実を間接事実とし，自白の成立を否定してしまったために，〔設問2〕の問題意識（新請求の追加前は自由にできた陳述の撤回が，新請求の追加というＹの関知し得ない偶然の事情によって制限されてよいか）に言及することができていない。

● 本答案は，自己利用文書の要件を正しく指摘した上で，②不利益性の要件において，Ｚが死亡したＴの日記を所持しているという事情を踏まえて検討を行っており，良好な水準に到達しているものと思われる。

予備試験

平成27年

[民事訴訟法]（〔設問１〕と〔設問２〕の配点の割合は，１：１）

次の文章を読んで，後記の〔設問１〕及び〔設問２〕に答えなさい（なお，解答に当たっては，遅延損害金について考慮する必要はない。）。

【事例】

弁護士Ａは，交通事故の被害者Ｘから法律相談を受け，次のような事実関係を聴き取り，加害者Ｙに対する損害賠償請求訴訟事件を受任することになった。

１．事故の概要

Ｘが運転する普通自動二輪車が直進中，信号機のない前方交差点左側から右折のために同交差点に進入してきたＹ運転の普通乗用自動車を避けられず，同車と接触し，転倒した。Ｙには，交差点に進入する際の安全確認を怠った過失があったが，他方，Ｘにも前方注視を怠った過失があった。

２．Ｘが主張する損害の内容

人的損害による損害額合計　　１０００万円

(内訳)

(1)　財産的損害　　治療費・休業損害等の額の合計　　７００万円

(2)　精神的損害　　傷害慰謝料　　３００万円

〔設問１〕

本件交通事故によるＸの人的損害には，財産的損害と精神的損害があるが，これらの損害をまとめて不法行為に基づく損害賠償を求める訴えを提起した場合について，訴訟物は一つであるとするのが，判例（最高裁判所昭和４８年４月５日第一小法廷判決・民集２７巻３号４１９頁）の立場である。判例の考え方の理論的な理由を説明した上，そのように考えることによる利点について，上記の事例に即して説明しなさい。

〔設問２〕

弁護士Ａは，本件の事故態様等から，過失相殺によって損害額から少なくとも３割は減額されると考え，損害総額１０００万円のうち，一部請求であることを明示して３割減額した７００万円の損害賠償を求める訴えを提起することにした。本件において，弁護士Ａがこのような選択をした理由について説明しなさい。

▶ MEMO

　交通事故に基づく損害賠償請求の事例において,訴訟物の特定基準(設問1)や一部請求(設問2)に関する判例等の基礎理論を理解し,これを応用できるかを問う問題である。

　設問1は,判例は,いわゆる旧訴訟物理論を基礎とし,交通事故に基づく損害賠償請求について,原因事実及び被侵害利益に着目して,人的損害における財産的損害と精神的損害については,その賠償の請求権は1個であり,訴訟物も1個であるとしているが(最高裁昭和48年4月5日第一小法廷判決・民集27巻3号419頁),その理論的根拠(説明)を,そのように解することの実務上の利点(いわゆる費目の流用が可能となること)を含めて理解しているかを問う問題であり,実務上の利点を論ずるに当たっては,訴訟物を2個と捉えた場合との差違を念頭に置きながら論ずる必要がある。

　設問2は,いわゆる一部請求の問題のうち,一部請求を許容すべき必要性及び明示の一部請求における過失相殺の判断方法(いわゆる外側説。前掲最高裁昭和48年4月5日判決)について理解していることを前提に,具体的な事例において原告訴訟代理人の立場でこれらを応用して考えた上で,全部請求ではなく,一部請求を選択した理由を的確に説明することができるかを問う問題である。

MEMO

第1　設問1
1　判例の理由
　　判例が1つの訴訟物と考えた理由は，同一の身体傷害を原因とする財産的損害と精神的損害は原因事実及び被侵害法益を共通にするため，1つの行為に起因する1つの損害といえ，1つの訴訟物として扱われるべきであることにある。また，当事者としては個々の費目の額ではなく，総額に関心があるのであり，処分権主義（246条）の下，審判対象の設定は当事者の自由であるから，損害全体として1つの訴訟物と扱うことが当事者の意思に沿う。この観点からも，1つの訴訟物として扱うべきことが基礎づけられる。
　　以上のように，判例は，原因事実及び被侵害法益が共通であること，当事者の意思に沿うことを理由に，財産的損害と精神的損害を1つの訴訟物としていると考えられる。
2　利点
　　訴訟物を1つと考えると，費目間での流用が可能となり，柔軟に妥当な解決を目指すことができるという利点がある。
　　本件に即して説明すると，仮に費目ごとに1つの訴訟物となるとした場合，裁判所が財産的損害500万円，精神的損害500万円で合計1000万円との心証に至ったとすると，Xの精神的損害の申立額は300万円であるから，これを超える認定は処分権主義に反する。したがって，800万円の

一部認容をするしかなくなる。
　　一方，訴訟物を1つとして考えると，総額として1000万円を超えなければよいから，財産的損害500万円，精神的損害500万円として1000万円の全部認容が可能となる。
　　財産的損害は，損害額がある程度客観的に決まってしまうため，精神的損害額が原告の主張額に拘束されてしまうと，全体として被害者の損害の回復に十分でない額しか認容できないという事態が生じうる。しかし，費目間流用を認めると，裁判所の裁量の余地が大きい精神的損害額で調整することによって，全体として被害者保護に十分な額を認定し，妥当な解決を目指すことができる。
　　以上のように，財産的損害と精神的損害を1個の訴訟物として考えることで，費目間流用が認められ，被害者保護のため，裁判所が考える妥当な解決を目指すことができるという利点がある。
第2　設問2
1　訴額が増加するにつれて，印紙代等の訴訟費用も増加する。したがって，訴額は，認容されるであろう最大の額に設定することが最も合理的であるということになる。
2　実体法上，権利を分割して行使することも認められているし，また，試験訴訟の必要性もあるため，一部請求訴訟も認

● 判例（最判昭48.4.5／百選［第5版］〔74〕）は，「同一事故により生じた同一の身体傷害を理由とする財産上の損害と精神上の損害とは，原因事実および被侵害利益を共通にするものであるから，その賠償の請求権は1個であり，その両者の賠償を訴訟上あわせて請求する場合にも，訴訟物は1個である」と判示している。本答案は，判例の考え方の理論的な理由をほぼ正確に説明できている点で，優れている。

● 出題趣旨によると，設問1では，費目の流用という実務上の利点を理解しているかが問われていたところ，本答案では，費目の流用という実務上の利点について，①訴訟物を2個と考えた場合の不合理な帰結と，1個と考えた場合の合理的な結論を対比できている点，②問題文に挙げられた数字を用いて具体的に説明できている点，③処分権主義を用いて説明できている点，④精神的損害額の算定に関する裁判所の裁量に着目して説明している点で，非常に高く評価されたものと思われる。

● 出題趣旨にいう「一部請求を許容すべき必要性」としては，本答案のとおり，訴訟費用面の有利性（提訴手数料である印紙代などの訴訟費用は，訴額に応じて定められているため，訴額を低く設定した方が原告に

められるところ，一部請求訴訟における過失相殺について，判例は，債権全体の額を基準として減じるべき額を算定し，その額を債権全体の額から減じるという方法をとる（外側説）。これは，少しでも多くの額を認容するほうが原告の意思と合致すること，棄却部分が出た場合残部請求は信義則上却下することができるため，紛争の一回的解決に資することを理由とすると考えられる。

3　本件は，債権の全体額が１０００万円であり，過失相殺により３割減額されると想定されることから，１０００万円全額のうち，裁判所が認定する認容額の最大は７００万円であると考えられる。そして，上記のような判例の立場を前提とすると，単に７００万円の請求とするのではなく，１０００万円のうちの７００万円の一部請求をすると明示すれば，１０００万円を基準に３割が減額されることになるから，７００万円の全部認容がなされると考えられる。

4　以上のように，訴額を認容されるであろう最大額である７００万円として印紙代などの訴訟費用を節約しつつ，７００万円の全部認容を得るために，１０００万円のうちの７００万円の支払を求めるという一部請求訴訟を提起したものと考えられる。

以　上

とって費用面で有利になる），試験訴訟の必要性（勝訴の可能性が不明であるため，とりあえず債権の一部のみについて裁判所の判断を求める必要性）がある。また，本問で必ずしも論述する必要はないが，損害の総額が不明であるためとりあえず算定可能な部分について請求する場合も一部請求の必要性が認められるケースとなる。なお，本答案の「実体法上，権利を分割して行使することも認められている」という論述は，一部請求の許容性であって，必要性を基礎付けるものではない。

● 外側説を採る理由について，原告の意思という必要性と，残部請求は信義則上却下することができるという許容性の両面から論じられており，分かりやすく説得的である。

第1　設問1
1　判例の考え方の理論的な理由
(1)　前提となる訴訟物の理解
　　　判例は，訴訟物について，実体法上の権利の内容を基準として理解している。
(2)　理論的な理由
　　　以上のような理解を前提にすると，本件のような不法行為に基づく損害賠償請求事件の場合には，財産損害と精神損害では損害の内容が異なるため，複数の訴訟物を構成することになるとも思える。
　　　しかし，かかる損害は，特定の不法行為という同一の原因によって発生したものであり，損害の内容は，その内訳にすぎないと考えることが実態に適合している。これが，判例の考え方の理論的な理由である。
2　利点
(1)　判例の考え方の利点は，そのような考え方をとらないとどのような弊害が生じるか，を考えると明快となる。以下述べる。
　　　まず，判例の考え方とは異なり，訴訟物を別個・複数と解すると，各損害について別個に訴訟提起することが可能になる。これは，相手方の応訴の煩や紛争の一回的解決を害することになる。また，本件のような交通事故訴訟の場

●　旧訴訟物理論（実体法上の権利を訴訟物の基準とする理論）について論述している。

●　旧訴訟物理論を素直に適用すると，財産的損害と精神的損害は被害法益が異なること，実体法上の根拠も異なることから（民709，710），別個の訴訟物になると考えられる。本答案は，実体法上の根拠を摘示してはいないが，上記の記述と同趣旨の論述をしている点で，適切である。また，判例（最判昭48.4.5／百選［第5版］〔74〕）は，「同一事故により生じた同一の身体傷害を理由とする財産上の損害と精神上の損害とは，原因事実および被侵害利益を共通にする」と判示している。本答案は，上記判例の「被侵害利益」の共通性について論じていない点で，不十分である。

合，紛争の原因は，交通事故という一回の歴史的事実であるにもかかわらず，別個の裁判所によって審理されることで不整合な解決となってしまうことがありうる。判例のような考え方をとる場合，このような弊害は生じず，紛争の一回的・整合的な解決や相手方の応訴の煩の解消に資するという利点がある。
(2)　このほか，損害額の全体が一つの債務名義として給付されることになる結果，原告被害者にいっぺんに給付がなされることになり，交通事故被害者の実効的救済に資するという利点もある。
第2　設問2
1　前提となる問題
(1)　一部請求の場合の訴訟物
　　　判例に基づくと，一部請求においては，それが明示されていれば審判対象の特定に欠けることはなく，相手方の防御の不利益も存しないから，明示された一部が訴訟物となる。
　　　本件では，明示された一部である７００万円が訴訟物となる。
(2)　一部請求と過失相殺の問題
　　　では，一部請求の場合，過失相殺をどのように扱うか。主文の内容が異なることになるため，問題となる。

●　出題趣旨によると，「訴訟物を2個と捉えた場合との差異を念頭に置きながら論ずる必要がある」とされているところ，本答案では，訴訟物を別個とした場合の不都合性を検討しており，出題趣旨に合致する。

●　出題趣旨によると，設問1では，費目の流用という実務上の利点を理解しているかが問われていたところ，本答案では，この点について論述できていない。

●　本答案は，一部請求の訴訟物について論じているが，後の論述に活かされていない。一部請求の訴訟物に関する論述を後の論述に活かすのであれば，明示的一部請求の訴訟物を「明示された一部」と考える判例の立場からすると，過失相殺は「明示された一部」を過失割合に応じて減額することが理論的であるとした上で，それでも過失相殺は明示された一部ではなく「債権の全額」から控

この問題について，訴訟物においては処分権主義が妥当し，処分権主義は私的自治の訴訟法的反映であるから，原告の意思を重視すべきである。そして，一部請求においては，相殺後に残った残額について一部請求するというのが原告の合理的意思である。そこで，相殺後の残額が訴求額を超えていれば明示された訴求額を，超えていなければ残額を認容すべきである。判例でも，このような理解がとられている。

2 弁護士Aが本文のような選択（以下「本件選択」）をした理由

(1) 上記のような理解を前提に，①なぜ本件選択をする必要があったのか，②本件選択をしても不都合な点はないか，について説明する。

(2) ①本件選択の必要性について

ア まず，一部を明示することは，損害額が拡大した場合への対策という説明ができる。すなわち，金額を明示しない場合には，上記の判例理論からすると，債権の全体が訴訟物となる。これでは，事後的に損害額が拡大した場合に，本来の判決の既判力によって，出訴しても本案に理由がないことになってしまう。そこで，明示することでこのような問題を回避する必要がある。

イ また，訴額を７００万円にしたことには，印紙代と関係がある。すなわち，減額が見越されるのであれば，訴額を低めに設定しおき，印紙代を低減することができる。これは，訴訟にかかるコストを低減することで原告が出訴しやすくなる，原告への現実の給付額が増える，という効用がある。

(3) ②本件選択をしても不都合はないか，について

本件選択をしても，過失相殺について上記判例理論による処理（いわゆる外側説）がなされるから，特段不都合はない。

(4) 以上のように，本件選択をAがしたのは，必要性があり，不都合もないからである。

以 上

除していく外側説を判例がとる理由について述べる，という流れが考えられる。

● 弁護士Aが明示的一部請求訴訟を提起した理由の１つである，残部請求の可能性を残すという点について説明がされており，出題趣旨に沿う。

● 出題趣旨にいう「一部請求を許容すべき必要性」のうち，本答案は，訴訟費用面の有利性については論述しているが，試験訴訟の必要性については特に指摘がない。

● 本答案が想定している「不都合」の内容が答案上明らかでないため，外側説だから不都合はないとの論述では内容が伝わらない。

第1　設問1について
1　判例の理論的な理由について
　⑴　民事訴訟は実体法上の紛争を解決する手段であるから，その目的である訴訟物は，原則として実体法上の規定によって特定すべきである。
　⑵　本件は，不法行為に基づく損害賠償請求訴訟である。民法７０９条と７１０条を見ると，７１０条で「財産以外の損害」について特に規定している。ここから，７０９条は財産上の損害賠償，７１０条は財産以外の損害についての損害賠償について定めたように思えるから，この二つは別個の訴訟物であるように思える。
　⑶　しかし，７１０条は「財産以外の損害に対しても」という文言を使用しており，必ずしも７０９条が財産以外の損害賠償を予定していることを排除してはいない。財産上の損害が生じた場合には，それに付随して精神的損害等が生じる可能性が高い。したがって，７１０条は被害者を保護するために，そのような損害についても賠償すべき旨を注意的に明文化したにすぎないものと考えられる。
　⑷　したがって，訴訟物は一つである。
2　判例のように考えることによる利点について
　⑴　原告は，損害の発生と因果関係について主張責任を負う。裁判所は，処分権主義によりその主張の範囲内で審理

● 判例（最判昭48.4.5／百選［第5版］〔74〕）が旧訴訟物理論を基礎としていることは出題趣旨でも触れられており，正しい指摘である。

● 旧訴訟物理論を素直に適用すると，本答案のように，実体法上の根拠が別であり，それぞれ被害法益も異なることから，別個の訴訟物を構成すると考えることになる。

● 判例（最判昭48.4.5／百選［第5版］〔74〕）は，「同一事故により生じた同一の身体傷害を理由とする財産上の損害と精神上の損害とは，原因事実および被侵害利益を共通にする」と判示している。本答案は，上記判例の「原因事実」及び「被侵害利益」の共通性のいずれも論じておらず，不適切である。

することとなる（２４６条）。仮に訴訟物が別だとすると，裁判所の抱いた損害額の心証と原告が主張する損害額の合計額が一致したとしても，財産的・精神的損害の区分けが異なると損害額が減少してしまうことになる。本件の事例で例えると，裁判所が財産的損害を５００万円，精神的損害を５００万円という心証を抱いたとしても，精神的損害はあくまでも３００万円として，合計８００万円しか認められないこととなる。
　⑵　しかし，損害や因果関係の判断は原告にとって困難なことが多く，訴訟物が別とするのは妥当でない。そこで，訴訟物を１つとすることによって被害額を弾力的に認定することができ，被害者保護になるという利点がある。
第2　設問2について
1　一部を請求した理由について
　　請求額が大きくなればなるほど，訴状の印紙代が高くなる。そこで，弁護士としては請求が認められる見込みのある額だけ請求することによって，印紙代を節約しようと考える。
2　一部請求であることを明示した理由について
　⑴　まず，一部請求であることを明示すると，処分権主義により訴訟物はその一部となる。ここで，過失相殺は全額からなされる。なぜならば，原告としては上記のような印紙

● 出題趣旨の「実務上の利点」について，問題文に挙げられた損害額を用いて具体的に説明している点は評価されるものと思われる。しかし，訴訟物を1個と考える判例の立場に立つと，「被害額を弾力的に認定することができ，被害者保護になる」とする，その具体的な理由（費目の流用）についてまでは論述されていない。

● 出題趣旨にいう「一部請求を許容すべき必要性」のうち，本答案は，訴訟費用面の有利性については論述しているが，試験訴訟の必要性については特に指摘がない。

代節約の必要性から過失相殺などによって請求額が減額される可能性を見込んで一部を請求しているため，全額から過失相殺を行うことが原告の意思に沿う。また，被告としてもこのことを認識できるため，不意打ちのおそれがない。以上より，処分権主義の趣旨に反しないため，過失相殺は全額からなされる。

(2) 次に，一部請求であると明示することにより，訴訟物はその一部となり，既判力（114条1項）もそこにのみ生じる。その結果，本訴が確定後に残部についても別訴を提起することができる。一部と明示されていることによって相手方も残部請求の可能性を認識できるため，この様に考えても不都合はない。

3 以上の理由から，弁護士はこのような選択をした。

以 上

● 判例の立場である外側説の理由が述べられている。そして，外側説の理由が設問2で問われている「弁護士Aがこのような選択をした理由」につながっており，出題趣旨に合致する。

● 残部請求の可能性を被告側が認識できるという点は，設問2で問われている「弁護士Aがこのような選択をした理由」と直接的に関係しない。

平成28年

問題文

[民事訴訟法]（〔設問１〕と〔設問２〕の配点の割合は，３：２）

　次の文章を読んで，後記の〔設問１〕及び〔設問２〕に答えなさい。

【事例】

　Ｘは，ＸからＹ₁，Ｙ₁からＹ₂へと経由された甲土地の各所有権移転登記について，甲土地の所有権に基づき，Ｙ₁及びＹ₂（以下「Ｙ₁ら」という。）を被告として，各所有権移転登記の抹消登記手続を求める訴えを提起した（以下，当該訴えに係る訴訟を「本件訴訟」という。）。本件訴訟におけるＸ及びＹ₁らの主張は次のとおりであった。

Ｘ　の　主　張：甲土地は，Ｘの所有であるところ，Ｙ₁らは根拠なく所有権移転登記を経た。

　　　　　　　　Ｙ₁らが主張するとおり，ＸはＹ₁に対して１０００万円の貸金返還債務を負っていたことがあったが，当該債務は，ＸがＹ₂から借り受けた１０００万円の金員を支払うことによって完済している。

　　　　　　　　仮に，Ｙ₁らが主張するように，甲土地について代物弁済によるＹ₁への所有権の移転が認められるとしても，Ｘは，その際，Ｙ₁との間で，代金１０００万円でＹ₁から甲土地を買い戻す旨の合意をしており，その合意に基づき，上記の１０００万円の金員をＹ₁に支払うことによって，Ｙ₁から甲土地を買い戻した。

Ｙ₁らの主張：甲土地は，かつてＸの所有であったが，ＸがＹ₁に対して負担していた１０００万円の貸金返還債務の代物弁済により，ＸからＹ₁に所有権が移転した。これにより，Ｙ₁は所有権移転登記を経た。

　　　　　　　　その後，Ｙ₂がＹ₁に対して甲土地の買受けを申し出たので，Ｙ₁は甲土地を代金１０００万円でＹ₂に売り渡したが，その際，Ｙ₂は，Ｘとの間で，Ｘが所定の期間内にＹ₂に代金１０００万円を支払うことにより甲土地をＸに売り渡す旨の合意をした。しかし，Ｘは期間内に代金をＹ₂に対して支払わなかったため，Ｙ₂は所有権移転登記を経た。

〔設問１〕

　本件訴訟における証拠調べの結果，次のような事実が明らかになった。

　「Ｙ₁は，ＸがＹ₁に対して負担していた１０００万円の貸金返還債務の代物弁済により甲土地の所有権をＸから取得した。その後，Ｘは，Ｙ₂から借り受けた１０００万円の金員をＹ₁に対して支払うことによって甲土地をＹ₁から買い戻したが，その際，所定の期間内に借り受けた１０

００万円をY₂に対して返済することで甲土地を取り戻し得るとの約定で甲土地をY₂のために譲渡担保に供した。しかし，Xは，当該約定の期間内に１０００万円を返済しなかったことから，甲土地の受戻権を失い，他方で，Y₂が甲土地の所有権を確定的に取得した。」

　以下は，本件訴訟の口頭弁論終結前においてされた第一審裁判所の裁判官Aと司法修習生Bとの間の会話である。

修習生B：証拠調べの結果明らかになった事実からすれば，本件訴訟ではXの各請求をいずれも棄却する旨の判決をすることができると考えます。

裁判官A：しかし，それでは，①当事者の主張していない事実を基礎とする判決をすることになり，弁論主義に違反することにはなりませんか。

修習生B：はい。弁論主義違反と考える立場もあります。しかし，本件訴訟では，判決の基礎となるべき事実は弁論に現れており，それについての法律構成が当事者と裁判所との間で異なっているに過ぎないと見ることができると思います。

裁判官A：なるほど。そうだとしても，それで訴訟関係が明瞭になっていると言えるでしょうか。②あなたが考えるように，本件訴訟において，弁論主義違反の問題は生じず，当事者と裁判所との間で法律構成に差異が生じているに過ぎないと見たとして，直ちに本件訴訟の口頭弁論を終結して判決をすることが適法であると言ってよいでしょうか。検討してみてください。

修習生B：分かりました。

⑴　下線部①に関し，証拠調べの結果明らかになった事実に基づきXの各請求をいずれも棄却する旨の判決をすることは弁論主義違反であるとの立場から，その理由を事案に即して説明しなさい。

⑵　下線部②に関し，裁判官Aから与えられた課題について，事案に即して検討しなさい。

〔設問２〕（〔設問１〕の問題文中に記載した事実は考慮しない。）

　第一審裁判所は，本件訴訟について審理した結果，Xの主張を全面的に認めてXの各請求をいずれも認容する旨の判決を言い渡し，当該判決は，控訴期間の満了により確定した。

　このとき，本件訴訟の口頭弁論終結後に，Y₂が甲土地をZに売り渡し，Zが所有権移転登記を経た場合，本件訴訟の確定判決の既判力はZに対して及ぶか，検討しなさい。

　設問1は，本件訴訟において裁判所が当事者の主張していない所有権の取得経過（X・Y2間の譲渡担保に基づく所有権移転）を判決の基礎とすることの適否を問う問題である。(1)では，弁論主義の適用範囲や事実の分類等に関する基本的な理解を踏まえて，本件において問題となっている事実が弁論主義の適用を受ける事実であることを的確に論じる必要がある。また，(2)では，当事者の弁論権の保障や不意打ち防止の観点から，本件における釈明義務ないし法的観点指摘義務の有無について，事案に即した考察が求められている。

　設問2は，口頭弁論終結後の承継人に対する既判力の拡張に関する問題である。本件におけるZは前訴の訴訟物たる権利義務自体の承継人ではないが，このような第三者であっても民訴法第115条第1項第3号の「承継人」に該当するか否かが問われている。承継人に既判力が拡張される根拠ないし趣旨を踏まえて，同号にいう「承継人」の範囲を明らかにした上で，Zの「承継人」該当性について論じることが求められている。

▶ MEMO

第1　設問1の小問(1)について
1　本問において，裁判所はＸＹ₂間で甲土地を目的物とする譲渡担保契約が締結されたことを認定しているが，かかる認定は，裁判所は当事者の主張しない事実を判決の基礎とすることはできないとする弁論主義第1テーゼに反しないか。弁論主義第1テーゼの適用される事実の範囲が問題となる。
(1)　そもそも，裁判の基礎となる訴訟資料の提出を当事者の権能ないし責任とする建前たる弁論主義の趣旨は，実体私法上の私的自治を訴訟法上も反映させることで訴訟追行における当事者の意思を尊重し，そして，その機能は当事者に対する不意打ち防止にある。そうだとすれば，弁論主義第1テーゼは，主要事実に適用すれば十分である。また，間接事実や補助事実は，主要事実の存否の認定において証拠と同様の機能を有するところ，これらの事実にまで弁論主義第1テーゼが適用されてしまうと，裁判所の自由心証（２４７条）の形成を妨げる結果ともなりかねない。
　　　そこで，弁論主義第1テーゼは，主要事実についてのみ適用されると解すべきである。
(2)　本問において，上記譲渡担保契約締結の事実は，Ｙ₂の甲土地所有権の取得原因であり，甲土地所有権をＸが有するという主要事実に対する抗弁として機能するものである。したがって，かかる事実は弁論主義第1テーゼの適用

を受ける。
2　よって，両当事者が上記譲渡担保契約締結の事実について主張していない本問において，裁判所が同事実の存在を認定したことは，弁論主義第1テーゼに違反するといえる。
第2　設問1の小問(2)について
1　本問において，裁判所は譲渡担保契約に基づくＸからＹ₂への甲土地所有権の移転という法律構成を採用しているが，法の適用は裁判所の専権であることから，譲渡担保の基礎となる事実が当事者によって主張されている以上，これは適法であるとも思える。
2　しかし，譲渡担保契約締結については両当事者とも主張しなかったところ，かかる法律構成を採用することは，当事者への不意打ちとなり違法ではないか。
(1)　そもそも，民事訴訟法は弁論主義や処分権主義等の当事者主義を採用しており，当事者への不意打ち防止は一貫して求められているといえる。そうだとすれば，裁判所が当事者の主張しない法律構成を選択する場合であっても，裁判所は釈明権（１４９条1項）を行使することによって，当事者への不意打ちを防止すべきであり，これを怠ることは訴訟指揮権の不適切な行使にあたり，違法であると解する。
(2)　したがって，本問においても何らの指摘をすることなく

● 本答案のように，問題の所在を【事例】に即して的確に示すことができれば，読み手に対して，題意を正しく理解していることのアピールになる。

● 弁論主義の定義や趣旨，適用範囲等について，正確かつ丁寧に論理を展開して論述することができている。

● 本答案は「譲渡担保契約締結の事実は……甲土地所有権をＸが有するという主要事実に対する抗弁として機能する」ことを理由に，弁論主義第1テーゼの適用を認めている。この点，ＸＹ₂間の譲渡担保契約締結の事実は，Ｘの所有権の消滅という法律効果の判断に直接必要な事実に該当するから，主要事実に該当する旨明確に言及できれば，より丁寧な論述となり，さらに高い評価が期待できたものと思われる。

● 本答案のように，原則論を踏まえることは，問題の所在をより明確に示すことができる上，基本的な知識・理解を備えていることのアピールにもなる。

● 本答案は，釈明義務や法的観点指摘義務などのキーワードは用いていないものの，「裁判所は釈明権（149条1項）を行使することによって，当事者への不意打ちを防止すべき」であるとしており，この点は出題趣旨に合致する。もっとも，釈明権行使に関する抽象論を述べるにと

上記法律構成を採用して判決したことは，違法である。

第3　設問2について

1　まず，既判力の正当化根拠は，手続保障の充足に基づく自己責任にあるため，既判力は訴訟当事者にのみ及ぶのが原則（115条1項1号）であるから，Zに対しては及ばないとも思える。

2　しかし，ZはY₂から口頭弁論終結後に甲土地を譲り受け，所有権移転登記も経ているところ，「承継人」（同項3号）にあたり既判力が及ばないか。

⑴　そもそも，同号が「承継人」に既判力を及ぼすことを規定した趣旨は，民事訴訟による紛争解決の実効性を担保することにある。そうだとすれば，「承継人」とは，既判力を及ぼすことで実効的な紛争解決をはかることができる者，すなわち，訴訟当事者から紛争の主体たる地位を承継した者をいうと解すべきである。

⑵　本問において，確定した本件訴訟の訴訟物は，Xの甲土地所有権に基づく所有権移転登記抹消登記請求権であるが，Zは甲土地所有権移転登記を経ているため，紛争の主体たる地位を承継したといえる。

したがって，Zに本件訴訟の確定判決の既判力は及ぶ。

以　上

どまっているため，「事案に即した考察」を求める出題趣旨に十分に応えるまでには至っていない。

● 出題趣旨によれば，「承継人に既判力が拡張される根拠ないし趣旨を踏まえ」た論述が求められているところ，115条1項3号の趣旨は，①訴訟による紛争解決の実効性を確保する点，及び②前主による代替的な手続保障が図られている点にある。この点，本答案は，上記②の趣旨について言及できていない。

● 本答案は，本件訴訟の訴訟物に言及した上で，「Zは甲土地所有権移転登記を経ているため，紛争の主体たる地位を承継した」としており，Zが「承継人」に該当することを具体的に検討しようとする姿勢を見せている。したがって，ある程度高い評価が得られたものと思われるが，優秀な論述とまではいえない（この点については，再現答案②参照）。

設問1
1　小問(1)
　当事者が主張していない事実について，裁判所が判決の基礎とすることはできないのが原則である（弁論主義第一テーゼ）。かかる原則は，証拠と間接事実の等価性により，主要事実についてのみ妥当する。よって，主要事実について，当事者の主張なく裁判所が認定することはできない。かかる弁論主義に照らし，問題文のような扱いは許されない。その理由は，以下のとおりである。
　裁判所は，Xが①Y₁からいったん買い戻してから，②Y₂に甲土地を譲渡担保に供したとの認定をしている。これに対し，当事者Xは，①買戻しの主張はしているが，②譲渡担保の主張はしていない。また，他方当事者Yも，②甲土地を，Xが所定の期間内にY₂に代金１０００万円を支払うことによる売り渡しの合意があったと主張するにとどまり，譲渡担保の主張はしていない。譲渡担保の要件事実は，被担保債権と，債務不履行により所有権を移転する旨の合意であり，諾成契約により即時に所有権が移転する売買とは異なる要件事実によって構成されると解されるからである。
　よって，いずれの当事者も主張していない譲渡担保の事実を認定することは，弁論主義第一テーゼに反する。
2　小問(2)

　本件のような場合に法律構成が当事者と裁判所の間で異なっているにすぎないと考えると，法律問題の判断は裁判官の専権に属するから，弁論主義違反の問題は生じないのが原則である。しかし，法律問題といっても事実関係と截然と区別できるわけではなく，裁判所が恣意的な法律構成をする場合には，当事者の攻撃防御に対し不意打ちを与えるおそれがある。そこで，不意打ちを回避するため，法的観点を指摘し，釈明を促すことが望ましい場合もありうる。
　本件では，Y₂への譲渡担保について，Y₁らは売買と主張しているところ，所有権移転時期や合意の内容が異なる，元の所有者が異なるなど，攻撃防御に差異をもたらすため，X Y₁ら双方に不意打ちとなる。また，Y₁Y₂の売買についてのY₁らの主張が無用のものとなり，Y₁は不必要な立証をすることになるという不意打ちがある。そこで，裁判所としては，法律構成についての心証を開示し，譲渡担保という法律構成の場合の当事者の攻撃防御の提出を促すべきである。
設問2
　既判力は，当事者において作用するのが原則である。もっとも，紛争解決の実効性確保の観点から，当事者以外の者にも既判力が作用することがありうる。本件では，口頭弁論終結後の「承継人」（１１５条１項３号）にあたるかが，問題となる。
　「承継人」に対して既判力が及ぶのは，紛争解決の実効性確

● 本答案は，弁論主義第１テーゼの意義を示した上で，その適用範囲が主要事実に限られるとの立場から端的に論じており，弁論主義の基本的理解を示すことができている点で出題趣旨に沿う。なお，弁論主義の適用範囲が主要事実に限られる理由については，再現答案①が最も良く論述できている。

● 本答案は，譲渡担保契約の締結が当事者の主張していない事実であることを【事例】に即して具体的に論じている点で，出題趣旨に沿うものといえるが，その前提として，譲渡担保契約の締結という事実が主要事実に該当することを明確に指摘してから論じるべきであった。

● 本答案は，不意打ち防止の観点から法的観点指摘義務が認められる場合がありうるとの一般論を定立している点で，出題趣旨に沿う。その上で，本答案は，裁判所がX Y₂の合意を譲渡担保契約の締結であると判断すると，攻撃防御方法等に差異をもたらすとして，その「差異」の具体的な内容を論述しており，【事例】に即した考察ができている点でも，出題趣旨に沿う。もっとも，裁判官Aから与えられた課題は，「直ちに本件訴訟の口頭弁論を終結して判決をすることが適法」か否かを問うものであり，本答案は課題に正面から答えていない。

● 本答案は，承継人に既判力が拡張

保という必要性と，代替的手続保障の存在という許容性による。この点，当事者適格を伝来的に取得した者がこれにあたるのが原則である。しかし，これでは狭きに失するところ，紛争の主体たる地位を取得した者をいうと解する。当事者適格を取得した者以外でも，主要な争点が共通で紛争が派生したと社会通念上評価しうる場合には，上記の必要性と許容性を肯定しうるからである。

本件では，物権的請求権は妨害主体ごとに生じるから，訴訟物は別である。しかし，目的物は甲土地で同一であり，社会的実態としては前の紛争が，前主の売却により派生したにすぎず，主要な争点も共通ということができる。よって，Z は Y₂ から，紛争の主体たる地位を承継した者ということができるところ，「承継人」にあたり，本件訴訟の確定判決の既判力は Z に及ぶ。

以　上

される根拠ないし趣旨を踏まえて，「承継人」（115Ⅰ③）の意義について論じている点で，出題趣旨に合致する。

● 所有権に基づく妨害排除請求権としての所有権移転登記抹消登記請求権は，所有者以外の者の所有権登記名義が存在するたびに新たに発生する。すなわち，Z は前訴とは別の新たな所有権移転登記の抹消登記手続義務を負担するにすぎず，前訴の訴訟物たる Y₂ の所有権移転登記の抹消登記手続義務自体を承継するわけではない。本答案は，「物権的請求権は妨害主体ごとに生じるから，訴訟物は別である」としており，Z が前訴の訴訟物を承継したわけではないことを述べている点で，出題趣旨に合致する。

もっとも，Z が紛争の主体たる地位を承継したといえるかどうかについて，本答案が自分なりに検討できている点は評価できるが，さらに具体的に指摘できれば良かった（例えば，他人名義の所有権移転登記の存在が前訴の請求原因事実であることからすれば，甲土地について所有権移転登記を経由した Z は紛争の主体たる地位を有するといえ，Z も「承継人」に当たる，等）。

第1　設問1について
1　小問(1)について
(1)　証拠調べの結果明らかになった事実には、XもY₁らも主張していない、XがY₂のために１０００万円を被担保債権として甲を譲渡担保に供したという事実が含まれており、これを基礎にXの各請求をいずれも棄却するのは弁論主義第一テーゼに違反する。以下、詳述する。

(2)　弁論主義第一テーゼとは、両当事者が弁論で主張していない事実について判決の基礎としてはならないという原則であり、この原則の「事実」とは、主要事実を指すと解される。間接事実や補助事実もこの原則に含めると、裁判官の自由心証が不当に制限され、誤った事実認定に拘束されうるからである。本件で、XがY₂のために甲を譲渡担保に供したというのは、Y₁らの甲についての占有権原を基礎づける事実であり、主要事実である。したがって、弁論主義第一テーゼの適用があり、裁判所が、XがY₂のために譲渡担保に供したことを判決の基礎としてXの各請求を棄却するのは、弁論主義第一テーゼに違反する。

2　小問(2)について
(1)　本件訴訟では、XがY₂のために甲を譲渡担保に供したという事実に基づきXの各請求を棄却しても、弁論主義第一テーゼには違反しないと考えられる。なぜなら、主要事

● 弁論主義第1テーゼの内容、及びその適用範囲について正しく論述できている。もっとも、本答案は、「間接事実や補助事実もこの原則に含めると、裁判官の自由心証が不当に制限され」るとする理由を論述できていない。

● 本答案は、譲渡担保契約の締結は甲土地の「占有権原を基礎づける事実」としているが、不適切である。譲渡担保契約の締結は、Xの所有権の消滅という法律効果の判断に直接必要な事実であって、相手方に所有権があることを前提とする占有権原の抗弁の主要事実とはならない（少なくとも、占有権原を基礎づける事実であるとするのであれば、その合理的な理由を明確に述べることを要する）。

実たる、XとY₂の間でXが期間内にY₂に１０００万円を支払えば甲をXに譲渡するという合意自体は、Y₂が主張しており、この合意の法律構成が裁判所とY₂の間で異なるだけであるからである。

(2)　ただし、法律構成が異なるだけで弁論主義には違反しないということから、直ちに裁判所がXの各請求を棄却するのは、裁判所の釈明義務違反にならないか。すなわち、当事者の主張しない譲渡担保という法律構成を基礎にXの請求を棄却するのは、Xにとって不意打ちになることは否定できず、民事訴訟法（以下法令名省略）１４９条の釈明権の不行使として違法となるのではないか。

(3)　１４９条により裁判長には釈明権があるが、一定の場合には釈明権の不行使が違法となる場合があると解される。すなわち、当事者の主張が不明瞭であったり、矛盾を含んでいるときなど、そのまま判決をすれば当事者に著しい不意打ちになる場合は、主張を明確にして当事者にもう一度その明確な主張に基づき攻撃防御を尽くさせる必要があるから、裁判長には当事者の主張を明確にする釈明義務が課せられると解される。

(4)　本件では、確かに合意の事実自体はY₂が主張しているが、裁判所が譲渡担保という法律構成を判決前に示さないと、Xが譲渡担保という法律構成に従って攻撃防御を尽く

● (1)に係る論述は、下線部②の文章を言い換えたものにすぎず、裁判官Aから与えられた課題について説明するものではないから、いわゆる余事記載である。

● 小問(2)において問題となっているのは、積極的釈明義務ないし法的観点指摘義務の有無であるが、本答案は「当事者の主張が不明瞭であったり、矛盾を含んでいるときなど」に釈明義務が課されるとして、消極的釈明義務に関する論述をしており、本問の問題意識を把握できていない。

す機会を奪うことになり，Xに著しい不意打ちを与えることになる。そして，このような釈明をしても，Xに新たな攻撃防御方法を与えることにはならず，Y₁らに過剰に不利に働くということもない。

(5) したがって，本件では裁判所の釈明権の不行使は違法となり，直ちに本件訴訟の判決をするのは違法である。

第2 設問2について

1 既判力について

(1) 本件訴訟の確定判決は，XのY₂に対する甲についての所有権移転登記抹消登記請求権の存在について既判力を有する。このとき，本件訴訟の口頭弁論終結後にY₂がZに甲を売り渡しているので，Zに本件訴訟の確定判決の既判力が及ぶかを検討するときは，Zが115条1項3号の「承継人」にあたるかを検討すればよい。

(2) 115条1項3号の「承継人」とは，訴訟物たる権利関係そのものを承継した者だけでなく，それにつき原告または被告となることを基礎づける実体法上の地位を承継した者をも含む。本件では，ZはY₂から甲の所有権移転登記を経ており，Xによる甲についての所有権移転登記の抹消登記手続を求める訴えの被告となることを基礎づける実体法上の地位を，「当事者」たるY₂から承継している。

2 したがって，Zは「承継人」にあたり，本件訴訟の確定判

決の既判力はZに及ぶ。

以 上

● 本答案は，「承継人」の範囲について，「訴訟物」を承継した者だけでなく，「原告または被告となることを基礎づける実体法上の地位を承継した者」も含むとしている。しかし，いわゆる適格承継説は，承継の対象を「当事者適格（訴訟物に関連する実体法上の地位）」とするものであるから，本答案のように，訴訟物を離れた「原告または被告となることを基礎づける実体法上の地位」を念頭に置くのは誤りである。また，本答案が記述したかった見解がいわゆる紛争の主体たる地位説であるならば，本答案の論述は不正確な論述であり，誤りである。さらに，本答案は，承継人に既判力が拡張される根拠ないし趣旨に言及しないまま，何の理由もなく「承継人」の範囲を論述しており，出題趣旨の要求に応えられていない。

1　設問1

(1)　小問1

ア　弁論主義とは，判決の基礎となるべき事実および証拠の提出を当事者の権能かつ責任とする原則である。したがって，裁判所は，当事者から判決の基礎となるべき事実の主張がなければ，かかる事実を判決の基礎としてはならない（弁論主義第1テーゼ）。そして，かかる事実は主要事実のみを指し，客観的事実を指すと考える。

● 弁論主義の意義やその適用範囲について一応示すことができているが，「主要事実のみ」をさすとする理由を述べなければ，基本的な理解を示したとはいえない。

イ　本件では，Y₁から抗弁として売渡担保の事実しか主張されていないのにもかかわらず，裁判所は譲渡担保の事実を認定している。かかる事実は，合意内容や合意を行った主体が異なっている以上，客観的事実が異なっている。そうだとすれば，裁判所は当事者が主張していない主要事実を判決の基礎としたといえるので，弁論主義第1テーゼに反する。

以上より，弁論主義に反する。

● 譲渡担保契約締結の事実が，当事者の主張していない事実であることを示せている点は良いが，その前提として譲渡担保契約締結の事実が弁論主義の適用を受ける主要事実に当たることを論じる必要がある。なお，Y₁の主張する事実は，売渡担保の事実とは評価できない。

(2)　小問2

本件の問題点は，法律構成が変化した場合に裁判所に釈明義務があるかという問題である。

ア　たしかに，法の適用は裁判所の専権であるから，釈明する必要がないとも思える。しかし，法律構成が変化すれば本件のように事実関係が異なる場合もある。そうだ

とすれば，事実関係の問題である弁論主義が問題となり，弁論主義の趣旨である当事者意思の尊重や機能である被告の不意打ち防止を没却する場合が生じる。したがって，弁論主義の趣旨機能を害する場合は，法律構成の変化の点について裁判所に釈明義務が生じると考える。

イ　本件の売渡担保から譲渡担保の変更は，合意の主体や内容が異なっており，別個の社会的事実といえる以上，何らの釈明もせずに譲渡担保と認定するのは両当事者の意思を尊重しておらず，また被告Y₂への不意打ちとなる。

したがって，弁論主義の趣旨機能を害するため，裁判所に釈明義務が認められる。

● 本答案は，「法律構成が変化すれば……事実関係が異なる場合もある……事実関係の問題である弁論主義が問題となる」としている。しかし，法律構成に差異が生じる場合，争点が変化することによって当事者への不意打ちが生じることが問題となるのであり，事実関係までもが変化するわけではないため，上記論述は不適切な表現である。当てはめにおいても，「別個の社会的事実といえる」との表現は不適切であり，また，事案に即した考察という出題趣旨にも応えられていない。

ウ　よって，釈明なしに譲渡担保と認定するのは釈明義務に反し，違法となる（312条3項参照）。

● 釈明義務の条文（149Ⅰ）まで示すべきである。

2　設問2

(1)　Zは，本件訴訟の「当事者」（115条1項1号）ではないので，本件訴訟の確定判決の既判力は原則として，及ばない。

(2)　もっとも，本件訴訟の口頭弁論終結後にY₂から甲土地の所有権移転登記を受けていることから，「口頭弁論終結後の承継人」（115条1項3号）として，既判力が及ぶ

のではないか。
 ア　１１５条１項３号の趣旨は，敗訴当事者が係争物を譲
　渡するなどして，前訴の紛争解決の実効性が没却される
　のを防ぐ点にある。そこで，「承継人」とは，紛争の主
　体たる地位を承継した者まで含むと考える。
 イ　本件についてみると，本件訴訟の訴訟物は本件土地の
　所有権に基づく抹消登記請求権であり，Ｚは所有権移転
　登記という被告適格を基礎づけるものの譲り受けをして
　いるといえることから，本件訴訟の紛争の主体たる地位
　が承継されたといえる。したがって，Ｚは「承継人」に
　あたる。
(3)　Ｚに本件訴訟の既判力は及ぶ。
　　　　　　　　　　　　　　　　　　　　　　　　　以　上

● １１５条１項３号の趣旨を示した上
で，「承継人」の意義を示すことが
できている点は，出題趣旨に沿う。
ただし，１１５条１項３号の趣旨のう
ち，前主による代替的な手続保障が
図られているという点については，
言及できていない。

● Ｚが所有権移転登記を譲り受けた
点をもって，紛争の主体たる地位を
譲り受けたとしている点は良い。し
かし，本答案はいわゆる紛争の主体
たる地位説に立っているにもかかわ
らず，「被告適格を基礎づけるもの
の譲り受けをしている」と述べて適
格承継説を前提とするような論述を
し，定立した規範との整合性が取れ
ていない点，及び「被告適格」と「紛
争の主体たる地位」の関係について
何らの言及もない点で，不適切であ
る。

平成29年

[民事訴訟法]（〔設問1〕と〔設問2〕の配点の割合は，1：1）

次の文章を読んで，後記の〔設問1〕及び〔設問2〕に答えなさい。

【事例】

　Yは，甲土地の所有者であったが，甲土地については，Aとの間で，賃貸期間を20年とし，その期間中は定額の賃料を支払う旨の賃貸借契約（以下「本件賃貸借契約」という。）を締結しており，Aはその土地をゴルフ場用地として利用していた。その後，甲土地は，XとYとの共有となった。しかし，甲土地の管理は引き続きYが行っており，YA間の本件賃貸借契約も従前どおり維持されていた。そして，Aからの賃料については，Yが回収を行い，Xに対してはその持分割合に応じた額が回収した賃料から交付されていた。

　ところが，ある時点からYはXに対してこれを交付しないようになったので，Xから委任を受けた弁護士Lがyと裁判外で交渉をしたものの，Yは支払に応じなかった。そこで，弁護士Lは，回収した賃料のうちYの持分割合を超える部分についてはYが不当に利得しているとして，Yに対して不当利得返還請求訴訟を提起することとした。

　なお，弁護士Lが確認したところによると，Aが運営するゴルフ場の経営は極めて順調であり，本件賃貸借契約が締結されてからこの10年間本件賃貸借契約の約定どおりに賃料の支払を続けていて，これまで未払はないとのことであった。

〔設問1〕

　下記の弁護士Lと司法修習生Pとの会話を読んだ上で，訴え提起の時点では未発生である利得分も含めて不当利得返還請求訴訟を提起することの適法性の有無について論じなさい。

　　弁護士L：今回の不当利得返還請求訴訟において，Xは，何度も訴訟を提起したくないということで，この際，残りの賃貸期間に係る利得分についても請求をしたいと希望しています。そうすると，訴え提起の時点では未発生である利得分についても請求することになりますが，何か問題はありそうですか。

　　修習生P：そのような請求を認めると，相手方であるYに不利益が生じてしまうかもしれません。特に口頭弁論終結後に発生する利得分をどう考えるかが難しそうです。

　　弁護士L：そうですね。その点にも配慮しつつ，今回の不当利得返還請求訴訟において未発生の利得分まで請求をすることが許されないか，検討してみてください。

【事例（続き）】

　弁護士Ｌは，Ｘと相談した結果，差し当たり，訴え提起の時点までに既に発生した利得分の合計３００万円のみを不当利得返還請求権に基づいて請求することとした。

　これに対し，Ｙは，この訴訟（以下「第１訴訟」という。）の口頭弁論期日において，Ｘに対して有する５００万円の貸金債権（以下「本件貸金債権」という。）とＸの有する上記の不当利得返還請求権に係る債権とを対当額で相殺する旨の意思表示をした。

　第１訴訟の受訴裁判所は，審理の結果，Ｘの不当利得返還請求権に係る債権については３００万円全額が認められる一方，Ｙの本件貸金債権は５００万円のうち４５０万円が弁済されているため５０万円の範囲でのみ認められるとの心証を得て，その心証に従った判決（以下「前訴判決」という。）をし，前訴判決は確定した。

　ところが，その後，Ｙは，本件貸金債権のうち前訴判決において相殺が認められた５０万円を除く残額４５０万円はいまだ弁済されていないとして，Ｘに対し，その支払を求めて貸金返還請求訴訟（以下「第２訴訟」という。）を提起した。

〔設問２〕

　第２訴訟において，受訴裁判所は，貸金債権の存否について改めて審理・判断をすることができるか，検討しなさい。

　設問1は，将来にわたり継続的に発生する不当利得の返還を求める訴えに関して，将来の給付の訴えと現在の給付の訴えとの区別の基準及び将来の給付の訴えの利益の判断要件等について問うものである。特に，将来の給付の訴えについての民事訴訟法第135条の趣旨に触れつつ，将来の給付の訴えの利益の判断要件について関連する最高裁昭和56年12月16日大法廷判決・民集35巻10号1369頁等にも言及しながら自説を展開した上で，本件事案における具体的な事実関係を踏まえた当てはめが求められている。

　設問2は，不当利得返還請求訴訟において，被告から相殺の抗弁が提出された場合において，その自働債権の一部の存在が認められて受働債権の一部と相殺され，一部認容判決がされたときに，自働債権に関してどの範囲で既判力が生ずるのか等について問うものである。既判力の根拠規定である民事訴訟法第114条の趣旨を踏まえつつ，例外的に相殺に既判力を認めた同条第2項の「相殺をもって対抗した額」についての解釈論を展開することが求められている。また，既判力が自働債権の全体には生じないとの見解を採用した場合にも，そのような結論が後訴における不当な蒸し返しを招かないかについて検討をし，自説を展開することが求められている。

► MEMO

設問1
1 ＸのＹに対する不当利得返還請求訴訟は，口頭弁論終結後
に発生する利得分の返還を求める部分については，将来給付
の訴えの利益が問題となる。具体的には，「あらかじめその
請求をする必要」（民事訴訟法（以下法名省略）１３５条）
と，その前提として請求適格が認められる必要がある。
2 本件では，被告のＹは，Ｘからの裁判外での交渉にもかか
わらず，支払に応じようとしていないため，「あらかじめそ
の請求をする必要」は認められる。
3 では，請求適格は認められるか。
⑴ 将来給付の訴えは，これを認めると相手方に請求異議の
訴え（民事執行法３５条）の提訴負担を課してしまうとい
う不利益が生じるおそれがある。そこで，起訴責任の公平
な分配という観点から，①請求権の基礎となるべき事実関
係及び法律関係が既に存在し，その継続が予測され，②相
手方に有利な将来における事情の変動があらかじめ明確に
予測し得る事由に限られ，③相手方に請求異議の訴えの提
訴負担を課しても格別不当とはいえない場合に限り，請求
適格が認められると解する。
⑵ 本件では，ＹがＡから持分を超えて賃料を受け取るとは
限らないのだとすれば，請求権の基礎となるべき事実関係
は存在しないとも思える。しかし，ＹＡ間では本件賃貸借

契約が締結され，Ａは甲土地上でゴルフ場を経営している
のだから，請求権の基礎となるべき事実関係及び法律関係
が既に存在している。そして，Ａの経営は極めて順調で，
１０年間約定通り賃料の支払が滞っていないことからすれ
ば，その継続も予測される（①）。
また，確かに，Ａが本件賃貸借契約を解約したり，支払
を滞らせたりする可能性があるのだとすれば，Ｙに有利な
事情変動はＹにとって予測可能な事由に限られないとも思
える。しかし，Ａの経営は極めて順調であることからＡが
解約することは考え難く，支払を滞らせるおそれも低いの
だから，Ｙに有利な将来における事情の変動はあらかじめ
明確に予測し得る事由に限られる（②）。
以上からすれば，③Ｙに請求異議の訴えの提訴負担を課
しても格別不当とはいえない。
⑶ したがって，請求適格も認められる。
4 よって，上記訴訟は，口頭弁論終結後に発生する利得分の
返還を求める部分も含めて，適法である。
設問2
1 受訴裁判所が改めて賃金債権の存否について審理・判断す
ることは，確定した前訴判決の既判力（１１４条）によって
遮断されないか。
⑴ 確定判決の既判力は，「主文に包含するもの」（同条１

● 出題趣旨によれば，将来給付の訴
えと現在給付の訴えの区別基準が問
われていた。この点，訴え提起の時
点では未発生である利得分のうち，
口頭弁論終結時までに発生する利得
分は現在給付の訴えの対象になるこ
とまで論述できれば，なお良かっ
た。

● 将来給付の訴えの利益について，
135条の趣旨に触れつつ，請求適格
の判断基準について判例（大阪国際
空港事件，最大判昭56.12.16／百
選［第5版］〔22〕）の規範をほぼ
正確に再現できており，出題趣旨に
合致する。

● 本答案は，定立した判例の規範に
沿って本問の具体的な事情を適切に
当てはめており，適切である。
なお，②につき，判例（最判昭
63.3.31，最判平24.12.21／H25
重判〔2〕）は，賃貸借契約の解約
が専ら賃借人の意思に基づいてされ
る場合もあり得ること，賃料の支払
は賃借人の事情に左右されることか
ら，②を否定するとともに，将来賃
料収入が得られなかった場合にその
都度請求異議の訴えによって強制執
行を阻止しなければならないという
負担を債務者に課することは，いさ
さか債務者に酷であるとして，③も
否定している。本答案は，上記判例
も意識しつつ，本問ではＡの経営が
極めて順調であることを強調して②
③の要件を肯定しており，模範的な
論述と評価できる。

● 出題趣旨によれば，114条の趣旨

項），すなわち訴訟物たる権利義務の判断についてのみ生じるのが原則である。なぜならば，既判力の客観的範囲を広く解することは，簡易かつ弾力的な審理を阻害するからである。

　また，例外的に生じる「相殺をもって対抗した額」（同条2項）についても，本訴債権と対当額の範囲での，反対債権の不存在の判断に限られる。当該範囲についてのみ，既判力の正当化根拠となる手続保障が及んでいるといえるからである。

(2)　したがって，前訴判決の既判力も，Xの不当利得返還請求権のうち250万円の存在，及び50万円の不存在と，Yの本件貸金債権のうち不当利得返還請求権と対当額の300万円の不存在に限られる。

　そして，第1訴訟においてYが相殺に供した反対債権と第2訴訟における訴訟物とは同一の債権であるから，前訴判決の既判力は第2訴訟に作用する。

(3)　よって，本件貸金債権のうち，相殺が認められた50万円を除いた，250万円の不存在については改めて審理・判断することは遮断されるが，残りの200万円については既判力によって遮断されない。

2　では，残りの200万円について，信義則（2条）によって遮断されないか。

(1)　前訴において十分な手続保障が及んでいたにもかかわらず，前訴で決着した争いを後訴において実質的に蒸し返すことは，信義則の一内容である権利失効の法理に照らし許されないから，当該請求自体が遮断され，訴えは却下されると解する。

(2)　確かに，第1訴訟においてYの相殺の抗弁の当否を判断するためには，自ら本件貸金債権全体についての審理・判断が必要となるのだから，Yによる第2訴訟の提起は，第1訴訟で決着した争いの実質的な蒸し返しであるとも思える。

　しかし，一般に相殺の抗弁を主張するとき，相殺権者は本訴債権と対当額の限度においてのみ既判力のある判断が示されることから，その範囲でのみ防御手段を尽くすものと考えられる。すると，本訴債権と対当額の300万円の限度においてしか手続保障は及んでいなかったといえる。それゆえ，Yが300万円の限度を超えてXに支払を求めることも，第1訴訟で決着した争いを実質的に蒸し返すこととまではいえない。

(3)　したがって，信義則によっても遮断されない。

3　以上より，受訴裁判所は，450万円のうち250万円については改めて審理・判断することができないが，200万円についてはなお審理・判断することができる。　　　　以　上

● を踏まえつつ，例外的に相殺に既判力を認めた同条2項の「相殺をもって対抗した額」についての解釈論を展開することが求められていた。本答案は，概ね114条の趣旨について言及できている。

● 既判力の生じる範囲を正確に示すことができている。

● 第2訴訟に前訴判決の既判力が及ぶことをきちんと指摘できており，丁寧で論理的な論述を心がける姿勢が文章から読み取れる。

● 出題趣旨によれば，既判力が自働債権の全体には生じないとの見解を採用した場合にも，そのような結論が後訴における不当な蒸し返しを招かないかについて検討することが求められていた。本答案は，一部請求後の残部請求の判例（最判平10.6.12／百選［第5版］〔80〕）を意識しつつ検討することができている。

● 本答案は，上記の問題について，相殺の抗弁を提出した相殺権者の立場を強調して判例の考え方と異なる結論を導いており，非常によく考えられている点で，優れた論述である。

平成29年・予備

第1　設問1
1　Xの請求のうち，口頭弁論終結時までに発生した部分の請求
について，これは現在給付の訴えであるから，その請求が認め
られることに問題はない。次に，口頭弁論終結時以降に発生す
る部分については，これは基準時（民事執行法３５条２項）以
降に弁済期の到来する給付を求める将来給付の訴え（１３５
条）である。将来給付の訴えには，請求適格と訴えの必要性が
要件となるが，本件ではこれが認められるか，検討する。
2(1)　まず，請求適格について，これを認めるときには相手方に
発生の不確実な債権につきこれを支払わせるおそれが生じ，ま
た事情変更により当該債権が発生しないことになった場合に
は，その事実の証明の負担を受忍させることになるので，酷で
ある。
　そこで，①当該債権の発生が確実であって，②あらかじめ右
債権の発生を妨げる事情が明確に予想でき，かつ③そのことを
請求異議の訴え（民事執行法３５条１項）で主張させても債務
者に酷といえない場合に，請求適格が認められると解する。
　本件についてみるに，①本件では，Ａのゴルフ場運営は極め
て順調であり，しかも賃貸期間は残り１０年ほどあるから，右
契約がＡの債務不履行などで中途解約されることは考え難く，
Ｙの不当利得が発生することは確実といえる。そして，②本債
権の発生を阻害する事由はＹＡ間の賃貸借契約解約であると明

確に予測できる。さらに，③右契約は期間の定めもあることか
ら，この終了を立証することは容易であり，よって請求異議の
訴えでこのことをＹに立証させても酷とはいえない。
　よって，請求適格を認めることができる。
(2)　次に，請求の必要性について，これは債務者の態度などを考
慮して決するものである。
　本件においては，Ｙは弁護士Ｌとの交渉にもかかわらず頑と
して本債権の支払をしようとしなかった。これでは，既発生分
の請求が認められても，再びＹが支払を拒む蓋然性のあること
を否定できない。
　よって，本件では請求の必要性が認められる。
3　以上より，本件では将来請求分もその訴えが認められるか
ら，本件不当利得返還請求訴訟の提起は，全体として適法であ
る。
第2　設問2
1(1)　第2訴訟において受訴裁判所が貸金債権の存否について改
めて審理判断できるか否かは，第1訴訟において既判力（１１
４条１項）がどの範囲に生じ，そして第2訴訟に及ぶかによる
ので，まず第1訴訟において生じる既判力の範囲を検討する。
(2)　既判力とは，判決主文にのみ生じるのが原則であるが，例外
的に「相殺をもって対抗した額」について生じる（１１４条２
項）。ここにいう「相殺をもって対抗した額」とは，相手方請

● 訴え提起の時点では未発生である
利得分のうち，口頭弁論終結時まで
に発生する利得分は現在給付の訴え
の対象になることを指摘できてお
り，出題趣旨に合致する。

● 将来給付の訴えの利益について，
135条の趣旨に触れつつ，請求適格
の判断基準について判例（大阪国際
空港事件，最大判昭56.12.16／百
選［第5版］〔22〕）を意識しつつ
自説を展開しており，出題趣旨に合
致する。

● 本答案は，再現答案①と異なり，
判例（最判昭63.3.31，最判平24.
12.21／H25重判〔2〕）を意識す
るところまでは至っていないが，本
問の具体的な事情を自説に適切に当
てはめることはできている。

● 「あらかじめその請求をする必要」
（135）があるかどうかについて，
簡潔に検討できている。

● 的確かつ端的に問題の所在を示す
ことにより，当該問題について正し
く理解していることをアピールする
ことができている。

求債権の対当額にかぎられると解するのが相当である。このように解さなくては，相殺権者にとって不意打ちとなるし，また審理も請求債権の存否について行われる以上，相殺に供した債権についても，相手方請求債権の対当額にのみ既判力が生じると解するのが自然である。

　本件においては，Ｙが相殺に供した５００万円の債権のうち，相手方請求に係る３００万円に相当する部分について，まず５０万円について相殺によって不存在であること，残り２５０万円について弁済によって不存在であること，に既判力が生じる。

(3)　そして，第２訴訟は第１訴訟でＹが相殺に供した債権と同一の債権を請求するものであるから，第１訴訟の既判力が及ぶ。よって４５０万円のうち，２５０万円については，受訴裁判所は右既判力に反して，２５０万円の不存在に反する判断を禁止され，その存否について改めて審理判断することはできない。

2(1)　すると，残額２００万円については既判力が及ばないことになり，受訴裁判所はこの部分について改めて審理判断できそうに思える。しかし，Ｘからしてみれば，この部分についても第１訴訟で存否を争っているのであり，同じ部分を請求するのは紛争の蒸し返しといえる。

(2)　この点，前訴である債権の一部を相殺に供し，かつ対当額を超えて不存在の判断がなされた場合，当事者の意思に照らして

当該部分について紛争が解決したものという信頼が生じ，かつその信頼が合理的であるといえるときは，その部分を後訴で訴求することは，かかる信頼を害し，不当に紛争を蒸し返すものとして，信義則（2条）に反し許されないというべきである。とすると，受訴裁判所としても，当事者がその存否を争えない以上，その不存在について改めて審理判断することができないことになる。

　本件についてみるに，第１訴訟においてはＹの反対債権についてその残額が争われたはずで，だからこそ４５０万円につき弁済により消滅した旨の判断がなされている。とすれば，ＸＹとしては，当該部分については紛争が解決したものと信頼するものといえ，かつその信頼は合理的で保護に値するものである。とすれば，Ｙが不存在と判断された一部である２００万円を改めて第２訴訟で請求するのは，係る信頼を裏切り，信義則に反するといえる。

(3)　以上より，２００万円の部分に関しても，Ｙがその請求をすることは許されず，よって受訴裁判所としても，その存否を改めて審理判断することはできない。

3　ゆえに，結局受訴裁判所としては，本件貸金債権の全てについて，その存否を改めて審理判断することはできない。

以　上

● 出題趣旨によれば，114条の趣旨を踏まえつつ，例外的に相殺に既判力を認めた同条2項の「相殺をもって対抗した額」についての解釈論を展開することが求められていた。本答案は，この点を十分に示せている。

● 既判力の生じる範囲につき本件事案に即した正確な当てはめができている。もっとも，本答案のような論述では，「相殺によって」「弁済によって」の部分にも既判力が生じるものと読めてしまうため，注意が必要である。

● 出題趣旨によれば，既判力が自働債権の全体には生じないとの見解を採用した場合にも，そのような結論が後訴における不当な蒸し返しを招かないかについての検討が求められていたところ，本答案はこの問題点について正面から検討することができている。

● 一部請求後の残部請求に関する判例（最判平10.6.12／百選［第5版］〔80〕）は，「原告が残部請求の訴えを提起することは，実質的には前訴で認められなかった請求及び主張を蒸し返すものであり，前訴の確定判決によって当該債権の全部について紛争が解決されたとの被告の合理的期待に反し，被告に二重の応訴の負担を強いるもの」である旨判示している。被告（第1訴訟の原告）の応訴の負担についても指摘できれば，なお良かった。

平成29年・予備

第1　設問1
1　給付の訴えでは給付がなされていない以上，訴えの利益が認められるのが原則である。もっとも，将来給付の訴え（135条）では，未だ給付請求権が生じるか否か確定的でない以上，請求適格があり，「あらかじめその請求をする必要がある場合」に限り認められるといえる。では，本件において請求適格は認められるか。
　⑴　この点，未だ発生していない債権につき例外的に給付の訴えを認めた趣旨からして，①当事者間に請求権の発生を基礎づける法律関係ないし事実関係が継続的に認められ，これが将来においても続くことが予想され，②債務者にとって有利な事情の変更が予想でき，③この事情について請求異議の訴えを提起させる手間を債務者に課しても不当ではない場合に請求適格は認められると考える。
　⑵　本件では，Yが持分割合を超えてAから回収した賃料を懐に収めており，XY間でXのYに対する不当利得返還請求権が発生し続けているという継続的法律関係が認められ，かつこれが続くことが予想される（①）。もっとも，本件ではゴルフ場の賃貸借契約に基づく賃料債権が問題となっており，家屋の賃貸に比べて生活の基盤とはいえない以上，解除等のYにとっての有利な事情変更が生じやすく，この予測が困難であるし，かかる事情変更をYに請求

異議の訴えをもって主張させるのは不当であるといえる。そのため，②ないし③を欠く。
2　したがって，XのYに対する将来給付の訴えは請求適格を欠き，不適法といえる。
第2　設問2
1　第2訴訟において本件貸金債権の存否を争うのは，第1訴訟の既判力（114条）で許されないのではないか。
　⑴　既判力の正当化根拠は，手続保障が及んだことによる自己責任と紛争の蒸し返し防止にある。かかる正当化根拠から，その基準時は事実審口頭弁論終結時（民執法35条2項参照）であり，客観的範囲は原則として「主文に包含するもの」，すなわち訴訟物となる。もっとも，相殺に供された債権も上記正当化根拠が妥当するので，114条2項で対抗した額につき既判力が生じる。
　⑵　本件では相殺が認められた50万円については対抗した額であり既判力が生じるが，450万円部分は前訴で不存在と判断されるも，対抗した額ではないので既判力は生じない。
2　では，前訴で実質的に判断されたとして，争点効が生じ，第2訴訟で争うことができないことにはならないか。
　⑴　この点，争点効とは前訴で実質的に争われた訴訟物以外の事項につき制度的拘束力を及ぼす理論であるが，明文の

●　出題趣旨によれば，「将来の給付の訴えと現在の給付の訴えとの区別の基準」が問われていたが，本答案は，この点について検討できていない。
　将来給付の訴えとは，口頭弁論終結時後の将来に履行期の到来する給付請求権をあらかじめ主張する訴えをいう。問題文では，「訴え提起の時点では未発生である利得分」を請求するとあるため，口頭弁論終結時の前後に分けて論述すべきである。

●　将来給付の訴えの利益の判断基準について，判例（大阪国際空港事件，最大判昭56.12.16／百選［第5版］〔22〕）を意識した規範定立ができている。

●　「あらかじめその請求をする必要」（135）がある場合かどうかの検討がなされていない。

●　「第1訴訟においてYが相殺に供した反対債権と，第2訴訟における訴訟物は同一の債権であり，前訴判決の既判力は第2訴訟にも及ぶ」という基本的な論理を省略せず，きちんと論述すべきである（再現答案①参照）。

●　「相殺をもって対抗した額」（114Ⅱ）には，反対債権が存在せず，相殺の認められなかった部分も含まれる。本件において，反対債権として主張した500万円の貸金債権のうち，相殺によって不存在となった50万円部分だけでなく，弁済によって債権の存在が認められなかった250万円部分についても，114条2項により既判力が及ぶ。他方，相

　　根拠がないので認めることはできない。

(2) そのため、争点効によることはできない。

3 では、訴訟上の信義則（2条）で審理判断することが否定されないか。

(1) この点、信義則は2条に根拠があり、争点効への批判は妥当しない。また、禁反言や矛盾挙動といった類型化も可能であり、明確であるといえる。そのため、信義則によって審理判断が否定されることはありうるといえる。

(2) 本件では、450万円部分についても前訴で実質的に審理され、これについて不存在と実質的に判断されたのに、後訴でこれを争うのは禁反言にあたり、信義則違反といえる。

4 したがって、信義則により、貸金債権450万円につき受訴裁判所は審理判断できない。

以　上

殺に供されることのなかった200万円部分については、同条による既判力が及ばない。

● 　Yは、前訴において反対債権が存在すると主張して相殺の抗弁を主張し、後訴においても当該反対債権が存在するとして給付請求をしている。したがって、後者は前者に反した主張とはいえず、禁反言とはいえない。ここでは、むしろ明示的一部請求が全部棄却された後に残部請求をした判例（最判平10.6.12／百選[第5版]〔80〕）を踏まえ、本件における後訴は①実質的には前訴で認められなかった請求を蒸し返すものであり、②前訴判決により、反対債権全部について紛争が解決されたとの被告の合理的期待に反し、被告に二重の応訴の負担を強いるものであるとして、信義則による請求の遮断を論じるべきであった。

第1　設問1
　訴え提起の時点では未発生である利得分も含めて不当利得返還請求訴訟を提起することは，発生が不確実な請求権について給付を求める点で訴えの利益を欠かないか。口頭弁論終結時までは訴訟資料の提出が認められるため，それまでに発生する利得分については審理されるが，口頭弁論終結時以降の利得分については審理がされないため，将来給付の訴えにあたる。そこで将来給付の訴えの利益（135条）が認められるか問題となる。
1　まず，発生不確実な将来の給付の訴えを認めると，Yは敗訴した場合，請求異議の訴え（民事執行法35条1項）によって認容判決の執行力を争うことを余儀なくされるという不利益を被る。そこで，かかる訴えに請求適格は認められるか。
(1)　この点について，将来の請求権についても予め債務名義を取得できる原告の利益と，その執行力を請求異議の訴えで争うことを強制される被告の不利益の調和から判断すべきである。そこで，①請求権の発生原因となる基本的事実が既に発生しており，②将来にわたりその継続が予想され，③発生原因の消滅を基礎づける事実が明確に限定され，その存在の主張を請求異議の訴えにおいて被告に行わせることが相当といえる場合に，請求適格が認められると解する。
(2)　これを本件についてみると，Yの支払不履行は既に生じており（①），YはLとの裁判外における交渉でも支払に応じ

なかったため，支払わない意思を明確にしており今後も不履行が継続することが予想される（②）。そして，請求権の消滅原因事実はAY間の賃貸借契約の終了などに限定され，請求異議の訴えにおけるその主張の負担をYに負わせることは不相当とはいえない（③）。
　したがって，請求適格が認められる。
2　では，「あらかじめその請求をする必要」（135条）はあるか。
(1)　この点について，将来給付の訴えの利益は，請求権の性質，義務者の態度，緊急性等の諸般の事情を考慮し具体的に判断すべきである。
(2)　これを本件についてみると，Yは支払わない意思を明確にしており今後も不履行が続くことが予想される。そして，Aのゴルフ場経営は順調で，10年もの長期間賃料支払を怠ったことがないことから，AY間の賃貸借契約が債務不履行解除（民法541条）などにより消滅する蓋然性はなく，将来に請求権が発生し続ける可能性が高い。さらに，本件土地はゴルフ場用地として広大であると考えられ，その賃料も高額であると思われるため，請求権が時効消滅（民法167条1項）した場合にXが被る不利益は大きく請求の緊急性がある。
　したがって，将来給付の訴えの利益が認められる。

● 　出題趣旨によれば，将来給付の訴えと現在給付の訴えの区別基準が問われていたところ，口頭弁論終結時までに履行期が到来しているか否かで場合分けができており，一応問いに答えられている。

● 　将来給付の訴えの利益の判断基準について，判例（大阪国際空港事件，最大判昭56.12.16／百選［第5版］〔22〕）を意識した規範を定立しているが，規範の内容として不正確であり，判例の理解が十分でない印象を受ける。

● 　本答案の①②で指摘している事情（義務者の態度等）は，「あらかじめその請求をする必要」（135）があるかどうかを検討する際に用いるべき事情である。本答案は，将来給付の訴えの請求適格を検討する際に指摘すべき事情をほとんど指摘できていない。

● 　「あらかじめその請求をする必要」（135）があるかどうかを判断する基準自体は適切である。

● 　本問では，Yが支払わない意思を明確にしている以上，請求の必要性が肯定されるのは比較的明らかであり，当該論述にこれほどの分量を割くことは，設問1の最大の争点である請求適格の論述量に比してバランスを欠き，不当である。

☆ 　改正民法166条1項は，消滅時効期間について，主観的起算点から5年，客観的起算点から10年という

3　以上より，Xの訴えは適法である。

第2　設問2

　第1訴訟の判決により本件貸金債権に生じた，確定判決の判断に生じる後訴での通用力ないし基準性たる既判力が第2訴訟に及び，その消極的作用により改めて審理・判断することが遮断される結果，訴えの利益が否定されないか。

1　本件貸金債権は第1訴訟においては相殺の抗弁として主張されたが，相殺の抗弁について既判力（114条2項）はいかなる範囲に生じるか。

⑴　この点について，既判力の正当化根拠は審理の迅速化・手続保障充足に伴う自己責任にある。そして，相殺の抗弁も実質的には審理される以上，上記正当化根拠が妥当するため同項により既判力が生じる。

　　したがって，既判力は実際に審理がされた範囲，つまり訴求債権との対当額の範囲にのみ生じれば足り，その限度で生じると解する。

⑵　これを本件についてみると，第1訴訟の訴求債権は300万円に限定された明示の一部請求である。そして，当事者の意思尊重・被告の不利益防止の観点からその訴訟物は一部に限定され，300万円のみである。したがって相殺の抗弁の既判力もその対当額たる300万円の不存在にのみ生じる。

2　そして，第2訴訟の当事者はXYであり第1訴訟と原告・被告が入れ替わるのみで共通で，訴訟物も第1訴訟で既判力が生じた債権と同一であるため，第1訴訟の判決の既判力が作用する。

　そのため，450万円中，300万円の不存在については改めて審理することはできず，150万円についてのみ審理・判断の対象となる。

以　上

二元的なシステムを採用し，改正前民法167条の規定を大きく変更している。

● 出題趣旨によれば，114条の趣旨を踏まえつつ，例外的に相殺に既判力を認めた同条2項の「相殺をもって対抗した額」についての解釈論を展開することが求められていたところ，本答案は，概ね出題の趣旨に合致した論述ができている。

　もっとも，既判力の及ぶ範囲を示すに当たって，まずは原則となる114条1項を示せると良かった。また，相殺の抗弁については，「相殺をもって対抗した額」という文言の解釈論が問題となることを示すと良かった。

● 本答案の考え方によれば，既判力が生じないのは200万円の部分のはずである。

　また，出題趣旨によれば，既判力が自働債権の全体には生じないとの見解を採用した場合にも，そのような結論が後訴における不当な蒸し返しを招かないかについての検討が求められていたところ，本答案はこの点を全く検討できていない。

平成30年

[民事訴訟法]（〔設問１〕から〔設問３〕までの配点の割合は，２：２：１）

次の文章を読んで，後記の〔設問１〕から〔設問３〕までに答えなさい。

【事例】

Xは，弁護士Ｌ１に対し，下記〔Ｘの言い分〕のとおりの相談を行った。

〔Ｘの言い分〕

私は，Yに対し，所有する絵画（以下「本件絵画」という。）を代金３００万円で売り渡しました。売買代金については，その一部として１００万円が支払われましたが，残代金２００万円が支払われませんでした。

そこで，私は，Yに対し，残代金２００万円の支払を請求したのですが，Yは，弁護士Ｌ２を代理人として選任した上，同代理人名義で，売買契約の成立を否認する旨の通知書を送付してきました。

その通知書には，売買契約の成立を否認する理由として，本件絵画はYが代表取締役をしている株式会社Zの応接間に掛けるために購入したものであり，そのことについてはXに説明していたこと，Xに支払済みの代金は株式会社Zの資金によるものであり，かつ，株式会社Z宛ての領収書が発行されていること及びYがXに交付した名刺は株式会社Zの代表取締役としての名刺であることから，Yは買主ではない旨が記載されていました（以下，これらの記載を「売買契約成立の否認の理由」という。）。

私としては，残代金の支払を求めたいと思います。

〔設問１〕

Xから訴訟委任を受けた弁護士Ｌ１は，Xの訴訟代理人として，【事例】における本件絵画に係る売買契約に基づく代金の支払を求める訴えを提起することとしたが，その訴えの提起に当たっては，同一の訴状によってY及び株式会社Zを被告とすることを考えている。

このような訴えを提起するに当たり，Y及び株式会社Zに対する請求相互の関係を踏まえつつ，弁護士Ｌ１として考え得る手段を検討し，それぞれの手段につき，その可否を論じなさい。

なお，設問の解答に当たっては，遅延損害金については，考慮しなくてよい（〔設問２〕及び〔設問３〕についても同じ。）。

【事例（続き）】（〔設問１〕の問題文中に記載した事実は考慮しない。）

以下は，【事例】において弁護士Ｌ１がXから相談を受けた際の，弁護士Ｌ１と司法修習生Pとの会話である。

弁護士Ｌ１：本件で，仮に，訴え提起前に売買契約成立の否認の理由の通知を受けていなかったとすると，Ｙのみを被告として訴えることが考えられます。これを前提として，もし，その訴訟の途中で，売買契約成立の否認の理由が主張されたとすると，どのような方法を採ることが考えられますか。

修習生Ｐ　：第１の方法として，Ｙを被告とする訴訟において，敗訴に備え，株式会社Ｚに訴訟告知をする方法が考えられます。

弁護士Ｌ１：ほかにどのような方法が考えられますか。

修習生Ｐ　：第２の方法として，Ｙを被告とする訴訟が係属する裁判所に対し，Ｘは，株式会社Ｚを被告として，ＸＺ間の売買契約に基づく代金の支払を求める別訴を提起し，Ｙを被告とする訴訟との弁論の併合を裁判所に求める方法が考えられます。

弁護士Ｌ１：それでは，それぞれの方法の適否を検討しましょう。まず，第１の方法を採ったとして，仮に，Ｙを被告とする訴訟で，株式会社Ｚが補助参加せず，かつ，買主は株式会社ＺであってＸＹ間の売買契約は成立していないという理由で請求を棄却する判決が確定したとします。この場合には，Ｘは，株式会社Ｚを被告として，ＸＺ間の売買契約に基づく代金の支払を求める訴え（以下「後訴」という。）を提起することになると思います。では，①Ｘは，後訴で，Ｙを被告とする訴訟の判決の効力を用いることは可能ですか。

修習生Ｐ　：はい。検討します。

弁護士Ｌ１：また，第２の方法を採ったところ，弁論の併合がされたとします。その後，裁判所が弁論を分離しようとした場合には，私としては，「その弁論の分離は，裁判所の裁量の範囲を逸脱して違法である」と主張したいと思います。では，②その主張の根拠となり得る事情としては，どのようなものが考えられるでしょうか。

修習生Ｐ　：はい。検討します。

〔設問２〕

下線部①の課題について，事案に即して結論と理由を論じなさい。

〔設問３〕

下線部②の課題について，事案に即して答えなさい。

　本問は，絵画の売買がされ残代金が未払であるところ，買主が法人の代表者個人か法人のどちらかであるかが問題となっている場合に，いわゆる両負けを避けるために原告として取るべき手段を問うものである。設問1では，いずれをも被告とする場合の手段の可否が問われている。念頭に置かれているのは，単純併合，同時審判申出共同訴訟及び主観的予備的併合である。これに対し，設問2では，一方のみを被告とした場合で訴訟告知をしたものの補助参加がされないとき，後訴で前訴の判決の効力を用いることができるかが問われている。主として補助参加の利益及び参加的効力の客観的範囲を論じることが必要である。設問3では，双方を個々に訴えたのちに弁論が併合された後の弁論の分離について問われている。いずれの設問も，事案に即して，かつ，各設問における論述同士の整合性に注意を払いつつ論じる必要がある。

▶ **MEMO**

平成30年・予備

第1　設問1について
1　Y及びZに対する請求相互の関係について
　(1)　両請求は本件絵画売買契約に基づく代金支払請求という「義務」が「同種」で，XとYとの間の法律行為という「事実上」「同種の原因」があり，通常共同訴訟の要件（民事訴訟法（以下法名省略）38条後段）を満たす。
　(2)　したがって，両請求は通常共同訴訟の関係にある。
2　L1の取りうる手段について
　(1)　まず，主観的予備的併合の申立てをすることが考えられる。かかる申立ては認められるか。
　　ア　この点について，主観的予備的併合は，主位的被告に対する勝訴を解除条件として予備的被告に対する請求を提起するというものであるが，予備的被告の地位を著しく不安定にするし，これを認める明文の規定もない。また，主観的予備的併合における原告の両負け防止という目的は，同時審判申出共同訴訟（41条1項）によっても達成できる。したがって，あえて主観的予備的併合という手段を認める必要はない。
　　イ　したがって，かかる申立ては認められない。
　(2)　次に，同時審判の申出（41条）をすることが考えられる。かかる申出は認められるか。
　　ア　本件においては，本件売買契約の買主がYかZである

かという点で，XのYに対する訴訟とZに対する訴訟の目的たる代金請求権が「法律上併存し得ない関係」にある。
　　イ　また，Xはまだ訴訟を提起していないから，かかる申出は当然控訴審の口頭弁論終結前にすることができる（同条2項）。
　　ウ　したがって，かかる申出は認められる。
第2　設問2について
1　Zは前訴において補助参加（42条）していないが，補助参加人に生じる「効力」（46条柱書本文）は，訴訟告知（53条1項）によって実際に訴訟告知を受けた者が参加したか否かにかかわらずその者に生じる（同条4項，46条）。そこで，「効力」（46条）の意義及びその客観的範囲が問題となる。
　(1)　既判力（114条1項）は，訴訟の当事者に効力を有するのが原則である（115条1号）。訴訟告知を受けた者は当事者ではないから，既判力の効力は及ばない。そこで，「効力」とは既判力とは異なる参加的効力であると解する。そして，参加的効力の趣旨は敗訴当事者と訴訟告知を受けた者の敗訴責任の分担にあるから，その客観的範囲は，既判力とは異なると解する。具体的には，判決主文の判断のほか，その判断を導くために必要な主要事実に係る

● 〔設問1〕では，同一の訴状によってY及び株式会社Zを被告とする訴えの提起をすることが念頭に置かれている。そして，いわゆる両負けを避けるための手段としては，①単純併合，②同時審判申出共同訴訟，③主観的予備的併合が考えられる（出題趣旨参照）が，これらの前提として，まずは通常共同訴訟（38）の要件が満たされていることを論述する必要がある。本答案は，この点について端的に通常共同訴訟の要件を満たす旨論じており，適切である。

● 主観的予備的併合の意義及び不適法説（最判昭43.3.8／百選［第5版］〔A30〕参照）に立つ根拠が述べられており，出題趣旨に沿う。

● 「法律上併存し得ない関係」（41Ⅰ）とは，主張レベルで法律上請求が両立し得ない場合（一方の被告に対する請求原因事実が，他方の被告に対する請求では抗弁事実となる場合等）をいう。例えば，代理人に代理権があることを前提にした本人に対する請求と，代理権がないことを前提にした代理人の責任追及（民117Ⅰ）等である。
　これに対し，複数の被告に対する請求が事実上併存し得ない場合（本問のように契約をした相手方がYか株式会社Zのいずれかであるとして，両名に対して請求する場合等）は，「法律上併存し得ない関係」には含まれないと解するのが通説である。
　したがって，本答案はこの点を誤っており，特に説得的な理由も述べられていない点で，妥当ではない。

認定及び法律判断などの理由中の判断にも及ぶと解する。

(2) これを本件についてみると，前訴ではXが敗訴しており，Xから訴訟告知されたZとの間に参加的効力が生じる。しかし，XのYに対する売買契約に基づく代金支払請求の請求原因事実はXYの売買契約締結の事実であるから，前訴の判決主文を導くのに必要な主要事実は「XY間の売買契約は成立していない」との部分であり，「買主は株式会社Zであった」という事実は主要事実ではない。したがって，この事実に対する認定に参加的効力は生じない。

(3) 以上より，Xは前訴の参加的効力を後訴において用いても，Zの「XZ間の売買契約は成立していない」という主張を遮断できない。

2 したがって，XはYを被告とする判決の効力を後訴で用いることができない。

第3 設問3について

1 裁判所は原則として弁論をその裁量で分離できる（152条1項）。もっとも，裁判所はいかなる場合でも弁論を分離できるわけではなく，その弁論の分離が，裁量の範囲を超えるか，その裁量の行使が濫用であると認められる場合は，かかる弁論分離は裁量権の逸脱・濫用として違法であると解する。

2 これを本件についてみると，本件での争点は，買主がYかZのどちらであるかしかない。そうだとすれば，XのY，Zに対する両請求を弁論を分離して審理した場合，同一の争点について別々の裁判所で審理することとなり，訴訟不経済である。このような弁論の分離は，裁判所の裁量の範囲を逸脱するものである。

3 以上のような事情が考えられる。

以 上

● 参加的効力の客観的範囲について，本問に即した具体的な考察が加えられている点で優れている。

なお，参加的効力に関する検討を加える前提として，そもそも訴訟に参加しなかったZが「参加することができる第三者」（53Ⅰ）に当たるのか，すなわちZに補助参加の利益（42）が認められるのかどうかについて論述する必要があった。

● 弁論の分離は，合一確定の要請が働く場合（必要的共同訴訟・40条，同時審判申出共同訴訟・41条，独立当事者参加・47条，請求が予備的に併合された場合等）や，同一目的の形成訴訟（離婚訴訟の本訴と反訴）については許されない。他方，通常共同訴訟（同時審判の申出に係るもの以外）の場合には，原則として裁判所の裁量に委ねられる。

この点，本問のように共同被告に対する請求が事実上併存し得ない場合にすぎないケースでは，同時審判申出共同訴訟を利用できない以上，通常共同訴訟となり，原則として裁判所の裁量で弁論の分離が可能である。しかし，本問のようなケースにおいても統一審判が望ましいことに異論はない。そこで，原告の意思を尊重し，特別の事情がない限り，裁判所は弁論の分離をしないことが要請されるものと解されている。

上記のような事情を踏まえつつ，審理の状況等の考慮要素を総合的に勘案すれば，弁論の分離が裁量権を逸脱して違法と評価することも可能と思われる。

平成30年・予備

第1　設問1
1　以下より，L1としては，民訴法（以下省略）38条に基づき，Y及びZに対し共同訴訟を提起し，41条1項に基づき同時審判の申出を行うという手段を採り得る。

　⑴　本件では，XのYに対する訴えは，XY間の売買契約に基づく代金請求であり，XのZに対する訴えは，XY間の売買契約がZに効果帰属していることに基づく代金請求である。

　　　そのため，両者への請求は，XY間の売買契約という事実上の原因は同一であるといえ，「同一の事実上……の原因に基づくとき」（38条前段）にあたる。

　⑵　また，本件では，XY間での本件絵画の売買契約において，Yの代理権及び顕名が認められれば，XY間の売買契約の効果はZに帰属することになり，XのYに対する訴えは棄却され，XのZに対する訴えは認容される。

　　　そのため，XのYに対する訴えとXのZに対する訴えは，どちらか一方が認められれば，他方については認められないという関係にあるといえる。

　　　したがって，「法律上併存し得ない関係にある」（41条1項）といえ，同時審判の申出は認められる。

2　L1としては，主位的被告としてZに対する訴えを提起しつつ，Yの代理権及び顕名が認められない場合に備えて，Y

● 同時審判申出共同訴訟（41）の可否を検討する前提として，通常共同訴訟（38）の要件が満たされていることを論述できている。

● 仮に，Zを被告とする訴えが，Yに代理権があることを前提にした本人Zに対する請求であるとした場合，これと「法律上併存し得ない関係」に立つYを被告とする訴えは，XY間の売買契約に基づく代金支払請求ではなく，Yに代理権がないことを前提にしたYに対する無権代理人の責任追及（民117Ⅰ）を求める訴えとなるはずである。本答案は，「法律上併存し得ない関係」を正しく理解できていない（再現答案①コメント参照）。

を予備的被告として訴えを提起するという主観的予備的併合が考えられるが，認められない。

　　　なぜなら，主観的予備的併合については，予備的被告の地位が不安定となり，認められないと解されるからである。

第2　設問2
以下より，可能である。
1⑴　「参加することができる第三者」（53条1項）とは，42条，47条1項及び52条1項に基づく訴訟参加が可能な者をいう。

　　　また，「訴訟の結果について利害関係を有する第三者」（42条）とは，訴訟物たる権利の存否の判断によって自己の法的地位に影響が及ぶ者をいう。

　⑵　本件では，XのYに対する訴えは，上記の通り，XY間の売買契約に基づく代金請求であり，XY間の売買契約において，Yの代理権及び顕名が認められれば，XのYに対する訴えが棄却され，XのZに対する訴えが認められることになる。

　　　そのため，Zは，訴訟物たる権利の存否の判断によって，自己の法的地位に影響が及ぶ者といえ，「訴訟の結果について利害関係を有する第三者」にあたる。

　　　また，本件では，XはZに対し，訴訟告知をしており，上記の通り，Zは42条に基づくYを被告とする訴訟への

● 主観的予備的併合の可否について，不適法説（最判昭43.3.8／百選［第5版］〔A30〕参照）に立つ根拠が述べられており，出題趣旨に沿う。

　なお，主観的予備的併合に対しては，①予備的被告の地位の不安定（主位的請求認容の場合に予備的被告に対する判決がなされない），②統一審判の保障が上訴の場面では必ずしも貫徹されない（主位的請求棄却・予備的請求認容の場合に予備的被告のみが上訴すると，通常共同訴訟であることから主位的請求が確定するため，原告の両負けの可能性が残る），という2つの批判があり，上記②についても指摘できるとさらに高く評価されたものと思われる。

訴訟参加が可能な者といえるため、「参加することができる第三者」にあたる。

2(1) もっとも、本件では、Yを被告とする訴訟において、Zは補助参加しておらず、「訴訟告知を受けた者が参加しなかった場合」（53条4項）にあたる。

そのため、Zは「参加することができた時に参加したものとみな」され、「効力」（46条柱書）が及ぶ。

(2) 「効力」とは、既判力とは異なる参加的効力をいい、被参加人が敗訴した場合に、参加人と被参加人との間で生じる前訴判決の主文及び理由中の主要事実の判断についての拘束力をいう。

なぜなら、46条の趣旨が敗訴責任の分担という点にあるからである。

(3) 本件では、XのYに対する訴えは、買主はZであってXY間の売買契約は成立していないという理由で棄却する判決が確定している。

そのため、被参加人が敗訴した場合にあたり、Zが後訴において、XY間の売買契約の成立を主張することは、前訴判決の理由中の主要事実についての判断と異なる主張にあたり、「効力」によって排斥される。

第3　設問3

以下より、XのYに対する訴えとXのZに対する訴えが法律

● そもそも訴訟に参加しなかったZが「参加することができる第三者」（53Ⅰ）に当たるのか、すなわちZに補助参加の利益（42）が認められるのかどうかについて検討できている点は、出題趣旨に合致する。

● 「効力」（46柱書）の意義及びその客観的範囲について、参加的効力を及ぼす趣旨から適切に論じることができている。

● 前訴判決の主文及び理由中の主要事実の判断について参加的効力が生じるとすれば、本件では「XY間の売買契約は成立していない」という部分に参加的効力が生じるにすぎず、「本件絵画の買主はZである」という部分について参加的効力は及ばないはずである（判決理由中の主要事実についての判断ではない。詳細は、再現答案①参照）。

上併存し得ないものであるという事情が挙げられる。

1　弁論の分離については、152条1項が「できる」という文言を用いていることから、弁論の分離を行うか否かについて、裁判所の裁量が認められる。

そのため、裁判所による弁論の分離が違法となるためには、裁量の逸脱濫用があるといえる必要がある。

2　本件では、上記の通り、XのYに対する訴えとXのZに対する訴えは法律上併存し得ない関係にあり、弁論の分離がなされた場合には、裁判所の判断内容が矛盾抵触するおそれがあり、XのY及びZに対する訴えが法律上併存し得ないものであるか否かは裁判所の考慮すべき事情といえる。

したがって、上記事情を考慮せず、裁判所が弁論を分離したことは、考慮すべき事情を考慮しなかったものとして、裁量の逸脱濫用となる。

以　上

● 弁論の分離が裁量権を逸脱して違法であるかどうかを判断する際の考慮要素（請求や当事者の同一性・関連性、審理の状況等）を明示できれば、より的確な論理展開を示すことができた。

第1　設問1
1　同時審判申出共同訴訟の手段
　(1)　Xの弁護士L1としては，XのYに対する訴訟とXのZに対する訴訟を同時審判申出共同訴訟（民事訴訟法41条1項，以下法令名は略）の方法で提起することが考えられる。
　(2)　同時審判申出共同訴訟の趣旨は，原告の両負けを防ぐことにある。そこで，「一方に対する訴訟の目的である権利と……他方に対する訴訟の目的である権利とが法律上併存し得ない関係にある場合」とは，一方に対する請求と他方に対する請求が論理的に非両立関係にあることを指すと解する。
　(3)　本問では，本件絵画の売買につきXはYとの間で契約したと考えているが，YはYが代表取締役をしているZ社とXとの間との契約であると主張しており，Xの契約の相手はYかZのいずれかである。よって，XのYに対する請求が認められればXのZに対する請求は認められないこととなり，また，逆も成り立つことと考えられる。したがって，XのYに対する請求とXのZに対する請求は論理的に非両立関係に立つこととなり，同時審判申出共同訴訟の手段を採ることができると考える。
2　主観的予備的併合について

● 同時審判申出共同訴訟（41）の可否を検討する前提として，通常共同訴訟（38）の要件を満たすかどうかについて検討する必要がある。

● 複数の被告に対する請求が事実上併存し得ない場合（本問のように契約をした相手方がYか株式会社Zのいずれかであるとして，両名に対して請求する場合等）は，「法律上併存し得ない関係」に含まれないと解されている。本答案は，「法律上併存し得ない関係」を正しく理解できていない（再現答案①コメント参照）。

　(1)　XのYに対する請求を主位的請求，Z社に対する請求を予備的請求として，主観的予備的併合の手段を用いて訴訟を提起することが考えられる。
　(2)　しかし，この方法では，主位的請求の進行状況いかんによって，予備的被告が不安定な地位に置かれるという問題がある。また，このような訴訟形態については明文がなく，安易に認めるとかえって訴訟手続が複雑化し，訴訟遅延を招くことにもつながりかねない。よって，主観的予備的併合の方法は認められないと考える。
　(3)　したがって，本問においても，主観的予備的併合の方法を採ることは認められない。
第2　設問2
1　第1の方法により，Yを被告とする訴訟において，XがZ社に対して訴訟告知（53条1項）をした場合，Zが補助参加をしなくとも，参加することができたときに参加したものとみなされる（参加的効力，53条4項，46条）。そこで，参加的効力の意義について検討する。
2　参加的効力を及ぼす趣旨は，一方当事者に補助参加した者には公平の見地から敗訴責任を分担させることである。そうだとすれば，参加的効力とは，告知者が敗訴した場合に，告知者と被告知者の間のみで生ずる，既判力（114条）とは異なる特別の効力であると解する。

● 主観的予備的併合の可否について，不適法説（最判昭43.3.8／百選［第5版］〔A30〕参照）に立つ根拠が述べられており，出題趣旨に沿う。

● 参加的効力に関する検討を加える前提として，そもそも訴訟に参加しなかったZが「参加することができる第三者」（53Ⅰ）に当たるのか，すなわちZに補助参加の利益（42）が認められるのかどうかについて論述する必要があった。

3　次に，参加的効力が及ぶ範囲について検討する。既判力が及ぶ範囲は判決主文に限られるところ，補助参加人が利害関係を有するのは多くの場合，主文の内容というよりはむしろ判決理由中の判断についてであるから，参加的効力は既判力とは異なり判決理由中の判断についても生じると解される。ただし，理由中の判断であれば無限定に認められるのではなく，判決理由中の判断の中でも判決主文を導くのに必要な判断に限られ，傍論には及ばないと解する。

4　本問では，告知者であるXはXY訴訟において敗訴しており，Z社はXから訴訟告知された段階で参加することができた。よって，被告知者であるZ社とX社との間の後訴において，XY間の訴訟についての参加的効力が生じると考える。そして，前述のようにXと絵画の売買を行った相手はXかYのどちらかであるので，絵画の買主がZ社でありYではなかったという事実は判決主文を導くのに必要な判断であると考えられる。

そして，本問では46条1号ないし4号における参加的効力が及ぼせない除外事由はない。

したがって，Xは後訴でXY間の訴訟の判決の効力を用いることができると解する。

第3　設問3

1　152条1項においては，裁判所は口頭弁論の分離や併合を命じることができるとされているため，分離や併合の判断については裁判所に裁量権があるものと解される。弁論を併合するのは，併合した2つの訴訟の主要な争点が共通しており，訴訟資料も共通しているために，判決矛盾の防止の観点から併合審理する方が望ましい場合である。一方，弁論を分離するのは，当初，同一の手続で審理した方が紛争解決に望ましいと考えられたものの，後の事情の変化などから，分離した方が紛争解決に資すると判断される場合である。

2　本問では，XY間の訴訟とXZ間の訴訟はいずれも同一絵画の売買契約をめぐる代金支払訴訟であり，主要な争点が共通している。そして，YはZ社の代表取締役であることから，両訴訟について訴訟資料が共通していると考えられる。そこで，裁判所は弁論を併合した方が紛争解決につながると判断の上，弁論を併合したものと考えられる。しかし，その後に特に事情の変更がないのにもかかわらずあえて弁論を分離することは，かえって紛争解決を遅延させ，判決の矛盾抵触を引き起こす可能性がある。

3　したがって，弁論を分離することは，裁判所の裁量の範囲を逸脱して違法となりうると考える。

以　上

● 「効力」（46柱書）の意義及びその客観的範囲について，参加的効力を及ぼす趣旨や，判例（最判平14.1.22／百選［第5版］〔104〕）を意識して適切に論じることができている。

なお，上記判例は，参加的効力は「判決の主文に包含された訴訟物たる権利関係の存否についての判断だけではなく，その前提として判決の理由中でされた事実の認定や先決的権利関係の存否についての判断などにも及ぶものであるが，……この判決の理由中でされた事実の認定や先決的権利関係の存否についての判断とは，判決の主文を導き出すために必要な主要事実に係る認定及び法律判断などをいう」旨判示している。

● 〔設問3〕に答える上で，弁論の併合の意義や趣旨を論述する積極的な意味はない。

● 弁論の分離が裁量権を逸脱して違法であるかどうかを判断する際の考慮要素（請求や当事者の同一性・関連性，審理の状況等）を明示できれば，より的確な論理展開を示すことができた。

設問1

1　L1として，考えられうる手段としては①主観的選択的併合，②主観的予備的併合，③同時審判申出共同訴訟（41条）である。以下，検討する。

2　①について

　この点，主観的選択的併合は，審理が同時並行的になされるから，被告において負担がなく認められるとも思える。もっとも，選択的併合とは，一方の被告に対する請求が認められることを解除条件として他方に対する訴えを提起することであるから，一方に対して請求が認められると，他方では判決を受けることができず遡及的に訴訟係属がなかったことになる。そのため，被告の法的地位を不安定にさせるにとどまらず，被告の応訴の煩を生じさせる点で，主観的選択的併合はできない。

3　②について

(1)　この点，訴訟承継（51条等），明文上主観的併合は認められている。

(2)　では，明文にない主観的予備的併合は認められるのか。

　ア　この点，訴訟資料の流用，印紙代の節約等のメリットに着目して，これを認める見解もある。

　イ　もっとも，民事訴訟は，実体法上の権利を実現するプロセスを規定したものであり，法的安定性が最重要要素である。他方で，予備的併合を認めると，訴訟関係が複雑になる。そ

れに予備的被告の法的地位が著しく不安定になる。したがって，主観的予備的併合は認められない。

　ウ　だが，弁論の併合（152条）を裁判所に促すことは可能である。そのため，訴訟は複数になるし，確実に併合される保証はないが，弁論の併合自体は可能である。

4　③について

(1)　41条の趣旨は，原告が一方の被告に対して敗訴した後に，他方の被告に対して前者の訴訟での主張とは実体法上両立しない主張をしたにもかかわらず，敗訴することの防止である。つまり，法律上両立しない法的効果が，民事訴訟により実現されることを防止することへの配慮もある。そのため，「法律上併存し得ない」とは，実体法上両立しないことをさすと解する。

(2)　この点，XのYに対する請求は，売買契約に基づく代金支払請求であり，他方でXのZに対する請求は，YがZを代表したとして同様の売買契約に基づく代金支払請求である。そして，当事者本人が代理人として契約締結することはできないところ，Xの主張は実体法上両立しない関係である。したがって，「法律上併存し得ない」関係である。そのため，Xとしては，同時審判申出共同訴訟を提起することができる。

設問2

1　結論

　判決の効力を用いることはできる。

● 　同時審判申出共同訴訟（41）の可否を検討する前提として，通常共同訴訟（38）の要件を満たすかどうかについて検討する必要がある。

● 　出題趣旨によれば，主観的選択的併合（共同訴訟人と相手方間の実体法上両立し得る請求について，択一的にいずれかの請求の認容と他の請求の棄却を求める場合）の可否については，特に検討する必要がなかった。

● 　主観的予備的併合を肯定する立場は，審理の重複や判決の矛盾のない統一的審判を確保できるという点を主に主張している。

● 　主観的予備的併合の可否について，不適法説（最判昭43.3.8／百選［第5版］〔A30〕参照）に立つ根拠が述べられており，出題趣旨に沿う。

● 　複数の被告に対する請求が事実上併存し得ない場合（本問のように契約をした相手方がYか株式会社Zのいずれかであるとして，両名に対して請求する場合等）は，「法律上併存し得ない関係」に含まれないと解されている。本答案は，「法律上併存し得ない関係」を正しく理解できていない（再現答案①コメント参照）。

2　理由
(1)　まず，Zにおいて「参加することができる第三者」（53条1項）なのか。
　ア　「参加することができる第三者」とは，告知者からみて，被告知者が補助参加の利益を有している場合をいう。なぜなら，告知者において被告知者に対する資料を収集することは困難であり，他方で被告知者全員に参加的効力が及ぶわけではなく，是認できるからである。
　イ　そして，補助参加の利益とは，判決又は理由によって，自己の私的若しくは公的地位に影響があることをいう。
　ウ　この点，Xとしては，Yとの訴訟で，契約の当事者がZXであるとの理由で敗訴した場合には，ZにおいてXとの売買契約の当事者とされるのであるから，XY間訴訟における理由がZの私的地位に影響を与えているといえる。そのため，Zは「参加することができる第三者」であるといえる。
(2)　Zとして，「参加することができる第三者」であるとしても，Zに参加的効力が及ぶのか。
　ア　53条4項の趣旨は，被告知者において補助参加して，自己の権利保全の機会が付与されていたにもかかわらず，そこでは権利行使せずのちの訴訟で自己の権利保全を図ることを防止して，敗訴責任の分担としての当事者間の公平を図る点にある。とすれば，被告知者において当該係属中の訴訟にお

● そもそも訴訟に参加しなかったZが「参加することができる第三者」（53 I）に当たるのか，すなわちZに補助参加の利益（42）が認められるのかどうかについて検討できている点は，出題趣旨に合致する。

● 本答案は，本問事案に即して，補助参加の利益がZに認められることを端的・適切に論じることができている。

いて告知者と利益相反があるような場合には，補助参加することが期待できないところ，参加的効力は及ばない。
　イ　この点，本問においてXZ間の関係をみると，Xとしてはその関係をみると，Xとしては Zに対して契約の成立を主張する反面，Zとしては自分が契約の当事者でないと主張することから，XZ間に利益相反があるとも思える。もっとも，現在係属しているXY間訴訟においては，XはYとの契約成立を主張するし，Zとしても自己以外の者が契約当事者であることにより自分が責任を負わなくて済むことになるところ，ZはXY間契約成立を主張するため，XY間訴訟においてXZ間に利益相反はない。したがって，ZにおいてXに補助参加することが期待できない関係ではないから，原則通りZに参加的効力は及ぶとされる。

設問3
1　裁判所において弁論を分離すると，Xが，Yに対する請求及びZに対する請求の両方において敗訴するおそれが生じる。
2　他方で，XY間訴訟，XZ間訴訟の両方の訴訟における主要な争点は，Xとの間に売買契約があったか否かであり，共通しているところ，弁論の分離により証拠調べの複雑化を防止できるような状態ではない。
3　そのため，弁論の分離によって，原告が不利益を被る反面，弁論の分離により得られる利益が極めて小さいところ，裁判所が弁論を分離することは裁量を逸脱しているといえる。以　上

● 出題趣旨によれば，〔設問2〕では，参加的効力の客観的範囲を論じることが求められていた。本答案は，参加的効力の客観的範囲について全く検討できていない点で，他の受験生との差が大きく開いてしまったものと思われる。
　なお，被告知者による告知者への協力が正当に期待できない場合には，参加的効力を認めないとする見解もある。しかし，本問においてXZは，いずれもXY間の売買契約成立を主張すると考えられるから，補助参加をすることが期待できないとはいえない。また，会社とその代表取締役個人の実質的同一性から，補助参加をすることが期待できないとも立論しうるが，本問において（ZがYの一人会社であるなどの）YZの実質的同一性を基礎付ける事情はない。
　したがって，〔設問2〕では参加的効力の客観的範囲について厚く論じるべきであった。

平成30年・予備

令和元年

［民事訴訟法］（〔設問１〕と〔設問２〕の配点の割合は，１：１）

次の文章を読んで，後記の〔設問１〕及び〔設問２〕に答えなさい。

【事例】

　Ｙ株式会社（以下「Ｙ」という。）は，甲土地を所有していた。Ｘ１は，自宅兼店舗を建築する予定で土地を探し，甲土地が空き地となっていたことから，購入を考えた。Ｘ１は，娘Ａの夫で事業を引き継がせようと考えていたＸ２に相談し，共同で購入することとして，甲土地の購入を決めた。Ｘ１は，甲土地の購入に当たり，Ｙの代表取締役Ｂと交渉し，Ｘ１とＸ２（以下「Ｘ１ら」という。）は，Ｙとの間で甲土地の売買契約を締結した。Ｘ１らは，売買代金を支払ったが，Ｙの方で登記手続を全く進めようとしない。そこで，Ｘ１らは，Ｙを相手取って，甲土地について，売買契約に基づく所有権移転登記手続を求める訴え（以下「本件訴え」という。）を提起した。

〔設問１〕

　Ｘ１は，本件訴えの提起に際して，体調が優れなかったこともあり，Ｘ２に訴訟への対応を任せることとした。そのため，専らＸ２がＸ１らの訴訟代理人である弁護士Ｌとの打合せを行って本件訴えを提起したが，Ｘ１は，Ｙに訴状が送達される前に急死してしまった。Ｘ１の唯一の相続人はＡであった。

　Ｘ２は，Ｘ１から自分に訴訟対応を任されたという意識があったため，Ｘ１の死亡の事実をＬに伝えなかった。訴訟の手続はそのまま進行したが，Ｙは，争点整理手続終了近くになって，Ｘ１の死亡の事実を知った。

　Ｙは，Ｘ１の死亡の事実を知って，「本件訴えは却下されるべきである。」と主張した。

　このＹの主張に対し，Ｘ２側としてどのような対応をすべきであるかについて，論じなさい。

【事例（続き）】（〔設問１〕の問題文中に記載した事実は考慮しない。）

　本件訴えに係る訴訟（以下「前訴」という。）においては，唯一の争点として甲土地の売買契約の成否が争われた。裁判所は，Ｘ１ら主張の売買契約の成立を認め，Ｘ１らの請求を全て認容する判決（以下「前訴判決」という。）を言い渡し，この判決は確定した。

　しかし，Ｂは，前訴の口頭弁論終結前に，甲土地について処分禁止の仮処分がされていないことを奇貨として，強制執行を免れる目的で，Ｂの息子Ｚと通謀し，ＹからＺに対する贈与を原因とする所有権移転登記手続をした。Ｘ１らは，前訴判決の確定後にその事実を知った。そこで，Ｘ１らは，ＹとＺとの間の贈与契約は虚偽表示によりされたものであると主張し，Ｚに対して甲土地の所

有権移転登記手続を求める訴え（以下，この訴えに係る訴訟を「後訴」という。）を提起した。Zは，後訴においてＸ１らとＹとの間の売買契約は成立していないと主張した。

〔設問２〕

　　Ｘ１らは，上記のようなＺの主張は前訴判決によって排斥されるべきであると考えている。Ｘ１らの立場から，Ｚの主張を排斥する理論構成を展開しなさい。ただし，「信義則違反」及び「争点効」には触れなくてよい。

　本問は，当事者に生じた事情変更に関する諸問題についての理解を問うものである。そして，具体的な事実関係を的確に読み込み，一方当事者側（本問では原告側）から問題を処理し得る理論構成ができるかを評価するものである。

　設問1では，訴え提起後訴訟係属前に共同原告の一人が死亡してしまった場合に，残った原告側の対応が問題となっている。具体的には，判例の立場では固有必要的共同訴訟とされる本件共同訴訟の性質を踏まえつつ，原告側での死者名義訴訟の処理について検討することが求められている。

　設問2は，前訴判決の既判力を第三者に拡張できるかを問うものである。問題文では，原告らが売買を理由とする土地の移転登記手続を求めていた前訴の口頭弁論終結前に登記が被告から第三者に移転しており，その移転を原告らが知り得ないまま，原告ら勝訴判決を得て，それが確定した。その後，原告らが当該第三者への登記移転の事実を知り，当該第三者に対して所有権移転登記請求訴訟を提起した場合に，前訴判決の既判力が当該第三者に及ぶとする（原告ら側からの）理論構成を問うものである。主に，民事訴訟法第115条第1項第4号（目的物の所持者）の類推適用可能性が問われている。

► MEMO ─────────────────────────────

◄

第1　設問1
1　本件訴えは却下されるべきとのYの主張は，本件訴えが固有必要的共同訴訟であるにもかかわらず，共同原告であるX1が死亡していることから，本件訴えは当事者適格という訴訟要件を欠き不適法であるということを根拠とするものであると考えられる。
　　では，本件訴えは固有必要的共同訴訟か。その判断基準が問題となる。
(1)　必要的共同訴訟（民事訴訟法（以下法名略）40条）の趣旨は合一確定にある。そこで，固有必要的共同訴訟にあたるかは，実体法上の管理処分権を基準として判断すべきである。もっとも，実体法的観点に加えて，紛争の一回的解決や訴訟経済の観点から，訴訟法的な観点も踏まえて判断すべきである。
(2)　本件訴えの訴訟物は売買契約に基づく所有権移転登記手続請求権であり，かかる請求権は実体法上不可分債権としてX1とX2が管理処分権を有するものである。また，紛争の一回的解決や訴訟経済といった訴訟法的観点からも，当事者に共同して訴訟追行させることが望ましい。
(3)　したがって，本件訴えは固有必要的共同訴訟である。
2(1)　そして，訴訟係属は二当事者対立が生じる被告への訴状送達時（138条1項）に生じると考えられるところ，X1は訴状送達前に死亡している。そうすると，X1の包括承継人であるAが本件訴えの原告として参加していない以上，上述のYの主

張が認められるとも思える。
(2)　しかし，訴え提起をしたにもかかわらず，訴状送達と共同原告となる者の死亡の先後という偶然の事情で訴えが不適法となるとするのは訴訟経済に反し，法的安定性も害する。一方，訴訟手続に関与していない相続人の訴権を保護する必要もある。
　　そこで，訴え提起により潜在的な訴訟係属が生じると考え，訴え提起後訴訟係属前に共同原告が死亡しても，その相続人が実質的に訴訟手続に関与していたといえる場合には，124条1項1号を類推適用し，その相続人が訴訟手続を承継すると考える。
(3)　X1は本件訴えの提起後，Yへの訴状送達による訴訟係属前に死亡している。そして，X1は生前からX2に訴訟への対応を任せていたのであり，X1の唯一の相続人であるAはX2の妻であるから，AはX2の訴訟追行の事実を容易に知り得たといえる。そうするとAはX2に訴訟追行を委ねていたものといえるから，実質的に訴訟手続に関与していたといえる。
　　よって，124条1項1号を類推適用し，X1の死亡によりAが訴訟手続を承継する。
3　その結果，AとX2が共同原告として当事者の地位にあることから，本件訴えは当事者適格に欠けることはない。そのため，上記Yの主張は認められない。
　　そして，本件訴えにおいて訴訟代理人としてLが選任されてい

● 　Yの主張の法的根拠を的確に指摘することができている。

● 　通常共同訴訟と固有必要的共同訴訟の区別基準自体は的確に提示できているが，「合一確定」の要請から上記区別基準が導き出せるわけではない（再現答案③コメント参照）。

● 　判例（最判昭46.10.7／百選［第5版］〔A31〕）は，共有地全体に関する所有権移転登記請求訴訟は固有必要的共同訴訟であるとしている。本答案も判例と同様の立場に立つものであり，適切である。もっとも，「不可分債権」であるという点を重視すると，通常共同訴訟になるのが原則であるから，理由付けが不適切である。

● 　本答案は，訴訟係属後（訴状が被告に送達した後）に原告が死亡した場合とのバランスを考慮し，広い視野で問題を把握できている上，124条1項1号の類推適用の理由付けも適切に述べられており，非常に優れた論理展開といえる。

● 　自己の定立した規範との当てはめが具体的かつ論理整合的に行われている。

るから，１２４条２項により訴訟手続は中断せず，Aが受継の手続をする必要はない。

よって，X２側として何らかの対応をする必要はない。

第２　設問２

1　Zの主張は前訴判決の既判力に反して排斥されないか。

(1)　既判力とは前訴確定判決の後訴に対する通用力である。そして，基準の明確性から，既判力は「主文」（１１４条１項），すなわち原告の主張する権利又は法律関係である訴訟物に及ぶのが原則である。そして，前訴と後訴の訴訟物が同一，先決関係，矛盾関係にある場合には，既判力の機能である紛争の蒸し返し防止のため，後訴における前訴確定判決と矛盾する主張は排斥される。なお，既判力の基準時は，事実審の口頭弁論終結時であり，基準時前の訴訟物の存否に関する判断と矛盾する主張が排斥されることとなる。

(2)　前訴と後訴の訴訟物は，いずれも甲土地の所有権移転登記手続請求権という点では同一であるが，Yに対するものとZに対するものという点，すなわち当事者が異なるため，同一，先決関係，矛盾関係のいずれにもあたらない。

したがって，Zの主張は前訴の既判力に反さず，排斥されない。

2　そうだとしても，ZはYの代表取締役であるBの息子であり，Bと通謀して所有権移転登記手続をしたにすぎない。そのため，

前訴のXY間における既判力を拡張し，Zの主張を排斥できないか。

(1)　既判力の正当化根拠は，手続保障充足による自己責任にある。そのため，原則として既判力は当事者間のみに及ぶ（１１５条１項１号）。もっとも，紛争の一回的解決の要請から，同２号ないし４号で例外的に既判力の主観的範囲が拡張されている。４号は目的物の所持人に既判力を拡張する規定であるところ，その趣旨は，そのような者には目的物に関して固有の利益がなく，手続保障を及ぼす必要がないことにある。

そして，当事者との通謀虚偽表示により登記を具備した者も，目的物に関して固有の利益がないため，上記趣旨が妥当する。

そこで，当事者との通謀虚偽表示により登記を具備した者にも前訴の既判力が拡張されると考える（１１５条１項４号類推適用）。

(2)　Zは前訴の当事者であるYとの通謀虚偽表示により登記を具備した者である。そして，Zの後訴における主張は，前訴の事実審の口頭弁論終結時前の事実に関するものであるから，XY間の前訴確定判決の既判力がZにも及ぶ。

(3)　よって，Zの主張は前訴確定判決の既判力が１１５条１項４号類推適用によりZに拡張されることによって排斥される。

以　上

● 本問において，当事者の確定に関する実質的表示説の立場に立つ場合，当事者は「X１」であるから，本答案のように当事者適格が「A」にあると解するならば，X２側としては，当事者の表示の訂正という対応をすべきである。本答案は，本件訴えの当事者は誰か（当事者の確定）を明らかにしていない点，及び「何らかの対応をする必要はない」としている点で，不十分である。

● 出題趣旨によれば，本問では，１１５条１項４号（目的物の所持者）の類推適用の可否が問題となるところ，本答案は，この問題を検討する前提として，前訴の既判力が当然に後訴には及ばないことを確認できており，丁寧な論理展開であるといえるが，基本的事項の記述がやや冗長である。

● １１５条１項４号の趣旨に遡ってZの地位を検討できており，出題趣旨に合致する。なお，判例（大阪高判昭46.4.8／百選［第５版］〔A28〕）のように，Zは登記名義を有するにすぎないため，「目的物を所持する者」とはいえず，１１５条１項４号を直接適用することはできないことも明確に指摘できると，さらに高く評価されたものと思われる。

● 既判力が及ぶこととその作用として主張が排斥されることは別問題である（再現答案②コメント参照）。

第1　設問1について
1　X1らはYに対し，本件訴えを提起しているところ，X1が死亡している。そこで，Yとしては，X1の死亡により，当事者適格を欠くから，訴えを却下すべきであると主張しているものと考えられる。

2　まず，「当事者」（民事訴訟法（以下略）133条2項1号）とは，当事者欄のみならず訴状の全体から読み取れる判決の名宛人たる者をいう。本件においてはX1らによる売買契約であり，当事者欄からしてもX1らが当事者である。では，X1の死亡はどのような影響を及ぼすか。

　当事者適格とは，当該訴訟につき訴訟を追行し，本案判決を受ける資格をいう。これはだれに訴訟の追行を認めるのが紛争の実効的解決に資するのかを判断するための要件であるから，訴訟法的観点も踏まえつつ実体法的観点から判断される。そこで，本件訴えが訴訟共同が必要な固有必要的共同訴訟（40条1項）か，問題となる。

　この点，本件訴えは売買契約に基づく所有権移転登記請求である。これは，「債権の目的がその性質上…不可分」（民法428条）なものであるから，「各債権者はすべての債権者のために履行を請求」することができる。そのため，実体法的には債権者一人により請求できる。また，訴訟共同を要求すべき訴訟法上の理由もない。したがって，本件訴えは，

固有必要的共同訴訟でなく，通常共同訴訟（38条）でしかなくX2による単独追行もでき，原告適格を欠くとはいえない。

　もっとも，死亡者は権利義務の帰属主体たりえず，民事訴訟の当事者たりうる一般的能力である当事者能力を欠く。したがって，死亡しているX1を当事者として記載されていることは，記載内容の誤りであるから，X2としては，訴状の記載をX2のみに訂正すべきである。

第2　設問2について
1　X1らは，Zの売買契約の成立を否定する主張は，既判力（114条1項）の遮断効によって排斥されるとするものと考えていると考えられる。

2　まず，既判力とは，前訴確定判決の後訴における通用力ないし拘束力をいう。これは実効的な紛争解決を目的とし，手続保障があったことによって正当化される。

　そして，判決の柔軟性と実効的な権利救済の調和の観点から「主文に包含するもの」である，訴訟物につき生じる。

　加えて，前訴の訴訟物，権利義務関係と後訴が同一，先決，矛盾関係にある場合に作用する。

　本件において，前訴判決は，売買契約に基づく甲土地の所有権移転登記請求権で，後訴は所有権に基づく妨害排除請求権としての甲土地の所有権移転登記請求であって，甲土地の

● 「当事者適格を欠く」かどうかは，本件訴えが固有必要的共同訴訟かどうかによるため，Yの主張の法的根拠を示す際には，本件訴えが固有必要的共同訴訟であることを述べておくべきである（再現答案①参照）。

● 固有必要的共同訴訟が当事者適格の問題であることを明示的に論じられれば，より論理のつながりが明確となった。

☆ 平成29年民法（債権関係）改正により，不可分債権は，債権の目的が性質上不可分である場合に限定され，また，連帯債権に関する432条以下の規定が準用されることとなった（民428）。

● 出題趣旨によれば，「判例の立場では固有必要的共同訴訟とされる本件共同訴訟の性質を踏まえつつ，原告側での死者名義訴訟の処理について検討すること」が求められていた。本答案は，判例（最判昭46.10.7／百選［第5版］〔A31〕）の立場と異なり，本件訴えを通常共同訴訟と解してしまったため，124条1項1号（及び58条1項1号）の類推適用について検討することができなかった。

● 既判力に関する基本的事項の理解を適切に述べることができているが，再現答案①と同じく，やや冗長である。ここでは，端的に，原則として既判力は「当事者」（115 I ①）にしか及ばない旨指摘した上で，Z

所有権移転登記請求という点で共通しており，同一の権利義務関係が争われている。よって，作用場面である。
3　もっとも，既判力の主観的範囲は「当事者」（115条1項1号）のみであることが原則である。そして，Zは甲土地の所有権をYから贈与によって取得し，紛争の主体たる地位を取得しているから，承継人として既判力が及ぶようにも思えるが，Zは口頭弁論終結前であって，「口頭弁論終結後」でないから，「承継人」（同項3号）にあたらない。
　では，「所持する者」（同項4号）にあたらないか。まず，「所持する者」に既判力が及ぶのは，所持する者には物について独自の利益がなく，手続保障が当事者によって代替されているためである。
　そうだとすれば，「所持する者」とは，事実上のものに限られず，法律上のものでよく，手続保障を与えるべき独自の利益を有しない者をいうと考える。
　本件において，ZはYから甲土地の贈与を受けており，独自の利益を有するようにも思える。しかし，当該贈与は通謀虚偽表示（民法94条1項）であって，無効なのであるから，Z自身は独自の利益を有する者とはいえない。また，所有権移転登記を有することで法律上所持している。
　よって，Zに対する手続保障はYに対するものによって代替されているといえ，「所持する者」にあたる。

　以上から，Zは「所持する者」にあたり，前訴判決の既判力が及ぶ。
　したがって，前訴判決と矛盾するZの，売買契約の成立を否定する主張は，前訴判決の既判力の遮断効によって排斥される。
　　　　　　　　　　　　　　　　　　　　　　以　上

が「目的物を所持する者」（115 I ④）に当たり，前訴判決の既判力が及ぶかどうかについて問題提起すれば足りると考えられる。

● 本答案も，再現答案①と同じく，115条1項4号の趣旨に遡ってZの地位を検討できており，出題趣旨に合致する。なお，115条1項4号を直接適用できない理由についても論述できると，さらに高く評価されたものと思われる（再現答案①コメント参照）。

● 再現答案①においても述べたとおり，既判力が及ぶことと，その作用として主張が排斥されることは別個の問題である。本問では，前訴判決の既判力が拡張され，Zに及ぶだけでなく，Zの主張が前訴判決の既判力によって排斥されることについても論述する必要がある。この点，判例（大阪高判昭46.4.8／百選［第5版］〔A28〕）に照らせば，Zの主張は，「結局前訴におけると同一の争いのむし返しにほかならない」と考えることになる。

設問1
1　まず，Ｙの主張がどのような意味を有するかが問題となるところ，Ｙは本件訴えが固有必要的共同訴訟に該当するため，Ｘ１が欠けたままでは当事者適格が認められず却下されるべきであると主張しているものと思われる。
　(1)　固有必要的共同訴訟とは，合一確定の必要と訴訟共同の必要を有する点に特徴がある。そこで，固有必要的共同訴訟に当たるか否かについては，実体法上の管理処分権を基礎とした実体法的観点と，紛争の解決といった訴訟法的観点に照らして検討すべきと解する。
　(2)　Ｘらは２世代で自宅兼店舗を建設するために共同で甲土地を購入しており，甲土地はＸらの共有に属する。共有物の処分は，持分権者全員で行うところ，訴訟提起行為も敗訴時に目的物を処分するのと同じ結果をもたらすことからＸら全員で行使する必要がある。また，紛争の解決の観点から既判力（１１４条１項）を関係者全員に及ぼすために，全員の手続保障がなされなければならないので，全員を訴訟に関与させる必要がある。
　(3)　よって，本件訴えは固有必要的共同訴訟となる。
2　上述したように，本件訴えは固有必要的共同訴訟になるので，Ｙが主張するようにＸ１が欠けた状態を放置していては，訴えが却下されてしまうので，Ｌは何らかの手続をとらねばならない。
　(1)　まず，Ｘ１は訴状が被告Ｙに到達する前に死亡しているの

で，本件訴訟が係属する前に死亡したといえる（１３８条１項）。そのため，Ｘ１の相続人Ａが当然には承継しない（１２４条１項１号）。また，訴訟が係属していない以上，Ａに訴訟引き受け（５０条１項）をさせることはできない。
　(2)　次に，上述したように，本件訴えは固有必要的共同訴訟に当たるので，「合一にのみ確定する場合」として，Ｘ２らはＡに対して訴訟告知して共同訴訟参加させることが考えられる（５３条１項，５２条１項）。
　(3)　さらに，任意的当事者変更をすることはできないか。
　　ア　任意的当事者変更の性質は，新訴提起と旧訴の取下げの複合行為と考える。そのため，任意的当事者変更には，新訴提起の観点から３８条の共同訴訟の要件が，旧訴の取下げの観点から訴え取下げの要件を具備する必要がある。
　　　そこで，当事者の新旧の利益から第１審に限定され，手続保障の観点から新当事者は従前の訴訟追行に拘束されないのが原則である。
　　イ　本件訴えで，Ｘ１の死亡が明らかになったのは第１審の途中なので，時期的に変更は可能である。もっとも，新当事者Ａが参加した場合，新当事者Ａがこれまでの手続に拘束されない結果，Ｙが不測の損害を被るため，任意的当事者変更は認めるべきではないとも思える。しかし，ＡとＸ２は夫婦であり，ＡはＸ１の死亡を知りながらも夫であるＸ２に訴訟追

●　Ｙの主張の法的根拠を的確に指摘することができている。

●　「実体法上の管理処分権」という実体法的観点は，民事訴訟は実体法上の権利・法律関係の存否を判断するものであるということを理由として導かれるのが一般的である。

●　判例（最判平15.7.11／百選［第5版］〔98〕）は，不実の持分移転登記がされている場合において，その不動産の共有者の１人は，単独でその持分移転登記の抹消登記手続を請求できる旨判示している。したがって，共有物に関する訴訟提起行為のすべてが「共有物の処分」に該当するわけではないから，本答案の理由付けは不適切である。

●　「原告側での死者名義訴訟」（出題趣旨参照）の問題の前提となるＸ１の訴訟係属前の死亡及び当然承継（124Ｉ①）の直接適用がないことについて指摘できている。

●　共同訴訟参加は，固有必要的共同訴訟における当事者適格の瑕疵（欠缺）を治癒するために用いることも認められている。そのため，本答案が，Ｘ２側がとるべき対応として，Ａを共同訴訟参加させることを考慮している点は妥当とも思える。しかしながら，本問では，「原告側での死者名義訴訟」（出題趣旨参照）の処理が問われているから，まず124条１項１号の類推適用の可否について検討し，これが認められないとの立場に立つこと（当事者適格の瑕疵（欠缺）があること）を論述した後でなければ，本答案の上記論述は出題趣旨に合致するとはいえない。

行を任せてきた。そのため、本件ではAの手続保障はX2によって代替的に充足されていた。そのため、本件では、例外的にAもこれまでの手続に拘束されるべきといえるので、Yにとって不測の損害は生じない。

ウ　よって、任意的当事者変更も許されると解する。

設問2

1　まず、既判力の客観的範囲が問題となる。既判力は、判決の主文たる訴訟物の判断について生じるところ、前訴判決の訴訟物は売買契約に基づく所有権移転登記手続請求権であり、後訴の訴訟物は真正な登記名義の回復に基づく所有権移転登記手続請求権である。

仮に、Zにも前訴の既判力が及ぶ場合には、X1Y間の売買契約の成立を否定する旨の主張は、前訴判決の既判力と矛盾ないし先決関係に立つ結果、既判力が及んで、主張が遮断される。

2　では、X1Y間での前訴判決の既判力はZにも及ぶか。既判力の主観的範囲が問題となる。

(1)　まず、Zは前訴の「当事者」ではないので、原則既判力の影響を受けない（115条1項1号）。また、YがZの訴訟担当となるような事情もない（同項2号）し、Zが甲土地を譲り受けたのは口頭弁論終結前なので、当然には既判力が及ばない（同項3号）。

(2)　では、Zは「当事者」Y「のために請求の目的物を所持する者」（同項4号）にあたり、既判力の影響を受けないか。

ア　同号の趣旨は、当事者のために目的物を所持する者の手続保障は、その当事者によって代替的に充足されていることから個別に保護する必要がなく、既判力を及ぼしても問題ない点にある。

かかる趣旨は、虚偽表示などによって実質的な権利を主張しえない者についても妥当する。

そこで、口頭弁論終結前に目的物を譲り受けた者で、自身の権利を正当に主張できず、実質的に当事者となる者が他にいる場合には同号の趣旨が及び、上記文言に該当すると解する。

イ　確かに、Zは口頭弁論終結以前に甲土地の所有権移転登記手続を受けているが、これはあくまでYとの虚偽表示によるものであり、Z自身は甲土地について有効な権利を主張しえない。また、Yの代表取締役であるBとZは親子であり、Zとしては父親の会社の危機を回避するために登記名義の移転を受けたにすぎず、前訴後訴を通して実質的な当事者はYであった。

ウ　よって、Zにも同号の趣旨が及ぶ。

(3)　以上から、Zにも前訴判決の既判力が及ぶ結果、Zの主張を排斥することができる。

以　上

● 任意的当事者変更とは、法律上当事者の変更が認められる場合（当然承継（124）、参加承継・引受承継（49〜51））の要件に該当しない場合に、当事者の申立てによって当事者を変更することをいう。上記のとおり、本問では、まず124条1項1号の類推適用の可否について検討し、これが認められないとの立場に立つことを論述した後でなければ、任意的当事者変更の問題にはならないはずである。

● 前訴判決の既判力は、主文で表示された訴訟物の存否についての判断に生じる（114Ⅰ）。そして、前訴の訴訟物は「売買契約に基づく所有権移転登記請求権」であり、これが存在するとの前訴判決の既判力が後訴にも及ぶと解すると、Zの「X1らとYとの間の売買契約は成立していない」との主張は、「結局前訴におけると同一の争いのむし返しにほかならない」（大阪高判昭46.4.8／百選［第5版］〔A28〕参照）と解することになる。本答案は、前訴判決の既判力によってZの主張が排斥される理由について、一応検討することができている。

● 115条1項4号の趣旨は、目的物の所持者はその目的物について固有の利益を有していない以上、当事者等とは別に独立の手続保障を与える必要がないという点にあると一般的に解されている。本答案は、「目的物を所持する者の手続保障は、その当事者によって代替的に充足されている」としているが、重要なのは「固有の利益」の有無であり、この点を述べることができていない点で、不適切である。

第一　設問1

1　X2側としては，X1のYに対する訴えのみをYの同意なくして取り下げることで適法に追行できるとするべきである。以下理由を述べる。

2　まず，X1とX2は訴訟代理人Lを選定しているため，そもそも民事訴訟法（以下法名略）124条2項は適用されない。

　　もっとも，X1はYに訴状が送達される前に死亡している。すなわち，訴訟係属が生じる前に死亡していることから訴訟が中断するという場面ではない。そのため，Lが選定されているか否かを問わず効力には関係がないと言える。

3　次に，X1X2のYに対する訴えは固有必要的共同訴訟（40条1項）である。

⑴　固有必要的共同訴訟か否かは「合一にのみ確定すべき場合」に該当するかで判断する。なお「合一にのみ確定すべき場合」に当たるかは，訴訟の目的たる権利義務が実体法上として単一の管理処分権として帰属するか否かで判断される。

　　本件で原告X1X2が行使しようとしているのは登記名義移転請求権である。これは，元となる甲土地の所有権がX1X2に共有されていることから，登記名義移転請求権も両名で行使することが求められることとなるものであると言える。すなわち，甲土地の登記名義移転請求権の管理処分権はX1X2に単一に帰属するものである以上両名によって行使されなければな

● 出題趣旨によれば，「原告側での死者名義訴訟の処理」について検討することが求められていた。本答案は，本問において124条1項1号（及び58条1項1号）の類推適用が問題となることを理解できておらず，出題趣旨に合致しない。

● 「登記名義移転請求権」ではなく，正しくは「所有権移転登記請求権」である。

らず，したがって，「合一にのみ確定すべき場合」として固有必要的共同訴訟にあたると考えられる。

⑵　そのため，X1とX2の両名で訴訟が追行される必要があるとも考えられる。もっとも，訴訟の目的たる権利義務の性質上管理処分権が単一にのみ帰属しなくなった場合には，「合一にのみ確定すべき場合」（40条1項）に該当しなくなると考えられる。そこで，そのような場合には例外的に事後的に固有必要的共同訴訟の解消が認められ，単独での訴訟追行が適法になされると考える。

　　本件訴えで目的となっているのは甲土地の登記名義移転請求権であるが，これは甲土地の所有権に由来するものである。甲土地の所有権は確かにX1とX2が共同出資して取得されたものであるが，X1とX2の意思としてはX1が事業を退いた場合にはX1の事業をX2に引き継がせる意思であった。すなわち，X1が事業を退いた場合には両名の事業に係る権利義務は全てX2に単独で帰属することが停止条件として予定されていたものであると考えられる。そのため，X1が死亡という形で事業から退いた以上甲土地の権利関係はX1の相続人であるAに承継されるのではなく，X2に全面的に帰属するものとなるべきものであったと考えるべきである。よって，X1が死亡し事業から退いた時点において甲土地の管理処分権はX2に単独で帰属するものとして，「合一にのみ確定すべき場合」

● 判例（最判昭46.10.7／百選［第5版］〔A31〕）は，「一個の不動産を共有する数名の者全員が，共同原告となって，共有権に基づき所有権移転登記手続を求めているときは，その訴訟の形態も固有必要的共同訴訟と解するのが相当であ」るとしている。その理由として，学説上は，共有地全体についての所有権移転登記請求は持分権を基礎としてできるわけではないこと，共有者全員の権利関係を登記に反映しなければならないことが挙げられている。

● 本答案は，一旦は本件訴えが固有必要的共同訴訟であるとしておきながら，「甲土地の権利関係はX1の相続人であるAに承継されるのではなく，X2に全面的に帰属する」と

に該当しないと考える。

　よって，固有必要的共同訴訟には当たらずかつAは当事者適格を欠いていることとなる。訴えの取下げには本来相手方の同意が必要（２６１条２項）であるが，これは本案について応答した相手方の本案訴訟の終局判決を得ることによる紛争解決への期待を害さないことを図る趣旨によるものである。そのため，そもそも当事者適格を欠いている人物による訴えは本案の終局判決を得られない以上上記趣旨が妥当せず，したがって，訴えの取下げには同意が不要であると考えるべきである。よって，上記結論となる。

第二　設問2

1　Zには１１５条１項４号が類推されるとして前訴判決の既判力が及び，設問中の主張が制限されることとなると主張する。

2　まず，Zは前訴の口頭弁論終結前に甲土地を贈与されている人物であることから，１１５条１項３号は適用されない。

(1)　１１５条１項４号は時的限界を規定していないが，「前三号に掲げる者のために請求の目的物を所持」することが必要である。ここでZはYから甲土地を贈与（民法５４９条）されていることからすれば，自己所有の意思を持って甲土地を保有していることとなる。そのため，ZはZのために甲土地を所持しており，「前三号に掲げる者のために」所持しているわけではなく１１５条１項４号を直接適用することができない。

(2)　もっとも，１１５条１項４号の趣旨は，終局解決による紛争解決の実効性を図りつつ自己固有の目的をもって目的物を保有するわけではない以上，固有の手続保障が不要であるという点にある。だとすれば，形式上は自己所有の意思に基づいて目的物を保有する場合であっても，実質上は固有の利害関係が存在しないような場合には，１１５条１項４号の趣旨が妥当するとして同号を類推適用することができると考える。そこで，執行を妨害する目的で当事者と通謀して目的物を承継した人物であって，訴訟の結果について固有の利害を有しないと認められる人物である場合には，１１５条１項４号を類推適用することができると考える。

　本件のZはYから甲土地を贈与された人物である。もっとも，ＹＺ間贈与は強制執行を免れる目的で両名の間で通謀して行われたものであり，執行妨害の目的が認められる。また，特にZが甲土地を利用しているような事実も存在しないことからすればZは甲土地に対して固有の利害関係を形成していないと言える。

　以上を踏まえれば，Zには１１５条１項４号が類推適用できるため，したがって上記結論となる。

以　上

いう実体法上無理のある解釈を根拠として，本件訴えは固有必要的共同訴訟ではないと述べている。しかし，かかる論述自体誤りである上，「判例の立場では固有必要的共同訴訟とされる本件共同訴訟の性質を踏まえ」ることを求める出題趣旨にも合致せず，注力すべき原告側での死者名義訴訟の処理についても何ら検討できていない点で，極めて不適切である。

● 115条１項３号（口頭弁論終結後の承継人）に当たらないことは明らかであるので，検討する必要はない。

● 115条１項４号の直接適用はできないという点は適切だが，その理由付けは不適切である。判例（大阪高判昭46.4.8／百選［第５版］〔A28〕）に照らせば，本問において，Zは登記名義を有するにすぎないため，「目的物を所持する者」とはいえず，115条１項４号を直接適用することはできない旨論述するのが妥当である。

● 115条１項４号の趣旨に遡ってZの地位を検討できている点は，出題趣旨に合致する。

● 既判力が及ぶこととその作用として主張が排斥されることは別問題である（再現答案②コメント参照）。

司法試験&予備試験
論文5年過去問 再現答案から出題趣旨を読み解く。民事訴訟法

2020年4月30日　第1版　第1刷発行
2022年6月10日　　　　　第2刷発行

　　　　　編著者●株式会社　東京リーガルマインド
　　　　　LEC総合研究所　司法試験部

　　　　発行所●株式会社　東京リーガルマインド
　　　　　〒164-0001　東京都中野区中野4-11-10
　　　　　　　　　アーバンネット中野ビル
　　　　LECコールセンター　　☎0570-064-464
　　　　　　　　受付時間　平日9:30～20:00 / 土・祝10:00～19:00 / 日10:00～18:00
　　　　　　　　※このナビダイヤルは通話料お客様ご負担となります。
　　　　書店様専用受注センター　　TEL 048-999-7581 / FAX 048-999-7591
　　　　　　　　受付時間　平日9:00～17:00 / 土・日・祝休み
　　　　www.lec-jp.com/

　　　　印刷・製本●株式会社シナノパブリッシングプレス

©2020 TOKYO LEGAL MIND K.K., Printed in Japan　　　　　ISBN978-4-8449-5196-4

【速修】矢島の速修インプット講座　 Input

講座概要

　本講座（略称：矢島の【速修】）は、既に学習経験がある受験生や、ほとんど学習経験がなくても短期間で試験対策をしたいという受験生が、**合格するために修得が必須となる事項を効率よくインプット学習するための講座**です。**合格に必要な重要論点や判例の分かりやすい解説により科目全体の本質的な理解を深める講義**と、覚えるべき規範が過不足なく記載され**自然と法的三段論法を身に付けながら知識を修得できるテキスト**が両輪となって、**本試験に対応できる実力**を養成できます。忙しい毎日の通勤通学などの隙間時間で講義を聴いたり、復習の際にテキストだけ繰り返し読んだり、自分のペースで無理なく合格に必要な全ての重要知識を身に付けられるようになっています。また、本講座は**直近の試験の質に沿った学習ができる**よう、**テキストや講義の内容を毎年改訂**しているので、本講座を受講することで**直近の試験考査委員が受験生に求めている知識の質と広さを理解**することができ、試験対策上、誤った方向に行くことなく、**常に正しい方向に進んで確実に合格する**力を修得することができます。

講座の特長

1 重要事項の本質を短期間で理解するメリハリある講義

　最大の特長は、**分かりやすい講義**です。全身全霊を受験指導に傾け、寝ても覚めても法律のことを考えている矢島講師の講義は、思わず惹き込まれるほど面白く分かりやすいので、忙しい方でも途中で挫折することなく受講できると好評を博しています。講義中は、日頃から過去問研究をしっかりとしている矢島講師が、**試験で出題されやすい事項を、試験で出題される質を踏まえて解説**するため、講義を聴いているだけで**確実に合格に近づく**ことができます。

2 司法試験の合格レベルに導く質の高いテキスト

　使用する**テキストは、全て矢島講師が責任をもって作成**しており、合格に必要な重要知識が体系ごとに整理されています。**受験生に定評のある基本書、判例百選、重要判例集、論証集の内容がコンパクト**にまとめられており、試験で出題されそうな事項を「矢島の体系整理テキスト」だけで学べます。矢島講師が**過去問をしっかりと分析**した上で、合格に必要な知識をインプットできるようにテキストを作成しているので、**試験に不必要な情報は一切なく、合格に直結する知識を短時間で効率よく吸収できるテキスト**となっています。すべての知識に**重要度のランク付けをしているため一目で覚えるべき知識が分かり**、受験生が講義を**復習しやすい工夫**もされています。また、テキストの改訂を毎年行い、**法改正や最新判例に完全に対応**しています。

3 短答対策だけでなく論文対策にも直結するインプットを実現

　論文試験では、問題文中の事実に評価を加えた上で法的な規範にあてはめて一定の結論を導くという**法的三段論法**をする能力の有無が問われます。論文試験に通用する学力を修得するには、**知識のインプットの段階でも、法的三段論法をするために必要な知識を修得しているということを意識することが重要**です。矢島の【速修】のテキストは、論文試験で書く重要な論点については、規範と当てはめを区別して記載しており、**講義では規範のポイントや当てはめの際の事実の評価の仕方のコツを分かりやすく説明**しています。講師になってからも論文の答案を書き続けている矢島講師にしかできない質の高いインプット講義を聴いて、**合格に必要な法的三段論法をする能力を身に付けて合格**を確実なものとしてください！

講義時間数

144時間

憲法	20 時間	民訴法	16 時間
民法	32 時間	刑訴法	16 時間
刑法	28 時間	行政法	16 時間
会社法	16 時間		

通信教材発送／Web・音声DL配信開始日

2022/7/4（月）以降、順次

Web・音声DL配信終了日

2023/9/30（土）

使用教材

矢島の体系整理テキスト2023
※レジュメのPDFデータはWebup致しませんのでご注意ください。

タイムテーブル

講義
4時間　途中10分休憩あり

担当講師

矢島 純一
LEC 専任講師

おためしWeb受講制度

おためしWEB受講制度をお申込みいただくと、講義の一部を無料でご受講いただけます。

詳細はこちら→

矢島講座ラインナップ

[速修]矢島の
速修インプット講座

[論完]矢島の
論文完成講座

[短答]矢島の
短答対策シリーズ

[最新]矢島の最新
過去問&ヤマ当て講座

[スピチェ]矢島の
スピードチェック講座

選択科目総整理講座
[矢島の労働法]

通学スケジュール □…無料で講義を体験できます。

科目	回数	日程
憲法	1	22.5.28 (土)
	2	31 (火)
	3	6.4 (土)
	4	7 (火)
	5	11 (土)
民法	1	6.14 (火)
	2	18 (土)
	3	21 (火)
	4	25 (土)
	5	28 (火)
	6	7.2 (土)
	7	5 (火)
	8	12 (火)
刑法	1	7.16 (土)
	2	19 (火)
	3	23 (土)
	4	26 (火)
	5	30 (土)
	6	8.2 (火)
	7	6 (土)
会社法	1	8.9 (火)
	2	16 (火)
	3	20 (土)
	4	23 (火)
民訴法	1	8.27 (土)
	2	30 (火)
	3	9.3 (土)
	4	6 (火)
刑訴法	1	9.10 (土)
	2	13 (火)
	3	17 (土)
	4	20 (火)
行政法	1	9.24 (土)
	2	27 (火)
	3	10.1 (土)
	4	4 (火)

18：00～22：00

生講義実施校

水道橋本校 03-3265-5001

〒101-0061　千代田区神田三崎町2-2-15　Daiwa三崎町ビル (受付1階)

JR水道橋駅東口より徒歩3分、都営三田線水道橋駅より徒歩5分。
都営新宿・東京メトロ半蔵門線神保町駅A4出口から徒歩8分。
■受付／平日11:00～21:00 土・日・祝9:00～19:00
■開館／平日9:00～22:00 土・日・祝9:00～20:00

※通学生限定、Webフォローについては
水道橋本校にお問い合わせください。
※通学生には、講義当日に教室内で教材
を配布いたします。

通信スケジュール

科目	回数	教材・DVD発送/Web・音声DL配信開始日
憲法	1	
	2	
	3	22.7.4 (月)
	4	
	5	
民法	1	
	2	
	3	
	4	
	5	8.1 (月)
	6	
	7	
	8	
刑法	1	
	2	
	3	
	4	8.29 (月)
	5	
	6	
	7	
会社法	1	
	2	
	3	9.12 (月)
	4	
民訴法	1	
	2	
	3	9.26 (月)
	4	
刑訴法	1	
	2	
	3	10.11 (火)
	4	
行政法	1	
	2	
	3	10.24 (月)
	4	

受講料

受講形態	科目	回数	講義形態	一般価格	大学生協・書籍部価格	代理店書店価格	講座コード
					税込(10%)		
通学・通信	一括	36	Web※1	112,200円	106,590円	109,956円	
			DVD	145,750円	138,462円	142,835円	
	憲法	5	Web※1	19,250円	18,287円	18,865円	
			DVD	25,300円	24,035円	24,794円	
	民法	8	Web※1	30,800円	29,260円	30,184円	通学:LA22587
			DVD	40,150円	38,142円	39,347円	通信:LB22597
	刑法	7	Web※1	26,950円	25,602円	26,411円	
			DVD	35,200円	33,440円	34,496円	
	会社法/民訴法/刑訴法/行政法※2	各4	Web※1	15,400円	14,630円	15,092円	
			DVD	19,800円	18,810円	19,404円	

※1音声DL＋スマホ視聴付き　※2いずれか1科目あたりの受講料となります

LEC Webサイト ▷▷▷ **www.lec-jp.com/**

🖱 情報盛りだくさん！

 資格を選ぶときも、
講座を選ぶときも、
最新情報でサポートします！

最新情報
各試験の試験日程や法改正情報、対策講座、模擬試験の最新情報を日々更新しています。

資料請求
講座案内など無料でお届けいたします。

受講・受験相談
メールでのご質問を随時受付けております。

よくある質問
LECのシステムから、資格試験についてまで、よくある質問をまとめました。疑問を今すぐ解決したいなら、まずチェック！

書籍・問題集（LEC書籍部）
LECが出版している書籍・問題集・レジュメをこちらで紹介しています。

🖱 充実の動画コンテンツ！

 ガイダンスや講演会動画、
講義の無料試聴まで
Webで今すぐCheck！

動画視聴OK
パンフレットやWebサイトを見てもわかりづらいところを動画で説明。いつでもすぐに問題解決！

Web無料試聴
講座の第1回目を動画で無料試聴！気になる講義内容をすぐに確認できます。

LEC全国学校案内

＊講座のお問合せ、受講相談は最寄りのLEC各校へ

LEC本校

■ 北海道・東北

札　幌本校　☎011(210)5002
〒060-0004 北海道札幌市中央区北4条西5-1　アスティ45ビル

仙　台本校　☎022(380)7001
〒980-0022 宮城県仙台市青葉区五橋1-1-10　第二河北ビル

■ 関東

渋谷駅前本校　☎03(3464)5001
〒150-0043 東京都渋谷区道玄坂2-6-17　渋東シネタワー

池　袋本校　☎03(3984)5001
〒171-0022 東京都豊島区南池袋1-25-11　第15野萩ビル

水道橋本校　☎03(3265)5001
〒101-0061 東京都千代田区神田三崎町2-2-15　Daiwa三崎町ビル

新宿エルタワー本校　☎03(5325)6001
〒163-1518 東京都新宿区西新宿1-6-1　新宿エルタワー

早稲田本校　☎03(5155)5501
〒162-0045 東京都新宿区馬場下町62　三朝庵ビル

中　野本校　☎03(5913)6005
〒164-0001 東京都中野区中野4-11-10　アーバンネット中野ビル

立　川本校　☎042(524)5001
〒190-0012 東京都立川市曙町1-14-13　立川MKビル

町　田本校　☎042(709)0581
〒194-0013 東京都町田市原町田4-5-8　町田イーストビル

横　浜本校　☎045(311)5001
〒220-0004 神奈川県横浜市西区北幸2-4-3　北幸GM21ビル

千　葉本校　☎043(222)5009
〒260-0015 千葉県千葉市中央区富士見2-3-1　塚本大千葉ビル

大　宮本校　☎048(740)5501
〒330-0802 埼玉県さいたま市大宮区宮町1-24　大宮GSビル

■ 東海

名古屋駅前本校　☎052(586)5001
〒450-0002 愛知県名古屋市中村区名駅4-6-23　第三堀内ビル

静　岡本校　☎054(255)5001
〒420-0857 静岡県静岡市葵区御幸町3-21　ペガサート

■ 北陸

富　山本校　☎076(443)5810
〒930-0002 富山県富山市新富町2-4-25　カーニープレイス富山

■ 関西

梅田駅前本校　☎06(6374)5001
〒530-0013 大阪府大阪市北区茶屋町1-27　ABC-MART梅田ビル

難波駅前本校　☎06(6646)6911
〒542-0076 大阪府大阪市中央区難波4-7-14　難波フロントビル

京都駅前本校　☎075(353)9531
〒600-8216 京都府京都市下京区東洞院通七条下ル2丁目
東塩小路町680-2　木村食品ビル

京　都本校　☎075(353)2531
〒600-8413　京都府京都市下京区烏丸通仏光寺下ル
大政所町680-1 第八長谷ビル

神　戸本校　☎078(325)0511
〒650-0021 兵庫県神戸市中央区三宮町1-1-2　三宮セントラルビル

■ 中国・四国

岡　山本校　☎086(227)5001
〒700-0901 岡山県岡山市北区本町10-22　本町ビル

広　島本校　☎082(511)7001
〒730-0011 広島県広島市中区基町11-13　合人社広島紙屋町アネクス

山　口本校　☎083(921)8911
〒753-0814 山口県山口市吉敷下東 3-4-7　リアライズⅢ

高　松本校　☎087(851)3411
〒760-0023 香川県高松市寿町2-4-20　高松センタービル

松　山本校　☎089(961)1333
〒790-0003 愛媛県松山市三番町7-13-13　ミツネビルディング

■ 九州・沖縄

福　岡本校　☎092(715)5001
〒810-0001 福岡県福岡市中央区天神4-4-11　天神ショッパーズ
福岡

那　覇本校　☎098(867)5001
〒902-0067 沖縄県那覇市安里2-9-10　丸姫産業第2ビル

■ EYE関西

EYE 大阪本校　☎06(7222)3655
〒530-0013　大阪府大阪市北区茶屋町1-27　ABC-MART梅田ビル

EYE 京都本校　☎075(353)2531
〒600-8413　京都府京都市下京区烏丸通仏光寺下ル
大政所町680-1 第八長谷ビル

LEC提携校

＊提携校はLECとは別の経営母体が運営をしております。
＊提携校は実施講座およびサービスにおいてLECと異なる部分がございます。

■ 北海道・東北 ■

北見駅前校【提携校】　☎0157(22)6666
〒090-0041　北海道北見市北1条西1-8-1　一燈ビル　志学会内

八戸中央校【提携校】　☎0178(47)5011
〒031-0035　青森県八戸市寺横町13　第1朋友ビル　新教育センター内

弘前校【提携校】　☎0172(55)8831
〒036-8093　青森県弘前市城東中央1-5-2
まなびの森　弘前城東予備校内

秋田校【提携校】　☎018(863)9341
〒010-0964　秋田県秋田市八橋鯲沼町1-60
株式会社アキタシステムマネジメント内

■ 関東 ■

水戸見川校【提携校】　☎029(297)6611
〒310-0912　茨城県水戸市見川2-3092-3

所沢校【提携校】　☎050(6865)6996
〒359-0037　埼玉県所沢市くすのき台3-18-4　所沢K・Sビル
合同会社LPエデュケーション内

東京駅八重洲口校【提携校】　☎03(3527)9304
〒103-0027　東京都中央区日本橋3-7-7　日本橋アーバンビル
グランデスク内

日本橋校【提携校】　☎03(6661)1188
〒103-0025　東京都中央区日本橋茅場町2-5-6　日本橋大江戸ビル
株式会社大江戸コンサルタント内

新宿三丁目駅前校【提携校】　☎03(3527)9304
〒160-0022　東京都新宿区新宿2-6-4　KNビル　グランデスク内

■ 東海 ■

沼津校【提携校】　☎055(928)4621
〒410-0048　静岡県沼津市新宿町3-15　萩原ビル
M-netパソコンスクール沼津校内

■ 北陸 ■

新潟校【提携校】　☎025(240)7781
〒950-0901　新潟県新潟市中央区弁天3-2-20　弁天501ビル
株式会社大江戸コンサルタント内

金沢校【提携校】　☎076(237)3925
〒920-8217　石川県金沢市近岡町845-1　株式会社アイ・アイ・ピー金沢内

福井南校【提携校】　☎0776(35)8230
〒918-8114　福井県福井市羽水2-701　株式会社ヒューマン・デザイン内

■ 関西 ■

和歌山駅前校【提携校】　☎073(402)2888
〒640-8342　和歌山県和歌山市友田町2-145
KEG教育センタービル　株式会社KEGキャリア・アカデミー内

■ 中国・四国 ■

松江殿町校【提携校】　☎0852(31)1661
〒690-0887　島根県松江市殿町517　アルファステイツ殿町
山路イングリッシュスクール内

岩国駅前校【提携校】　☎0827(23)7424
〒740-0018　山口県岩国市麻里布町1-3-3　岡村ビル　英光学院内

新居浜駅前校【提携校】　☎0897(32)5356
〒792-0812　愛媛県新居浜市坂井町2-3-8　パルティフジ新居浜駅前店内

■ 九州・沖縄 ■

佐世保駅前校【提携校】　☎0956(22)8623
〒857-0862　長崎県佐世保市白南風町5-15　智翔館内

日野校【提携校】　☎0956(48)2239
〒858-0925　長崎県佐世保市椎木町336-1　智翔館日野校内

長崎駅前校【提携校】　☎095(895)5917
〒850-0057　長崎県長崎市大黒町10-10　KoKoRoビル
minatoコワーキングスペース内

沖縄プラザハウス校【提携校】　☎098(989)5909
〒904-0023　沖縄県沖縄市久保田3-1-11
プラザハウス　フェアモール　有限会社スキップヒューマンワーク内

※上記は2022年5月1日現在のものです。

書籍の訂正情報の確認方法と
お問合せ方法のご案内

このたびは、弊社発行書籍をご購入いただき、誠にありがとうございます。
万が一誤りと思われる箇所がございましたら、以下の方法にてご確認ください。

1 訂正情報の確認方法

発行後に判明した訂正情報を順次掲載しております。
下記サイトよりご確認ください。

www.lec-jp.com/system/correct/

2 お問合せ方法

上記サイトに掲載がない場合は、下記サイトの入力フォームより
お問合せください。

lec.jp/system/soudan/web.html

フォームのご入力にあたりましては、「Web教材・サービスのご利用について」の
最下部の「ご質問内容」に下記事項をご記載ください。

- ・対象書籍名（○○年版、第○版の記載がある書籍は併せてご記載ください）
- ・ご指摘箇所（具体的にページ数の記載をお願いします）

お問合せ期限は、次の改訂版の発行日までとさせていただきます。
また、改訂版を発行しない書籍は、販売終了日までとさせていただきます。

※インターネットをご利用になれない場合は、下記①～⑤を記載の上、ご郵送にてお問合せください。
①書籍名、②発行年月日、③お名前、④お客様のご連絡先（郵便番号、ご住所、電話番号、FAX番号）、⑤ご指摘箇所
　送付先：〒164-0001 東京都中野区中野4-11-10 アーバンネット中野ビル
　　　　　東京リーガルマインド出版部 訂正情報係

- ・正誤のお問合せ以外の書籍の内容に関する質問は受け付けておりません。
　また、書籍の内容に関する解説、受験指導等は一切行っておりませんので、あらかじ
　めご了承ください。
- ・お電話でのお問合せは受け付けておりません。

講座・資料のお問合せ・お申込み

LECコールセンター 携帯OK 0570-064-464

受付時間：平日9:30～20:00/土・祝10:00～19:00/日10:00～18:00

※このナビダイヤルの通話料はお客様のご負担となります。
※このナビダイヤルは講座のお申込みや資料のご請求に関するお問合せ専用ですので、書籍の正誤に関する
　ご質問をいただいた場合、上記「②正誤のお問合せ方法」のフォームをご案内させていただきます。